超 スピード合格！

日商簿記 3級

実戦 問題集

【第6版】 簿記の教室メイプル代表 南 伸一 著

JN016207

成美堂出版

はじめに

　本書は日商簿記検定3級受験用の問題集です。

　特長は、本試験の形式に慣れつつ、簿記の問題を解く力がグングン身に付く工夫がされている点です。また、実際の試験に近い形式ということだけでなく、試験でよく出題されている内容を中心に作成しているので、効率のよい勉強で合格を勝ち取ることができます。

　本書のご利用にあたっては、ひと通り簿記3級の学習を終えてから、取り組むようにしてください。
　また、3級は近年、企業活動の実践的な出題内容へと大きく転換し、2021年度に試験に大きな変更がありました。出題形式が大きく変わり、仕訳が中心の出題構成や大問が全3問に縮減されるなどの変更がされています。本書は、この試験制度の変更に対応済です。ですので、安心して問題を解いていくことができます。

　この問題集と自分自身を信じて、合格を目指してください。みなさんの合格を心より祈っています。

簿記の教室メイプル　代表
南 伸一

日商簿記3級 受験ガイド

■試験概要

※検定に関する情報は変更される場合があります。必ずご自身で事前にご確認ください。

試 験 日	統一試験／年3回　ペーパーで実施。ここ数年は、6月第2日曜日、11月第3日曜日、2月第4日曜日に実施されている ネット試験／随時　商工会議所認定のテストセンターにて随時実施。施行休止期間あり
受 験 料	2,850円（税込）　※ネット試験では事務手数料が別途発生することがあります（会場によって異なる）
受験資格	誰でも受けられる（学歴、年齢、性別、国籍等の制限はなし）
申込方法	各地の商工会議所の窓口やインターネットなど
試験時間	60分
合格基準	100点満点中、70点以上で合格
合 格 率	37.8%（2022年度統一試験平均）

日商簿記検定についてのお問い合わせ先

日本商工会議所・検定情報ダイヤル
☎ 050-5541-8600　受付時間8:00〜20:00（年中無休）
日商簿記検定ホームページ
https://www.kentei.ne.jp/bookkeeping/

■大問別の出題内容

試験は大問3つで構成されています。

	配点	主な出題内容
第1問	45点	仕訳問題 「現金預金」「商品売買」「貸倒れ」「手形」「有形固定資産」「資本」「税金」「収益と費用」「その他の債権・債務」
第2問	20点	理論問題／補助簿や勘定作成問題／伝票問題 「理論」「商品有高帳」「売掛金元帳・買掛金元帳」「補助簿の選択」「収益、費用の前受・前払・未収・未払」「固定資産台帳」「損益勘定と繰越利益剰余金勘定」「伝票」「仕訳日計表」
第3問	35点	精算表作成問題／決算整理後残高試算表作成問題／貸借対照表・損益計算書作成問題 「精算表」「決算整理後残高試算表」「財務諸表」

本書の構成

本書は、本試験の大問3つに対応した対策問題と、模擬試験3回分で構成されています。問題は本冊、解答・解説と答案用紙は別冊に掲載しています。

問題 **本冊 P9-91**

5
分

問題を解くうえでの目標時間を示しています。

本書内の答案用紙と解答・解説の対応ページを示します。

答案用紙 ➡ P155
解答・解説 ➡ P12
📖 **テキスト STEP30**

本書に対応したテキスト『超スピード合格！日商簿記3級テキスト&問題集 第6版』の対応 STEP を示しています。わからなくなったら、こちらの対応 STEP を読みましょう。

解答・解説 **別冊 P1-146**

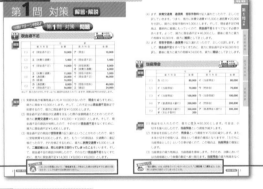

ここに注意！

ここに注意！
間違いやすいポイントなどを解説しています。

用語チェック！

用語チェック！
注意したい用語、使い分けたい用語を解説しています。

答案用紙 **別冊 P147-216**

答案用紙の無料ダウンロードができます！
本書の答案用紙を無料で何回でもダウンロードできます。繰り返し解きたい時にご活用いただけます。P96 をご覧ください。

本書の使い方

本書を使って効果的に試験対策ができます。

① 各大問の「出題形式」と「出題パターン」を知りましょう。

各大問別の対策の冒頭部分には「出題形式」「出題パターン」を掲載しています。出題パターンごとに、解けるようにしていきましょう。

出題形式
どんな形で出題されるのかをチェック！

出題パターン
どんな問題が出るのかをチェック！
頻出度は試験での出やすさを示します。

② 各大問別「出題パターン対応！」対策問題を解きます。

③ 解いてわからなかったところは解答・解説を読みましょう。

「ここに注意!」「用語チェック!」も読んで理解を深めましょう。

④ それでもわからなかったところは『超スピード合格！日商簿記3級テキスト&問題集 第6版』(別売)を読んで復習しましょう。

解答・解説を読んでもわからなかった場合は、そもそもその論点の理解が足りていないのかもしれません。本書は、『超スピード合格！ 日商簿記3級テキスト&問題集　第6版』に対応しています。同書の対応STEPを示していますので、わからなくなったら戻って復習ができます。

⑤ 最後に模擬試験で実力チェック！

実力チェック用の模擬試験問題を掲載しています。

時間がない方はこんな使い方もできます！
- 「出題パターン」の表を見て、**苦手な**「出題パターン」の問題だけ解く。
- 「出題パターン」の表を見て、**頻出度が高い**「出題パターン」の問題だけ解く。

CONTENTS 目次

- 本書は 1 〜 72 までの「出題パターン」対策問題と模擬試験で構成されています。
- 各問題ごとに問題、解答・解説、答案用紙のそれぞれの掲載ページを示しています。
- 問題は本冊に、解答・解説と答案用紙は別冊に掲載しています。

第1問 対策　　　　　　　　　9

出題形式・出題パターン　　10

第2問 対策

第**3**問 対策

出題形式・出題パターン　　56

模擬試験

編 集 協 力： （有）コンテンツ、簿記の教室メイプル（斉藤一美、布田優美子）
本文デザイン： 松倉 浩　　本文イラスト：黒はむ
企 画・編 集： 成美堂出版編集部（原田洋介・芳賀篤史）
　　　　　　　　　　　　　　本書は原則として2022年4月1日現在の情報に基づいています。

第1問対策

問題

15分

問題を解くうえでの
目標時間を示しています
（目標時間は難易度に応じて異なります）

本書内の答案用紙と解答・解説の
対応ページを示します

答案用紙 ➡P148
解答・解説 ➡P2
📖テキストSTEP16

本書に対応したテキスト『超ス
ピード合格！ 日商簿記3級テ
キスト&問題集 第6版』の対
応STEPを示しています。わから
なくなったら、こちらの対応
STEPを読み直しましょう

第1問 対策 問題

第1問は、毎回仕訳の問題が出されます。設問の取引を、問題で提示される勘定科目の選択肢の中から選んで解答することになります。

問題

第1問 (45点)

下記の各取引について仕訳しなさい。ただし、勘定科目は、各取引の下の勘定科目から最も適当と思われるものを選び、記号で解答すること。

1. 商品¥200,000をクレジット払いの条件で販売するとともに、信販会社へのクレジット手数料（販売代金の4%）を計上した。
   - ア．未収入金　イ．クレジット売掛金　ウ．仮受消費税　エ．売上
   - オ．支払手数料　カ．支払利息

2. 店舗を建てる目的で購入した土地について建設会社に依頼していた整地作業が完了し、その代金¥230,000を現金で支払った。
   - ア．現金　イ．普通預金　ウ．建物　エ．土地　オ．支払手数料
   - カ．修繕費

3. 建物および土地の固定資産税¥400,000の納付書を受け取り、未払金に計上することなく、ただちに当座預金口座から振り込んで納付した。
   - ア．当座預金　イ．建物　ウ．土地　エ．未払金　オ．租税公課

答案用紙に書き込む勘定科目はこの選択肢の中から選ぶ必要があります。

15の仕訳問題からなり、各**3点**、合わせて**45点**の配点となります。小問15問で**目標時間は15分**ですから、1問1分での解答を目指しましょう。

答案用紙

第1問 (45点)

	借　方		貸　方	
	記　号	金　額	記　号	金　額
1				
2				
3				
4				

第1問は毎回同じスタイルの答案用紙になります。

出題パターン

主に下表のような論点が出ています。重要度の高い論点は重点的に問題を解くなど、重要度に合わせて学習プランを立てると効率的です。

	出題パターン	本書の対応問題	低い ← 重要度 → 高い
現金預金	現金過不足	1	★★★☆☆
	当座預金	2	★★★☆☆
	小口現金	3	★☆☆☆☆
商品売買	仕入取引	4	★★★★★
	売上取引	5	★★★★★
	仕入諸掛や発送費	6	★★★★☆
貸倒れ	貸倒引当金と貸倒損失	7	★★★☆☆
手形	約束手形	8	★★★☆☆
	手形貸付金と手形借入金	9	★★☆☆☆
	電子記録債権・電子記録債務	10	★★★☆☆
固定資産	有形固定資産の取得	11	★★★★☆
	有形固定資産の売却	12	★★★★★
	資本的支出と収益的支出	13	★★★☆☆
その他の債権債務	貸付金と借入金	14	★★★☆☆
	未収入金と未払金	15	★★★★★
	前払金と前受金	16	★★★★★
	立替金と預り金	17	★★★☆☆
	仮払金と仮受金	18	★★☆☆☆
	受取商品券と差入保証金	19	★★★☆☆
その他の取引	資本金と利益剰余金	20	★★★☆☆
	固定資産税など（租税公課）	21	★★★☆☆
	法人税等	22	★★★☆☆
	消費税	23	★★★★☆
	費用の支払い	24	★★★☆☆

ボク、第1問の仕訳問題は大好きだよ!

くまたろくん、ずいぶんたのもしいね!仕訳はケアレスミスをなくすことも大事です

くまたろくんっておっちょこちょいだから、いつも簡単な仕訳を間違っちゃうんだよね～

仕訳をマスターするには反復あるのみ!

コラム

　第1問は仕訳15問につき、配点が45点あります。時間がかかるわけでもありませんし、難易度が高いわけでもありません。ですから、試験に合格するならば、第1問で満点をとることがとても大事です。第1問は仕訳の問題なので、とにかく仕訳が正確かつ早くできるようになることが何より重要です。仕訳を正確に、そして早く行うことができるようになるのに必要なの

が反復です。毎日、仕訳の問題を解くしかありません。1回解いた問題でもかまわないので、毎日仕訳の問題に触れることが大切なのです。数日、集中的にたくさんやってもあまり意味がありません。

　それよりは、どんなに忙しくても、1日最低15問は絶対にやるようにすることを習慣づけることが肝心なのです。

出題パターン対応！ 第**1**問 対策 **問題**

答案用紙 ➡ P148
解答・解説 ➡ P2
テキスト STEP16

問題 1	現金過不足

複雑な問題を解く際のポイントは、最終的には現金過不足勘定の残高をすべてなくしてしまうという点です。

 5分

　下記の各取引について仕訳しなさい。ただし、勘定科目は各取引の下の勘定科目から最も適当と思われるものを選び、記号で解答すること。

(1) 現金の実際有高を調べたところ、帳簿有高よりも¥10,000不足していた。

　　ア. 現金　　イ. 現金過不足　　ウ. 雑益　　エ. 旅費交通費　　オ. 支払手数料　　カ. 雑損

(2) (1) の後、上記差額の一部は交通費の支出額¥9,300を¥3,900と誤記入していたために発生したことが判明した。

　　ア. 現金　　イ. 現金過不足　　ウ. 雑益　　エ. 旅費交通費　　オ. 支払手数料　　カ. 雑損

(3) 原因が不明であった現金過不足は、受取家賃¥8,000の記入漏れと、交通費¥6,000の支払いが二重記帳されていたため生じたことが判明した。

　　ア. 現金　　イ. 現金過不足　　ウ. 受取家賃　　エ. 雑益　　オ. 旅費交通費　　カ. 雑損

(4) 現金の実際有高が帳簿残高より¥46,000不足していたので、かねて現金過不足勘定で処理しておいたが、その原因を調べたところ、交通費の支払額¥15,000、通信費の支払額¥20,000および手数料の受取額¥5,000が記入漏れであることが判明した。なお、残額は原因が不明のため、雑損として処理した。

　　ア. 現金　　イ. 現金過不足　　ウ. 受取手数料　　エ. 旅費交通費　　オ. 通信費　　カ. 雑損

(5) 現金の実際有高が帳簿残高より¥56,000過大だったので、現金過不足勘定で処理しておいたが、その後原因を調査したところ、手数料の受取額¥40,000、通信費の支払額¥8,000が記入漏れであることが判明した。なお、残額については雑益で処理することにした。

　　ア. 現金　　イ. 現金過不足　　ウ. 受取手数料　　エ. 雑益　　オ. 支払手数料　　カ. 通信費

問題 2 **当座預金**

小切手は毎回試験に出題されます。振り出した時、受け取った時の仕訳を覚えましょう。

 5分

答案用紙 ➡P149
解答・解説 ➡P3
テキストSTEP14、15

下記の各取引について仕訳しなさい。ただし、勘定科目は各取引の下の勘定科目から最も適当と思われるものを選び、記号で解答すること。

(1) 商品¥80,000を仕入れ、代金は小切手を振り出して支払った。

　　ア．現金　　イ．当座預金　　ウ．売掛金　　エ．買掛金　　オ．売上　　カ．仕入

(2) 得意先から売掛代金として小切手¥70,000を受け取り、ただちに当座預金とした。

　　ア．現金　　イ．当座預金　　ウ．売掛金　　エ．買掛金　　オ．売上　　カ．仕入

(3) 決算において、当座預金勘定の残高が¥100,000（貸方）となっているが、これは全額が当座借越によるものであるため、適切な勘定へ振り替える。

　　ア．現金　　イ．当座預金　　ウ．当座借越　　エ．仕入　　オ．支払手数料　　カ．支払利息

(4) 売掛金¥200,000について、得意先よりA銀行普通預金口座へ振り込まれた。なお、当社は複数の金融機関を利用しており、他の銀行とも普通預金口座を開設しているため、口座ごとに勘定を設定している。

　　ア．普通預金A銀行　　イ．売掛金　　ウ．買掛金　　エ．売上　　オ．支払手数料　　カ．支払利息

(5) A銀行の普通預金口座からB銀行の普通預金口座へ¥300,000を振込みにより移動した。また、振込手数料として¥200が引き落とされた。ただし、管理のため、口座ごとに勘定を設定している。

　　ア．普通預金A銀行　　イ．普通預金B銀行　　ウ．売掛金　　エ．買掛金　　オ．支払手数料　　カ．支払利息

 問題 3 **小口現金**

小口現金は仕訳ができるようになるのはもちろん、小口現金出納帳の作成も第2問で出題されたこともあるので、そちらも確認しておきましょう！

3分

答案用紙 ➡P150
解答・解説 ➡P4
テキストSTEP17

下記の各取引について仕訳しなさい。ただし、勘定科目は各取引の下の勘定科目から最も適当と思われるものを選び、記号で解答すること。

(1) 定額資金前渡制（インプレスト・システム）を採用し、5月分の小口現金として小切手￥200,000を振り出し、小口現金係に渡した。

 ア. 小口現金 イ. 当座預金 ウ. 通信費 エ. 消耗品費 オ. 旅費交通費 カ. 雑費

(2) 小口現金係から5月中の支払いについて次の報告があり、ただちに小切手を振り出して補給した。なお、小口現金の支払いと補給の仕訳の際に、小口現金勘定を用いる方法で仕訳すること。

| 通　信　費 | ￥30,000 | 消 耗 品 費 | ￥20,000 |
| 交　通　費 | ￥31,500 | 雑　　　費 | ￥23,500 |

 ア. 小口現金 イ. 当座預金 ウ. 通信費 エ. 消耗品費 オ. 旅費交通費 カ. 雑費

(3) 小口現金係から5月中の支払いについて次の報告があり、ただちに小切手を振り出して補給した。なお、小口現金の支払いと補給の仕訳の際に、小口現金勘定を用いない方法で仕訳すること。

| 通　信　費 | ￥30,000 | 消 耗 品 費 | ￥20,000 |
| 交　通　費 | ￥31,500 | 雑　　　費 | ￥23,500 |

 ア. 小口現金 イ. 当座預金 ウ. 通信費 エ. 消耗品費 オ. 旅費交通費 カ. 雑費

問題 4 仕入取引

商品を購入した際に、分記法では商品勘定を用いますが、3分法では仕入勘定を用います。

5分

答案用紙 ➡ P151
解答・解説 ➡ P6
テキストSTEP20

　下記の各取引について仕訳しなさい。ただし、勘定科目は各取引の下の勘定科目から最も適当と思われるものを選び、記号で解答すること。

(1) コアラ商店から商品￥50,000を仕入れ、代金は掛けとした。

 ア. 現金 イ. 当座預金 ウ. 前払金 エ. 支払手形 オ. 買掛金 カ. 仕入

(2) ゴリラ商店から商品￥80,000を仕入れ、代金のうち￥60,000は小切手を振り出し、残額は掛けとした。

 ア. 現金 イ. 当座預金 ウ. 前払金 エ. 支払手形 オ. 買掛金 カ. 仕入

(3) シマウマ商店から商品￥70,000を仕入れ、代金は約束手形を振り出して支払った。

   ア．現金 イ．当座預金 ウ．前払金 エ．支払手形 オ．買掛金 カ．仕入

(4) ハゲタカ商店から商品￥40,000を仕入れた。代金のうち￥30,000は手付金として注文時に支払済であり、残額は掛けとした。

   ア．現金 イ．当座預金 ウ．前払金 エ．支払手形 オ．買掛金 カ．仕入

(5) アシカ商店から仕入れた商品が品違いのため返品した。この金額￥9,000は、同店に対する買掛金から相殺した。

   ア．現金 イ．当座預金 ウ．前払金 エ．支払手形 オ．買掛金 カ．仕入

問題 5

売上取引

商品を販売した際に、分記法では商品勘定と商品売買益勘定を用いて仕訳しますが、3分法では売上勘定を用います。

6分

答案用紙 ➡ P152
解答・解説 ➡ P7

テキスト STEP20

 下記の各取引について仕訳しなさい。ただし、勘定科目は各取引の下の勘定科目から最も適当と思われるものを選び、記号で解答すること。

(1) ライオン商店へ商品を￥90,000で販売し、代金は現金で受け取った。

   ア．現金 イ．当座預金 ウ．受取手形 エ．売掛金 オ．前受金 カ．売上

(2) アライグマ商店へ商品を￥130,000で販売し、代金のうち￥100,000は同店振出しの小切手で受け取り、残額は掛けとした。

   ア．現金 イ．当座預金 ウ．受取手形 エ．売掛金 オ．前受金 カ．売上

(3) キリン商店へ商品を￥160,000で販売し、代金のうち半分は同店振出しの約束手形で受け取り、残額は掛けとした。

   ア．現金 イ．当座預金 ウ．受取手形 エ．売掛金 オ．前受金 カ．売上

(4) カンムリワシ商店へ商品を￥200,000で販売した。代金のうち￥20,000は手付金として注文時に受取済であり、残額は掛けとした。

   ア．現金 イ．当座預金 ウ．受取手形 エ．売掛金 オ．前受金 カ．売上

(5) タヌキ商店は、商品¥200,000をクレジット払いの条件で販売した。なお、信販会社への手数料¥10,000は販売時に計上する。

　　ア. 現金　　イ. 当座預金　　ウ. クレジット売掛金　　エ. 売上　　オ. 受取手数料　　カ. 支払手数料

(6) カメレオン商店へ掛けで売り渡した商品のうち、¥3,000が品違いのため返品された。

　　ア. 現金　　イ. 当座預金　　ウ. 受取手形　　エ. 売掛金　　オ. 前受金　　カ. 売上

仕入諸掛や発送費

問題 6

仕入諸掛は仕入に含めて処理します。これは簿記の大原則なので、しっかりと覚えておいてください！

4分

答案用紙 ➡P153
解答・解説 ➡P8

テキストSTEP21

　下記の各取引について仕訳しなさい。ただし、勘定科目は各取引の下の勘定科目から最も適当と思われるものを選び、記号で解答すること。

(1) ハムスター商店から商品¥90,000を仕入れ、代金は掛けとした。なお、引取運賃¥3,000を現金で支払った。

　　ア. 現金　　イ. 売掛金　　ウ. 買掛金　　エ. 売上　　オ. 仕入　　カ. 発送費

(2) メガネザル商店へ商品¥110,000を売り渡し、代金のうち¥60,000は同店振出しの約束手形で受け取り、残額は掛けとした。なお、商品の発送費¥4,000を現金で支払った。

　　ア. 現金　　イ. 当座預金　　ウ. 受取手形　　エ. 売掛金　　オ. 売上　　カ. 発送費

(3) カンガルー商店へ商品¥150,000を売り渡し、代金のうち半額は同店が振り出した小切手で受け取り、残額は掛けとした。なお、商品の発送運賃¥7,000を現金で支払った。

　　ア. 現金　　イ. 当座預金　　ウ. 受取手形　　エ. 売掛金　　オ. 売上　　カ. 発送費

(4) エリマキトカゲ商店から商品¥80,000を仕入れ、代金は以前に得意先から受け取っていた小切手で支払った。なお、引取運賃¥1,000を現金で支払った。

　　ア. 現金　　イ. 当座預金　　ウ. 買掛金　　エ. 売上　　オ. 仕入　　カ. 発送費

貸倒引当金と貸倒損失

貸倒引当金は売掛金のマイナスをあらわしている、ちょっと特殊な勘定です。貸借対照表への表示方法も大切なので、確認しておきましょう!

答案用紙 ➡ P154
解答・解説 ➡ P10

テキストSTEP29

下記の各取引について仕訳しなさい。ただし、勘定科目は各取引の下の勘定科目から最も適当と思われるものを選び、記号で解答すること。

(1) 決算にあたり、売掛金残高¥1,000,000に対し、5%の貸倒れを見積もった。ただし、貸倒引当金勘定残高が¥20,000ある(差額補充法によること)。

　　ア. 現金　　イ. 売掛金　　ウ. 貸倒引当金　　エ. 償却債権取立益　　オ. 貸倒引当金繰入　　カ. 貸倒損失

(2) 本日、得意先クジラ商店が倒産し、前期より繰り越した売掛金¥30,000が回収不能となった。なお、貸倒引当金勘定残高は¥20,000であった。

　　ア. 現金　　イ. 売掛金　　ウ. 貸倒引当金　　エ. 償却債権取立益　　オ. 貸倒引当金繰入　　カ. 貸倒損失

(3) キジ商店が突然破産し、同店に対する売掛金残高¥250,000はすべて回収不能と予想されるので、貸倒れとして処理した。貸倒引当金の設定は行っていなかった。

　　ア. 現金　　イ. 売掛金　　ウ. 貸倒引当金　　エ. 償却債権取立益　　オ. 貸倒引当金繰入　　カ. 貸倒損失

(4) 得意先イタチ商店が倒産し、売掛金¥70,000が回収不能となり、貸倒れとして処理を行った。なお、貸倒引当金勘定残高は¥75,000であった。

　　ア. 現金　　イ. 売掛金　　ウ. 貸倒引当金　　エ. 償却債権取立益　　オ. 貸倒引当金繰入　　カ. 貸倒損失

(5) 期末において売掛金残高¥1,400,000に対し4%の貸倒れを見積もることとした。ただし、貸倒引当金勘定残高が¥30,000ある(差額補充法によること)。

　　ア. 現金　　イ. 売掛金　　ウ. 貸倒引当金　　エ. 償却債権取立益　　オ. 貸倒引当金繰入　　カ. 貸倒損失

(6) 前期に貸倒れとして処理した売掛金¥50,000を現金で回収した。

　　ア. 現金　　イ. 売掛金　　ウ. 貸倒引当金　　エ. 償却債権取立益　　オ. 貸倒引当金繰入　　カ. 貸倒損失

約束手形

問題 8

約束手形は登場人物が2名で、1人が手形を振り出す人＝手形代金を支払う人であり、もう1人が手形をもらう人＝手形代金をもらう人です。

答案用紙 ➡P155
解答・解説 ➡P12
テキストSTEP30

（4分）

　下記の各取引について仕訳しなさい。ただし、勘定科目は各取引の下の勘定科目から最も適当と思われるものを選び、記号で解答すること。

(1) クマ商店から商品¥50,000を仕入れ、代金のうち半額については約束手形を振り出し、残額については月末に支払うこととした。

ア. 当座預金　イ. 受取手形　ウ. 支払手形　エ. 買掛金　オ. 未払金　カ. 仕入

(2) 売掛金の回収として、ウミガメ商店より同店振出しの約束手形¥80,000を受け取った。

ア. 現金　イ. 当座預金　ウ. 受取手形　エ. 売掛金　オ. 支払手形　カ. 売上

(3) 得意先シロサギ商店に対し商品を¥70,000で販売し、代金は同店振出しの約束手形で受け取った。

ア. 現金　イ. 当座預金　ウ. 受取手形　エ. 売掛金　オ. 支払手形　カ. 売上

(4) かねて取立てを依頼しておいたトカゲ商店振出しの約束手形¥60,000を当座預金に入金した旨、期日に取引銀行から通知を受けた。

ア. 現金　イ. 当座預金　ウ. 受取手形　エ. 売掛金　オ. 支払手形　カ. 売上

手形貸付金と手形借入金

問題 9

お金の貸借で振り出す手形は、通常の商品売買で振り出す手形と区別して処理します。

答案用紙 ➡P156
解答・解説 ➡P13
テキストSTEP31

（4分）

　下記の各取引について仕訳しなさい。ただし、勘定科目は各取引の下の勘定科目から最も適当と思われるものを選び、記号で解答すること。

(1) 約束手形を振り出して¥600,000を借り入れ、その全額が当座預金口座に振り込まれた。

ア. 当座預金　イ. 受取手形　ウ. 手形貸付金　エ. 支払手形　オ. 手形借入金　カ. 支払利息

(2) ワシ商店に資金￥800,000を貸し付けるため、同店振出しの約束手形を受け取り、同日中に当社の当座預金よりワシ商店の銀行預金口座に同額を振り込んだ。なお、利息は返済時に受け取ることとした。

   ア. 当座預金　イ. 受取手形　ウ. 手形貸付金　エ. 支払手形　オ. 手形借入金　カ. 受取利息

(3) 銀行より￥500,000を借り入れ、同額の約束手形を振り出し、利息￥25,000を差し引かれた残額が普通預金口座に振り込まれた。

   ア. 普通預金　イ. 受取手形　ウ. 手形貸付金　エ. 支払手形　オ. 手形借入金　カ. 支払利息

(4) トキ商店に￥400,000を貸し付け、同額の約束手形を受け取り、利息￥5,000を差し引いた残額を当社の普通預金口座からトキ商店の普通預金口座に振り込んだ。

   ア. 普通預金　イ. 当座預金　ウ. 受取手形　エ. 手形貸付金　オ. 受取利息　カ. 支払利息

問題 10　電子記録債権・電子記録債務

債権の発生記録を行った側は電子記録債権（資産）として処理し、債務の発生記録を行った側は電子記録債務（負債）として処理します。

4分

答案用紙 ➡ P157
解答・解説 ➡ P14

テキスト STEP33

　下記の各取引について仕訳しなさい。ただし、勘定科目は各取引の下の勘定科目から最も適当と思われるものを選び、記号で解答すること。

(1) クマ商店は、キツネ商店に対する買掛金￥150,000の支払いを電子債権記録機関で行うため、取引銀行を通して債務の発生記録を行った。

   ア. 普通預金　イ. 当座預金　ウ. 売掛金　エ. 電子記録債権　オ. 買掛金　カ. 電子記録債務

(2) クマ商店は、電子債権記録機関に発生記録した債務￥150,000の支払期日が到来したので、当座預金口座からその代金が引き落とされた。

   ア. 普通預金　イ. 当座預金　ウ. 売掛金　エ. 電子記録債権　オ. 買掛金　カ. 電子記録債務

(3) ネコ商店は、得意先に対する売掛金￥250,000について、電子債権記録機関から取引銀行を通じて債権の発生記録の通知を受けた。

   ア. 普通預金　イ. 当座預金　ウ. 売掛金　エ. 電子記録債権　オ. 買掛金　カ. 電子記録債務

(4) ネコ商店は、電子債権記録機関に発生記録した債権¥250,000の支払期日が到来し、その代金が普通預金口座に振り込まれた。

　　ア. 普通預金　イ. 当座預金　ウ. 売掛金　エ. 電子記録債権　オ. 買掛金　カ. 電子記録債務

 問題11 **有形固定資産の取得**
有形固定資産の取得の際に発生する費用は付随費用といいます。この場合、有形固定資産に含めて処理します。

 5分

答案用紙➡P158
解答・解説➡P15
テキストSTEP34

　下記の各取引について仕訳しなさい。ただし、勘定科目は各取引の下の勘定科目から最も適当と思われるものを選び、記号で解答すること。

(1) 営業用の建物¥3,200,000を購入し、小切手を振り出して支払った。なお、不動産業者へ¥120,000の手数料と¥85,000の登記料を現金で支払った。

　　ア. 現金　イ. 普通預金　ウ. 当座預金　エ. 建物　オ. 支払手数料　カ. 租税公課

(2) 営業用バイク1台を購入し、代金¥530,000とディーラーに支払う手数料¥30,000を合わせて現金で支払った。

　　ア. 現金　イ. 普通預金　ウ. 当座預金　エ. 車両運搬具　オ. 備品　カ. 支払手数料

(3) 営業用の倉庫を¥7,200,000で購入し、代金は小切手を振り出して支払った。なお、登記料と、仲介手数料として¥50,000を現金で支払った。

　　ア. 現金　イ. 当座預金　ウ. 建物　エ. 備品　オ. 支払手数料　カ. 租税公課

(4) 事務用の机、イスを¥325,000で購入し、代金は普通預金から支払った。なお、引取運賃¥3,000は現金で支払った。

　　ア. 現金　イ. 普通預金　ウ. 当座預金　エ. 建物　オ. 備品　カ. 発送費

(5) 事務用の机5台を¥130,000で購入し、代金は小切手を振り出して支払った。なお、引取運賃¥1,800は現金で支払った。

　　ア. 現金　イ. 普通預金　ウ. 当座預金　エ. 建物　オ. 備品　カ. 発送費

問題 12

有形固定資産の売却

有形固定資産の売却を期中に行った場合、期首から売却時点までの減価償却費を計上する必要があります。

④ 分

答案用紙 ➡ P159
解答・解説 ➡ P16
テキスト STEP34〜36

下記の各取引について仕訳しなさい。ただし、**勘定科目は各取引の下の勘定科目から最も適当と思われるものを選び、記号で解答すること。**

（1）取得原価¥450,000、減価償却累計額¥162,000の備品を¥260,000で売却し、代金は当座預金に振り込まれた。

    ア. 当座預金　イ. 備品　ウ. 備品減価償却累計額　エ. 減価償却費　オ. 固定資産売却益　カ. 固定資産売却損

（2）取得原価¥2,000,000、減価償却累計額¥900,000の営業用自動車を売却し、代金¥1,350,000のうち¥500,000は現金で受け取り、残りは小切手で受け取った。

    ア. 現金　イ. 当座預金　ウ. 車両運搬具　エ. 車両運搬具減価償却累計額　オ. 固定資産売却益　カ. 固定資産売却損

（3）取得原価¥3,500,000（耐用年数20年、残存価額は取得原価の10%、減価償却方法は定額法）、減価償却累計額¥1,260,000の建物を当期の7月31日に¥2,000,000で売却し、代金は先方振出しの小切手で受け取った。なお、当社の決算日は3月31日であり、減価償却費の計算は月割計算による。

    ア. 現金　イ. 建物　ウ. 建物減価償却累計額　エ. 減価償却費　オ. 固定資産売却益　カ. 固定資産売却損

（4）帳簿価額¥2,000,000の倉庫用地を¥2,500,000で売却し、代金は小切手で受け取った。

    ア. 現金　イ. 当座預金　ウ. 建物　エ. 土地　オ. 固定資産売却益　カ. 固定資産売却損

問題 13

資本的支出と収益的支出

資本的支出のキーワードは「価値増加」や「耐用年数の延長」、収益的支出のキーワードは「原状回復」です。

④ 分

答案用紙 ➡ P160
解答・解説 ➡ P18
テキスト STEP35

下記の各取引について仕訳しなさい。ただし、**勘定科目は各取引の下の勘定科目から最も適当と思われるものを選び、記号で解答すること。**

（1）店舗の窓ガラスが破損し、その修理代として¥50,000を現金で支払った。

ア．現金　　イ．建物　　ウ．備品　　エ．車両運搬具　　オ．土地　　カ．修繕費

(2) 保有する備品について、改良費￥200,000を現金で支払った。なお、この支出により、備品の性能が向上した。

ア．現金　　イ．建物　　ウ．備品　　エ．車両運搬具　　オ．土地　　カ．修繕費

(3) 2年前に購入した備品が故障したため、その修理費用として￥15,000を現金で支払った。

ア．現金　　イ．建物　　ウ．備品　　エ．車両運搬具　　オ．土地　　カ．修繕費

(4) 店舗を建てる目的で購入した土地について建設会社に依頼していた整地作業が完了し、その代金￥240,000を現金で支払った。

ア．現金　　イ．建物　　ウ．備品　　エ．車両運搬具　　オ．土地　　カ．修繕費

問題 14 貸付金と借入金

利息をもらう側は受取利息という収益を計上し、利息を支払う側は支払利息という費用を計上することになります。

（4分）

答案用紙 ➡P161
解答・解説 ➡P19
テキストSTEP48

　下記の各取引について仕訳しなさい。ただし、**勘定科目は各取引の下の勘定科目から最も適当と思われるものを選び、記号で解答すること。**

(1) タヌキ商店はキツネ商店に対して現金￥500,000を期間6か月、利率年5%で貸し付けた。

ア．現金　　イ．当座預金　　ウ．貸付金　　エ．借入金　　オ．受取利息　　カ．支払利息

(2) タヌキ商店は（1）の貸付金について満期日にキツネ商店から利息とともに同店振出しの小切手で返済を受けた。

ア．現金　　イ．当座預金　　ウ．貸付金　　エ．借入金　　オ．受取利息　　カ．支払利息

(3) トラ商店はライオン商店から現金￥800,000を期間9か月、利率年6%で借り入れた。

ア．現金　　イ．当座預金　　ウ．貸付金　　エ．借入金　　オ．受取利息　　カ．支払利息

（4）トラ商店は（3）の借入金について満期日にライオン商店へ利息とともに現金で返済を行った。

　　ア. 現金　　イ. 当座預金　　ウ. 貸付金　　エ. 借入金　　オ. 受取利息　　カ. 支払利息

問題 15　未収入金と未払金

売掛金・買掛金と未収入金・未払金との違いは、とにかく商品か、商品以外かという点です。問題文の言い回しにごまかされないようにしてください。

4分

答案用紙 ➡ P162
解答・解説 ➡ P20
テキスト STEP49

　下記の各取引について仕訳しなさい。ただし、勘定科目は各取引の下の勘定科目から最も適当と思われるものを選び、記号で解答すること。

（1）ヒバリ商店は事務用コピー機を¥1,500,000で購入し、代金は翌月末に支払うこととした。

　　ア. 売掛金　　イ. 未収入金　　ウ. 備品　　エ. 買掛金　　オ. 未払金　　カ. 仕入

（2）スズメ商店は土地（帳簿価額¥450,000）を¥500,000で売却し、代金は月末に受け取ることにした。

　　ア. 売掛金　　イ. 未収入金　　ウ. 未払金　　エ. 土地　　オ. 固定資産売却益　　カ. 固定資産売却損

（3）ワニ商店は自動車販売業（ディーラー）のウサギ商会より、商品運送用のトラック1台を¥1,500,000で購入し、代金のうち¥500,000は現金で支払い、残額は月末払いとした。

　　ア. 現金　　イ. 未収入金　　ウ. 車両運搬具　　エ. 買掛金　　オ. 未払金　　カ. 仕入

（4）ワニ商店は月末に（3）の残金¥1,000,000を小切手を振り出して支払った。

　　ア. 現金　　イ. 当座預金　　ウ. 売掛金　　エ. 未収入金　　オ. 買掛金　　カ. 未払金

問題 16　前払金と前受金

前払金はお金を支払った分だけ商品を引き取ることができる権利があるので資産、前受金はその反対なので負債です。

4分

答案用紙 ➡ P163
解答・解説 ➡ P21
テキスト STEP50

　下記の各取引について仕訳しなさい。ただし、勘定科目は各取引の下の勘定科目から最も適当と思われるものを選び、記号で解答すること。

(1) ネズミ商店は1か月後にヤモリ商店から商品¥130,000を購入する約束をし、内金として現金¥30,000を支払った。

　　　ア．現金　　イ．当座預金　　ウ．前払金　　エ．買掛金　　オ．前受金　　カ．仕入

(2) ネズミ商店はヤモリ商店から上記¥130,000の商品を仕入れ、内金との差額は小切手で支払った。

　　　ア．現金　　イ．当座預金　　ウ．前払金　　エ．買掛金　　オ．前受金　　カ．仕入

(3) ウマ商店は2週間後にウシ商店へ商品¥250,000を販売する約束をし、内金として¥50,000をウシ商店振出しの小切手で受け取った。

　　　ア．現金　　イ．当座預金　　ウ．売掛金　　エ．前払金　　オ．前受金　　カ．売上

(4) ウマ商店はウシ商店へ上記¥250,000 の商品を販売し、内金との差額は月末に受け取ることとした。

　　　ア．未収入金　　イ．売掛金　　ウ．前払金　　エ．買掛金　　オ．前受金　　カ．売上

問題 17　立替金と預り金

会社が給料を支払う際に、従業員が負担する分の所得税や社会保険料を控除しますが、これが預り金の代表例です。

4分

答案用紙 ➡ P164
解答・解説 ➡ P22

テキスト STEP51

　下記の各取引について仕訳しなさい。ただし、勘定科目は各取引の下の勘定科目から最も適当と思われるものを選び、記号で解答すること。

(1) 従業員に給料の前貸しとして、現金¥40,000を渡した。

　　　ア．現金　　イ．立替金　　ウ．貸付金　　エ．所得税預り金　　オ．給料　　カ．法定福利費

(2) 本月分の従業員給料¥200,000を支給するに際して、前貸ししてあった¥40,000と所得税の源泉徴収額¥20,000を差し引き、手取金を現金で支払った。

　　　ア．現金　　イ．立替金　　ウ．貸付金　　エ．所得税預り金　　オ．給料　　カ．法定福利費

(3) 所得税の源泉徴収分¥20,000を税務署に現金で納付した。

　　　ア．現金　　イ．普通預金　　ウ．社会保険料預り金　　エ．所得税預り金　　オ．法定福利費　　カ．租税公課

(4) 健康保険料および厚生年金保険料について、従業員負担額￥30,000に会社負担
　　額（従業員負担額と同額）を加えて、普通預金口座から振り込んで納付した。

　　　　ア. 現金　　イ. 普通預金　　ウ. 社会保険料預り金　　エ. 所得税預り金　　オ. 法定福利費　　カ. 租税公課

問題 18　仮払金と仮受金
期中において仮払金や仮受金が発生しても、決算では必ずその内容を明らかにする必要があります。

4分

答案用紙 ➡P165
解答・解説 ➡P23
テキストSTEP52

　下記の各取引について仕訳しなさい。ただし、**勘定科目は各取引の下の勘定科目から最も適当と思われるものを選び、記号で解答すること。**

(1) 従業員の出張にあたり、旅費の概算額￥120,000を現金で前渡しした。

　　　　ア. 現金　　イ. 前払金　　ウ. 仮払金　　エ. 仮受金　　オ. 前受金　　カ. 旅費交通費

(2) 従業員が出張から戻り（1）の仮払金￥120,000につき、残額￥10,000 を現金
　　で受け取った。

　　　　ア. 現金　　イ. 前払金　　ウ. 仮払金　　エ. 仮受金　　オ. 前受金　　カ. 旅費交通費

(3) 出張中の従業員から当座預金口座に￥240,000 の振込みがあった。しかし、その内容については不明である。

　　　　ア. 当座預金　　イ. 売掛金　　ウ. 仮払金　　エ. 仮受金　　オ. 前受金　　カ. 旅費交通費

(4) （3）の当座預金口座に振り込まれていた内容不明の￥240,000は、本日従業員
　　が出張から戻り、クジラ商店からの売掛金の回収分であることが判明した。

　　　　ア. 当座預金　　イ. 売掛金　　ウ. 仮払金　　エ. 仮受金　　オ. 前受金　　カ. 旅費交通費

問題 19　受取商品券と差入保証金
受取商品券も差入保証金も資産の勘定です。

4分

答案用紙 ➡P166
解答・解説 ➡P24
テキストSTEP53

　下記の各取引について仕訳しなさい。ただし、**勘定科目は各取引の下の勘定科目から最も適当と思われるものを選び、記号で解答すること。**

(1) 商品¥45,000を売上げ、代金は商店街発行の商品券¥50,000で受け取り、釣銭は現金で支払った。

 ア. 現金 イ. 普通預金 ウ. 当座預金 エ. 受取手形 オ. 受取商品券 カ. 売上

(2) 商品¥30,000を売上げ、代金として同額の自治体発行の商品券を受け取った。

 ア. 現金 イ. 普通預金 ウ. 当座預金 エ. 受取手形 オ. 受取商品券 カ. 売上

(3) かねて売上代金として受け取っていた自治体発行の商品券¥30,000を引き渡して換金請求を行い、ただちに同額が普通預金口座へ振り込まれた。

 ア. 現金 イ. 普通預金 ウ. 当座預金 エ. 受取手形 オ. 受取商品券 カ. 売上

(4) 店舗の賃借にあたり、敷金¥600,000、不動産会社への手数料¥100,000、1か月分の家賃¥200,000を当座預金口座から振り込んだ。

 ア. 普通預金 イ. 当座預金 ウ. 差入保証金 エ. 支払手数料 オ. 支払家賃 カ. 支払地代

問題 20

資本金と利益剰余金

株式の発行は資本金の増加、当期純利益の計上は繰越利益剰余金の増加として処理します。

4分

答案用紙 ➡ P167
解答・解説 ➡ P25

テキストSTEP38、39

下記の各取引について仕訳しなさい。ただし、勘定科目は各取引の下の勘定科目から最も適当と思われるものを選び、記号で解答すること。

(1) 株式会社の設立にあたり株式を発行し、代金¥1,000,000は普通預金に預け入れた。なお、発行価額の全額を資本金とする。

 ア. 普通預金 イ. 当座預金 ウ. 未払配当金 エ. 資本金 オ. 利益準備金 カ. 繰越利益剰余金

(2) シロクマ株式会社は増資を行うことになり、新たに株式100株を1株につき¥5,000で発行し、出資者より当社の当座預金口座に払込金が振り込まれた。なお、発行価額の全額を資本金とする。

 ア. 普通預金 イ. 当座預金 ウ. 未払配当金 エ. 資本金 オ. 利益準備金 カ. 繰越利益剰余金

(3) シロクマ株式会社は、当期の決算において当期純利益¥320,000を計上した。

 ア. 資本金 イ. 利益準備金 ウ. 繰越利益剰余金 エ. 雑益 オ. 雑損 カ. 損益

(4) シロクマ株式会社は、繰越利益剰余金のうち配当金として¥100,000、利益準備金へ¥10,000を積み立てることを決定した。

　　ア. 普通預金　　イ. 当座預金　　ウ. 未払配当金　　エ. 資本金　　オ. 利益準備金　　カ. 繰越利益剰余金

問題 21　固定資産税など（租税公課）

固定資産税や印紙税などの税金は、租税公課という費用の勘定を用います。

答案用紙 ➡P168
解答・解説 ➡P26
テキストSTEP40

　下記の各取引について仕訳しなさい。ただし、勘定科目は各取引の下の勘定科目から最も適当と思われるものを選び、記号で解答すること。

(1) 店舗に対する固定資産税¥50,000を小切手を振り出して納付した。

　　ア. 現金　　イ. 当座預金　　ウ. 建物　　エ. 法定福利費　　オ. 租税公課　　カ. 法人税等

(2) ¥10,000の収入印紙を3枚購入し、代金は現金で支払った。

　　ア. 現金　　イ. 当座預金　　ウ. 通信費　　エ. 法定福利費　　オ. 租税公課　　カ. 法人税等

(3) 期末において、未使用の収入印紙が¥10,000あった。

　　ア. 貯蔵品　　イ. 未払法人税等　　ウ. 通信費　　エ. 法定福利費　　オ. 租税公課　　カ. 法人税等

(4) 期首において、未使用の収入印紙¥10,000を適切な勘定へ再振替の仕訳を行った。

　　ア. 貯蔵品　　イ. 未払法人税等　　ウ. 通信費　　エ. 法定福利費　　オ. 租税公課　　カ. 法人税等

問題 22　法人税等

法人税等は、会社に課せられた税金です。中間納付時、決算時、確定申告・納付時の仕訳を覚えましょう。

答案用紙 ➡P169
解答・解説 ➡P27
テキストSTEP41

　下記の各取引について仕訳しなさい。ただし、勘定科目は各取引の下の勘定科目から最も適当と思われるものを選び、記号で解答すること。

(1) 11月30日、中間申告を行い、法人税、住民税および事業税の合計¥200,000を小切手を振り出して納付した。

　　ア. 当座預金　　イ. 仮払法人税等　　ウ. 未払法人税等　　エ. 法定福利費　　オ. 租税公課　　カ. 法人税等

(2) 3月31日、決算を行った結果、法人税、住民税および事業税の合計が￥500,000となることが確定した。なお、仮払法人税等の残高が￥200,000ある。

 ア. 当座預金 イ. 仮払法人税等 ウ. 未払法人税等 エ. 法定福利費 オ. 租税公課 カ. 法人税等

(3) 5月31日、確定申告を行い、未払いとなっていた法人税等￥300,000を小切手を振り出して納付した。

 ア. 当座預金 イ. 仮払法人税等 ウ. 未払法人税等 エ. 法定福利費 オ. 租税公課 カ. 法人税等

(4) 決算にあたって、当期分の法人税等￥780,000を計上した。なお、このうち当社はすでに￥350,000を中間納付している。

 ア. 当座預金 イ. 仮払法人税等 ウ. 未払法人税等 エ. 法定福利費 オ. 租税公課 カ. 法人税等

問題 23 消費税

消費税は税抜方式と税込方式という2つの方法がありますが、3級の試験では税抜方式が出題されます。

答案用紙 ➡ P170
解答・解説 ➡ P28
テキストSTEP42

下記の各取引について仕訳しなさい。ただし、勘定科目は各取引の下の勘定科目から最も適当と思われるものを選び、記号で解答すること。

(1) 商品￥100,000を仕入れ、代金は￥10,000の消費税とともに現金で支払った。なお、消費税は税抜方式で記帳する。

 ア. 現金 イ. 仮払消費税 ウ. 仮受消費税 エ. 未払消費税 オ. 仕入 カ. 租税公課

(2) 商品を￥125,000で販売し、代金は￥12,500の消費税とともに現金で受け取った。消費税は税抜方式で記帳する。

 ア. 現金 イ. 仮払消費税 ウ. 仮受消費税 エ. 未払消費税 オ. 売上 カ. 租税公課

(3) 決算に際して、消費税の納付額を計算し、これを確定した。なお、仮払消費税の残高は￥400,000、仮受消費税の残高は￥500,000である。

 ア. 現金 イ. 仮払消費税 ウ. 仮受消費税 エ. 未払消費税 オ. 租税公課 カ. 法人税等

(4) 確定申告を行い、上記（3）で確定した納付額を、小切手を振り出して納付した。

  ア. 当座預金 イ. 仮払消費税 ウ. 仮受消費税 エ. 未払法人税等 オ. 未払消費税 カ. 租税公課

<table>
<tr><td>問題
24</td><td>**費用の支払い**
費用にはさまざまなものがありますが、それらを支払った時
は借方に費用を計上します。</td><td></td><td>答案用紙 ➡P171
解答・解説 ➡P29
📖 テキストSTEP40</td></tr>
</table>

 下記の各取引について仕訳しなさい。ただし、勘定科目は各取引の下の勘定科目から最も適当と思われるものを選び、記号で解答すること。

(1) 店舗の駐車場として使用している土地の本月分賃借料￥35,000が普通預金口座から引き落とされた。

  ア. 普通預金 イ. 当座預金 ウ. 土地 エ. 支払手数料 オ. 支払家賃 カ. 支払地代

(2) 営業活動で利用する電車およびバスの料金支払用ICカードに現金￥10,000を入金し、領収証の発行を受けた。なお、入金時に全額費用に計上する方法を用いている。

  ア. 現金 イ. 仮払金 ウ. 車両運搬具 エ. 支払手数料 オ. 旅費交通費 カ. 通信費

(3) 領収証の発行や約束手形の振出しに用いる収入印紙￥2,000と郵便切手￥500をともに郵便局で購入し、代金は現金で支払った。

  ア. 現金 イ. 受取手形 ウ. 支払手形 エ. 支払手数料 オ. 通信費 カ. 租税公課

(4) 広告宣伝費￥85,000を普通預金口座から支払った。また、振込手数料として￥400が同口座から引き落とされた。

  ア. 普通預金 イ. 当座預金 ウ. 広告宣伝費 エ. 支払手数料 オ. 租税公課 カ. 支払利息

第2問 対策

問題

15分

問題を解くうえでの
目標時間を示しています
(目標時間は難易度に応じて異なります)

本書内の答案用紙と解答・解説の
対応ページを示します

答案用紙 ➡ P173
解答・解説 ➡ P35
📖 テキストSTEP14、15、18

本書に対応したテキスト『超スピード合格! 日商簿記3級テキスト&問題集 第6版』の対応STEPを示しています。わからなくなったら、こちらの対応STEPを読み直しましょう

第2問 対策 問題

出題形式

出題形式のバリエーションの最も多いのが第2問です。したがって、さまざまな形式に慣れておくことが大切です。

問題

(2) 次の文の①〜⑦に当てはまる最も適切な語句を下記の［語群］から選び、ア〜トの記号で答えなさい。

1. 現金出納帳とは、現金の増減の明細を記録する（ ① ）である。
2. 貸倒引当金は受取手形や売掛金から差し引く形で貸借対照表に表示する。これは、貸倒引当金が受取手形勘定や売掛金勘定の（ ② ）勘定であるからである。
3. 仕入先元帳は、仕入先ごとの（ ③ ）の増減を記録する補助簿である。
4. 建物の機能の回復や維持のために行った場合の修繕は（ ④ ）勘定を用いるが、修繕によってその機能が向上し価値が増加した場合は（ ⑤ ）勘定を用いる。
5. 商品有高帳の払出欄の単価欄には商品の（ ⑥ ）が記入される。

［語群］

ア 総勘定元帳	イ 主要簿	ウ 補助元帳	エ 補助記入帳
オ 売 価	カ 原 価	キ 評 価	ク 残 高
ケ 仕 入	コ 売 上	サ 買 掛 金	シ 売 掛 金
ス 建 物	セ 修 繕 費	ソ 減価償却費	タ 減価償却累計額

> 出題頻度の高い補助簿作成の問題では、該当する補助簿に合った作成方法を知っておく必要があります。その他のパターンの問題も含めて、比較的やさしい問題が多いので、確実に得点したいところです。左の例は理論の問題です。

答案用紙

第2問（20点）

(1)

(A)	(B)	(C)	(D)	(E)

①	②	③	④	⑤

(2)

①	②	③	④	⑤	⑥

> 第2問は「売掛金元帳」や「買掛金元帳」、「商品有高帳」などの補助簿や減価償却などの勘定作成問題も出題されています。**配点は20点**です。解答のための**目標時間は15分**です。

出題パターン

第1問以外では、論点の多さが特徴といえます。重要度の高い売掛金元帳、買掛金元帳、商品有高帳などを中心に、学習していくとよいでしょう。

出題パターン	本書の対応問題	低い ←重要度→ 高い
理論	25 26 27	★★★★☆
当座預金出納帳	28 29	★★★☆☆
普通預金（複数口座の管理）	30	★☆☆☆☆
現金過不足	31	★★☆☆☆
小口現金出納帳	32	★★☆☆☆
商品売買	33	★★★☆☆
売上原価の算定	34	★★★☆☆
商品有高帳	35 36 37	★★★★★
売掛金元帳	38 40	★★★★☆
買掛金元帳	39 41	★★★★☆
受取手形記入帳	42	★★★☆☆
支払手形記入帳	43	★★★☆☆
補助簿の選択	44 45	★★★★☆
補助簿からの仕訳	46	★★★☆☆
証ひょう	47	★★★☆☆
減価償却	48	★★★☆☆
固定資産台帳	49	★★★☆☆
損益	50	★★★☆☆
貯蔵品と租税公課	51	★★☆☆☆
未収・未払と前受・前払	52 53	★★★★☆
伝票	54 55 56 57	★★★★☆
訂正仕訳	58	★★★★☆

ずいぶんパターンが多いな〜。大変そうだな〜

そうね。でも何度か問題を解けば、すぐにマスターできそうね！

前向きに考えれば乗り越えられない壁ではありません！さあ、問題を解いていきましょう

出題パターン対応! 第2問 対策 問題

問題 25	**理論** 正しく答えるためには、日ごろからテキストの内容を何度も読み返して理解することが大切です。	5分	答案用紙➡P172 解答・解説➡P32 テキストSTEP 2～4、11、39、54

次の文のアからオに当てはまる適切な語句を漢字で答えなさい。

1. 財務諸表のうち、一企業における一時点の資産、負債および純資産の状態を示す表のことを（ ア ）という。

2. 財務諸表のうち、一企業における一期間の収益および費用の状態を示す表のことを（ イ ）という。

3. 決算振替仕訳で収益および費用の各勘定残高を振り替える勘定のことを（ ウ ）勘定という。

4. 株式会社会計においては、決算振替仕訳により（ ウ ）勘定にて当期純利益または当期純損失を計算し、（ エ ）勘定へ振り替える。

5. 3伝票制において、現金の入出金をともなわない取引は（ オ ）伝票に記入する。

問題 26	**理論** 仕訳や計算問題だけでなく、意義や目的も一緒に覚えましょう。	6分	答案用紙➡P172 解答・解説➡P33 テキストSTEP 3、8、29、35、39

次の文章の（ ア ）から（ カ ）に当てはまる最も適切な語句を［語群］から選択し、番号で答えなさい。

1. 主要簿は、仕訳帳と（ ア ）のことである。

2. 仕訳の内容を勘定口座に記入する手続きを（ イ ）という。

3. 前期以前に貸倒れとして処理した売掛金について、当期にその一部を回収したときは、その回収金額を収益勘定である（ ウ ）勘定で処理する。

4. 取得済みの有形固定資産の修理、改良などのために支出した金額のうち、その有形固定資産の使用可能期間を延長または価値を増加させる部分を（ エ ）支出という。

5. 株式会社が繰越利益剰余金を財源として配当を行ったときは、会社法で定められた上限額に達するまでは一定額を（ オ ）として積み立てなければならない。

6. 当期中に生じた収益合計から費用合計を差し引いて当期純利益（または当期純損失）を求める計算方法を（ カ ）という。

[語群]

①	試 算 表	②	精 算 表	③	総勘定元帳	④	得意先元帳
⑤	決 算	⑥	転 記	⑦	締 切 り	⑧	複 式 簿 記
⑨	資 本 的	⑩	収 益 的	⑪	擬 制 的	⑫	3 分 法
⑬	財 産 法	⑭	損 益 法	⑮	差入保証金	⑯	資 本 金
⑰	利益準備金	⑱	受取手数料	⑲	貸倒引当金戻入	⑳	償却債権取立益

問題 27 理論

「これは何のために行うのか」「なぜこのような処理をするのか」ということも頭に入れておくと他の問題を解くうえでも役立ちます。

答案用紙 ➡ P172
解答・解説 ➡ P34
5分
テキストSTEP
8、14、29、51、59

次の文の（ ア ）～（ コ ）に当てはまる最も適切な語句を下記の［語群］から選び、①～⑳の番号で答えなさい。

1. 売掛金勘定や買掛金勘定は、主要簿である（ ア ）に収められる。主要簿には（ ア ）の他、（ イ ）がある。

2. 決算は、決算予備手続、決算本手続の順に行われる。決算予備手続では（ ウ ）が作成され、決算本手続では帳簿が締め切られる。そして最終的に（ エ ）が作成される。

3. 当座預金の引出しには、一般に（ オ ）が使われる。他社が振り出した（ オ ）を受け取った場合、（ カ ）として処理する。

4. （ キ ）に生じた売掛金が当期中に回収不能となった場合、（ キ ）決算日に設定された（ ク ）を取り崩す。

5. 給料から差し引かれる所得税の源泉徴収額は、租税公課などの（ ケ ）ではなく、会社にとっては預り金として貸借対照表上（ コ ）に計上される。

[語群]

①	現 金	②	受 取 手 形	③	貸倒引当金	④	貸 倒 損 失
⑤	貸倒引当金繰入	⑥	小 切 手	⑦	約 束 手 形	⑧	損 益 勘 定
⑨	前 期	⑩	次 期	⑪	負 債	⑫	純 資 産
⑬	収 益	⑭	費 用	⑮	仕訳日計表	⑯	試 算 表
⑰	財 務 諸 表	⑱	仕 訳 帳	⑲	売掛金元帳	⑳	総勘定元帳

問題 28　当座預金出納帳
当座預金出納帳を作成する問題では、直前の当座預金や当座借越の残高を確認してから、仕訳や帳簿に記入する金額を考えるようにしましょう。

答案用紙 ➡ P173
解答・解説 ➡ P35
テキスト STEP14、15、18
⏱10分

次の取引を仕訳し、当座預金出納帳を作成してこれを締め切りなさい。なお、銀行とは借越限度額￥300,000の当座借越契約を結んでおり、4月1日現在￥100,000の当座預金残高がある。

4月　3日　タイ商店より、商品￥50,000を仕入れ、代金は小切手を振り出して支払った。

　　15日　サバ商店への売掛金￥80,000を回収した。回収額のうち半額はサバ商店振出しの約束手形、残額については当社が以前振り出していた小切手で受け取った。

　　25日　本月分の従業員給料￥150,000につき、所得税の源泉徴収分￥15,000と従業員に対する給料の前貸分￥30,000を差し引き、手取金を当座預金より支払った。

　　29日　カニ商店への貸付金￥50,000を利息￥5,000とともに同店振出しの小切手で受け取り、ただちに当座預金とした。

問題 29　当座預金出納帳
取引を仕訳したら、当座預金出納帳に記入し、最終的な残高を次月繰越に記入します。

答案用紙 ➡ P174
解答・解説 ➡ P36
テキスト STEP14、15、18
⏱5分

イヌ商会における、6月中の商品売買および代金決済に関する取引は次の通りである。これらの取引にもとづいて、当座預金出納帳に必要な記入を行いなさい。なお、同社は借越限度額を￥500,000とする当座借越契約を取引銀行と結んでいる。

　1日　前月繰越高：当座預金￥950,000

　5日　キツネ商店からK商品￥820,000を仕入れ、代金のうち半額は小切手を振り出し、残額は掛けとした。

　8日　先月分の商品代金（一部）の支払いとして、オオカミ商店に￥250,000、ネコ商店に￥300,000の小切手を振り出して支払った。

　13日　先月販売の商品代金（一部）￥180,000を小切手で回収し、ただちに当座預金に預け入れた。

　19日　得意先にM商品￥360,000（原価￥240,000）を売上げ、代金は得意先振出しの小切手で受け取った。

24日　19日に受け取った小切手を、取引銀行に当座預金として預け入れた。

28日　得意先にH商品￥620,000（原価￥410,000）を売上げ、代金のうち半額は得意先振出しの小切手で受け取り、残額は掛けとした。

問題 30　普通預金（複数口座の管理）

複数の普通預金口座や当座預金口座等を開設している場合には、管理のために口座ごとの勘定を開設することがあります。

答案用紙 ➡ P174
解答・解説 ➡ P37
テキスト STEP8

　ヤギ株式会社は、ツル銀行とカメ銀行に普通預金口座を開設しており、これまでは普通預金勘定を用いて記帳してきたが、管理のために口座ごとに勘定を設定することにした。そこで、下記に示した普通預金勘定の記入より、答案用紙の各勘定を完成させなさい。なお、4月25日は、カメ銀行の普通預金口座からツル銀行の普通預金口座に￥200,000を振り込んだものである。

		普　通　預　金				
4/ 1	前月繰越	580,000	4/10	水道光熱費	20,000
5	売　上	120,000	20	給　料	260,000
15	売 掛 金	360,000	25	普 通 預 金	200,000
25	普 通 預 金	200,000	30	買 掛 金	330,000
			〃	次 月 繰 越	450,000
		1,260,000			1,260,000

問題 31　現金過不足

この問題を解く際のポイントは、簿記上現金として処理するものを覚えているか否かです。

答案用紙 ➡ P175
解答・解説 ➡ P38
テキスト STEP16

　ネズミ株式会社（決算日　年1回　3月31日）は、現金の実際残高を確認するため、決算日に金庫を実査したところ、次のものが保管されており、自社振出しの小切手が現金の受入として処理されていたことが判明した。

【金庫の中に保管されていたもの】

紙　　　　　幣	￥345,000	硬　　　　　貨	￥55,000
送 金 小 切 手	￥20,000	郵 便 為 替 証 書	￥91,000
他社振出しの小切手	￥220,000	自社振出しの小切手	￥40,000

他社振出しの約束手形	￥380,000	自社振出しの約束手形	￥250,000
M社からの領収証	￥16,000	他社発行の商品券	￥38,000
郵 便 切 手	￥4,000	収 入 印 紙	￥60,000

次の問に仕訳で答えなさい。

（1）自社振出しの小切手に関して、適切な処理を行う。

（2）上記処理後の現金出納帳の残高欄は￥746,000であった。実際残高との差額を適切な勘定に振り替える。なお、この金庫の他には現金は一切ない。

（3）上記（2）の差額について原因を調査したところ、広告宣伝費￥8,000の支払いの記帳が漏れていることが判明した。残額は原因不明のため、雑損または雑益に振り替える。

小口現金出納帳

小口現金出納帳作成の問題は、支出した内容がどの勘定科目に該当するのかを判断することがポイントです。

⑤分

答案用紙 ➡P175
解答・解説 ➡P40
テキストSTEP17、18

次の取引を答案用紙の小口現金出納帳に記入し、週末における締切と資金の補給に関する記入を行いなさい。ただし、小口現金係は毎週月曜日に前週の支払いを報告し、資金の補給を受けることになっている。なお、資金の補給方法は定額資金前渡法（インプレスト・システム）を採用している。

12月10日（月）	携帯電話通話料	￥3,000
11日（火）	事務用筆記用具	￥2,500
12日（水）	新 聞 購 読 料	￥1,500
13日（木）	タクシー運賃	￥8,300
14日（金）	切手・はがき	￥ 600
〃	紅茶・お茶菓子	￥1,500
15日（土）	コ ピ ー 用 紙	￥2,000

商品売買

商品の決算整理仕訳では、仕入勘定で売上原価を計算するために、期首商品を仕入勘定の借方に、期末商品を仕入勘定の貸方に計上します。

⑧分

答案用紙 ➡P176
解答・解説 ➡P41
テキストSTEP20

次の資料にもとづいて、答案用紙に示した各勘定について、（　）内に必要な記入を行いなさい。なお、売上原価は仕入勘定で計算する。また当期中の仕入、仕入戻し、

売上および売上戻りは、便宜上、全部まとめて記帳する。

期首商品棚卸高	¥340,000	総 仕 入 高	¥4,328,000
仕 入 戻 し 高	¥128,000	総 売 上 高	¥7,112,000
売 上 戻 り 高	¥212,000	期末商品棚卸高	¥ 360,000

問題 34 　売上原価の算定

売上原価勘定で売上原価を計算する場合、当期仕入も売上原価勘定の借方に計上しなければならない点がポイントです。

答案用紙 ➡P177
解答・解説 ➡P42
テキストSTEP23

ウマ商事は、商品売買に係る取引を、仕入勘定、売上勘定および繰越商品勘定を用いて記帳しており、さらに決算時に売上原価勘定を設けて売上原価を算定している。そこで、期首商品棚卸高が¥348,000、当期商品仕入高が¥5,637,000、期末商品棚卸高が¥385,000であった時、(1) 売上原価算定に関連する決算仕訳を次の①から④の順に示しなさい。また (2) 売上の損益勘定への振替高が¥6,327,000であったとすると、売上総利益はいくらになるか答えなさい。

① 期首商品棚卸高の振替
② 当期商品仕入高の振替
③ 期末商品棚卸高の振替
④ 売上原価の損益勘定への振替

問題 35 　商品有高帳 （先入先出法）

先入先出法では、払出欄や残高欄が2行になってしまうことがありますが、その場合は必ずカッコでくくるようにしてください。

答案用紙 ➡P177
解答・解説 ➡P44
テキストSTEP25

次の資料にもとづいて、先入先出法による商品有高帳の記入を示しなさい。なお、商品有高帳の締切を行う必要はない。

6月3日	仕 入	50台	@ ¥3,000
6日	売 上	70台	@ ¥3,750
18日	仕 入	80台	@ ¥3,100
23日	売 上	50台	@ ¥3,800

商品有高帳（移動平均法）

移動平均法では、商品を仕入れた都度、合計金額を合計数量で除して平均単価を計算するのがポイントです。

答案用紙 ⇒ P178
解答・解説 ⇒ P46
テキスト STEP25

次の仕入帳と売上帳にもとづいて、移動平均法によって答案用紙の商品有高帳に記入し、9月の売上高、売上原価および売上総利益を計算しなさい。なお、商品有高帳の締切を行う必要はない。

仕 入 帳

○年		摘　　　　　　　　　要	金　　額
9	7	リス商店　ブラウス　60枚　　@¥7,000	420,000
	19	サル商店　ブラウス　80枚　　@¥7,200	576,000

売 上 帳

○年		摘　　　　　　　　　要	金　　額
9	12	ヤギ商店　ブラウス　80枚　　@¥9,000	720,000
	25	カメ商店　ブラウス　60枚　　@¥9,500	570,000

商品有高帳（先入先出法）

売上原価の金額は、商品有高帳の払出欄の金額を合計することによってもとめることができます。

答案用紙 ⇒ P179
解答・解説 ⇒ P47
テキスト STEP25

次の資料にもとづいて先入先出法によって答案用紙の商品有高帳に記入し、5月中の売上原価と売上総利益の計算をしなさい。なお、商品有高帳の締切を行う必要はない。

5月10日	仕	入	60個	@¥4,500
15日	売	上	80個	@¥6,000
21日	仕	入	80個	@¥4,600
28日	売	上	60個	@¥6,500

売掛金元帳

問題 38

売掛金元帳や買掛金元帳を作成する問題は、仕訳をする際に、売掛金勘定の下に取引先の商店名を記入すると解きやすくなります。

⏰ 5分

答案用紙 ➡P179
解答・解説 ➡P49
📘 テキストSTEP26、27

カモシカ商会の次の取引を売掛金元帳（オウム商店）に記入し、月末にこの補助簿を締め切りなさい。

10／ 1　売掛金の前月繰越高は¥450,000（カモ商店¥195,000、オウム商店¥255,000）

　　 10　カモ商店に¥37,500、オウム商店に¥52,500の商品を掛けで販売した。

　　 14　オウム商店より売掛代金のうち¥225,000を小切手にて回収した。

　　 25　オウム商店に商品¥67,500を掛けで販売した。

　　 28　上記商品の一部が品違いであったため¥4,500分の返品があった。

　　 30　カモ商店に商品¥50,000を掛けで販売した。

買掛金元帳

問題 39

簿記3級で出題される売掛金元帳の残高は必ず「借」となり、買掛金元帳の残高は必ず「貸」となります。

⏰ 5分

答案用紙 ➡P180
解答・解説 ➡P51
📘 テキストSTEP26、27

ヒツジ商事の次の取引を買掛金元帳（カラス商店）に記入し、月末にこの補助簿を締め切りなさい。

11／ 1　買掛金の前月繰越高は¥600,000である。なお、内訳はイルカ商店¥225,000、カラス商店¥375,000である。

　　 8　イルカ商店およびカラス商店から商品をそれぞれ¥270,000ずつ仕入れ、代金は掛けとした。

　　 9　カラス商店から前日仕入れた商品のうち¥135,000は品違いであったので返品した。

　　 18　カラス商店から商品¥240,000を仕入れ、代金のうち¥80,000を現金で支払い、残額は掛けとした。

　　 27　イルカ商店に対する買掛金のうち¥175,000、カラス商店に対する買掛金のうち¥325,000をそれぞれ小切手を振り出して支払った。

問題 40 売掛金元帳

5分

答案用紙 ➡ P180
解答・解説 ➡ P53
テキストSTEP26、27

総勘定元帳の売掛金勘定の次月繰越の金額は、売掛金元帳の各商店の次月繰越の合計と必ず一致するので、問題を解いた後で検算するようにしましょう。

　3月中の売掛金に関する取引の記録は、以下に示した売掛金勘定と売掛金元帳の通りである。これらの記録から取引を推定し、①〜⑫の中に入る適切な金額を答えなさい。

総　勘　定　元　帳

売　　掛　　金

3/ 1 前月繰越	450,000	3/10 売　上（　③　）	
8 売　上（　①　）		15 当座預金	700,000
19 売　上（　②　）		22 売　上（　④　）	
		31 次月繰越（　⑤　）	
（　⑥　）		（　⑥　）	

売　掛　金　元　帳

ラ　ッ　コ　商　店

3/ 1前月繰越	260,000	3/10 戻り	7,000
8売　上	400,000	15回収（　⑦　）	
		31次月繰越（　⑧　）	
（　⑨　）		（　⑨　）	

タ　ヌ　キ　商　店

3/ 1前月繰越（　⑩　）		3/15回収	120,000
19売　上	290,000	22戻り	290,000
		31次月繰越（　⑪　）	
（　⑫　）		（　⑫　）	

問題 41 買掛金元帳

10分

答案用紙 ➡ P181
解答・解説 ➡ P54
テキストSTEP26、27

買掛金元帳は買掛金の明細を商店ごとに記録し、買掛金が増加したら貸方欄へ、減少したら借方欄へ記入します。

　次の取引にもとづいて、下記の問いに答えなさい。なお、6月1日時点における買掛金元帳（仕入先元帳）の残高は、ウサギ商店勘定￥145,000、パンダ商店勘定￥84,000であった。

【6月中の取引】

　2日　ウサギ商店より商品B（＠￥1,500）を30個仕入れ、代金のうち半額は現金で支払い、残額は後日支払うこととした。

　4日　パンダ商店より商品B（＠￥1,400）を60個仕入れ、代金のうち￥14,000は現金で支払い、残額は後日支払うこととした。

　7日　2日に仕入れた商品Bのうち、2個が品違いだったため、返品した。代金は未

払分から相殺することとした。

11日　ウサギ商店より商品K（@￥1,200）を50個仕入れ、代金のうち3分の1は現金で支払い、残額は同店を名宛人とする約束手形を振り出して支払った。

16日　ウサギ商店より商品M（@￥2,000）を25個仕入れ、代金は後日支払うこととした。

18日　16日に仕入れた商品は、注文した商品Mとは異なる商品であったため、全額返品した。返品の代金は未払分から控除された。

22日　キリン商店より商品K（@￥1,300）を40個仕入れ、代金は後日支払うこととした。

29日　商品の未払代金に対してウサギ商店に￥98,000、パンダ商店に￥76,000、キリン商店に￥32,000を、それぞれ小切手を振り出して支払った。

(1) 買掛金元帳（仕入先元帳）のウサギ商店勘定を作成しなさい。

(2) 答案用紙の買掛金明細表を作成しなさい。

問題 42　受取手形記入帳

受取手形記入帳の問題は、摘要欄、手形金額欄、てん末欄から仕訳を推定していきます。

5分

答案用紙 ➡P182
解答・解説 ➡P56
テキストSTEP32

次の帳簿記入にもとづいて、答案用紙に指示された各日付における仕訳を示しなさい。ただし、勘定科目は下記の中から最も適当と思われるものを選ぶこと。

受 取 手 形 記 入 帳

○年		手形種類	手形番号	摘要	支払人	振出人または裏書人	振出日		満期日		支払場所	手形金額	てん末		
							月	日	月	日			月	日	摘要
1	7	約束手形	17	売上	ハト商店	ハト商店	1	7	2	7	キジ銀行	350,000	2	7	取立
	11	約束手形	13	売掛金	サル商店	サル商店	1	11	3	11	モズ銀行	420,000	3	11	取立

当座預金　　受取手形　　売掛金　　支払手形　　買掛金
売　上　　仕　入

支払手形記入帳

支払手形記入帳に記入された場合の仕訳は、必ず貸方が支払手形となります（てん末欄の内容は借方が支払手形）。

答案用紙 ➡P182
解答・解説 ➡P57
テキストSTEP32

次の帳簿の名称を（　　）の中に記入し、あわせてこの帳簿に記録されている諸取引を仕訳しなさい。

（　　　　　　　　　　　　　　　　）

○年		手形種類	手形番号	摘要	受取人	振出人	振出日		満期日		支払場所	手形金額	てん末		
							月	日	月	日			月	日	摘要
5	5	約束手形	11	買掛金	リス商店	当　社	5	5	6	5	イヌ銀行	230,000	6	5	当座預金より支払い
	15	約束手形	12	仕　入	カメ商店	当　社	5	15	6	15	〃	340,000			

補助簿の選択

補助簿の選択問題は、仕訳を行って、そこで出てきた勘定から記入する補助簿を選べばよいです。

答案用紙 ➡P183
解答・解説 ➡P58
テキストSTEP
18、25、27、32

ムササビ商会の3月の取引は次の通りである。これらにもとづいて、それぞれの日付の取引が、答案用紙に示したどの補助簿に記入されるか、答案用紙の解答欄に〇印を付しなさい。

8日　パンサー商店から商品￥100,000を仕入れ、代金は掛けとした。なお、引取運賃￥5,000については現金で支払った。

12日　キリン商店に商品￥300,000を売り渡し、代金はキリン商店振出しの約束手形を受け取った。なお、発送費￥20,000については小切手を振り出して支払った。

14日　8日にパンサー商店から仕入れた商品の一部が品違いだったため、￥10,000分の商品を返品し、代金は掛代金から差し引くことになった。

21日　パンダ商店にかねて注文しておいた商品￥250,000を引き取り、代金については約束手形を振り出して支払った。

27日　クマ商店に商品￥400,000を売り渡し、代金のうち￥160,000は注文時に受け取っていた手付金と相殺し、残額は掛けとした。

問題 45 補助簿の選択

補助簿の選択問題のうち商品有高帳は、3分法における仕訳では商品という勘定が出てこないので、商品に出入りがあった際に記入するようにしてください。

5分

答案用紙 ➡ P183
解答・解説 ➡ P60
テキストSTEP 18, 25, 27, 32

　キツネ株式会社の9月の取引（一部）は次の通りである。それぞれの日付の取引が答案用紙に示されたどの補助簿に記入されるか答えなさい。解答にあたっては、該当するすべての補助簿の欄に〇印を付すこと。

【9月中の取引】

5日　クジラ商店より商品を¥550,000で仕入れ、代金のうち¥450,000は約束手形を振り出し、残額は掛けとした。なお、引取運賃¥24,000については現金で支払った。

10日　シカ商店に対し商品を¥680,000で売り渡し、代金のうち半額は同店振出しの小切手で受け取り、残額は掛けとした。なお、発送運賃¥30,000については小切手を振り出して支払った。

15日　10日にシカ商店へ売上げていた商品の一部¥100,000について品違いが見つかったため返品を受け、掛代金から差し引くこととした。

20日　先月にイルカ商店より建物¥2,000,000と土地¥3,000,000を購入する契約をしていたが、本日その引渡しを受けた。この引渡しにともない、購入代金のうち¥1,000,000は契約時に仮払金勘定で処理していた手付金を充当し、残額は当座預金口座から振り込んだ。

25日　シカ商店から先月受け取った約束手形¥500,000の支払期日が到来し、同額が当社の当座預金口座へ振り込まれた。

30日　クジラ商店に対する先月分の掛代金¥440,000について、小切手を振り出して支払った。

問題 46 補助簿からの仕訳

複数の補助簿から仕訳を行う問題では、同じ日付や金額に注目して、1つの取引が複数の補助簿に記載されていないかを確認します。

5分

答案用紙 ➡ P184
解答・解説 ➡ P62
テキストSTEP 18, 27, 32

　次の当座預金出納帳、受取手形記入帳および売掛金元帳の記入にもとづいて、答案用紙の各日付の仕訳を示しなさい。なお、勘定科目は、以下で示した中から最も適当と思われるものを選ぶこと。ただし、次の各帳簿の他に帳簿記入はないものとする。

当座預金　　　受取手形　　　売掛金　　　買掛金　　　所得税預り金
売　　上　　　仕　　入　　　給　料　　　発送費

当 座 預 金 出 納 帳

X1年		摘　　　　要	預　　入	引　　出	借/貸	残　　高
5	1	前　　　月　　　繰　　　越	620,000		借	620,000
	4	ネコ商店、掛回収、小切手	370,000		〃	990,000
	12	発送費（当社負担）支払い		15,000	〃	975,000
	25	給料支払い、所得税¥1,000預り		249,000	〃	726,000

受 取 手 形 記 入 帳

X1年		摘要	金額	手形種類	手形番号	支払人	振出人または裏書人	振出日		支払期日		支払場所	てん末		
													月	日	摘要
5	18	売掛金回収	250,000	約手	7	チーター商店	チーター商店	5	18	6	18	ワニ銀行	6	18	入金

売 掛 金 元 帳
ネ コ 商 店

X1年		摘　　　　要	借　　方	貸　　方	借/貸	残　　高
5	1	前　　　月　　　繰　　　越	460,000		借	460,000
	4	小　　切　　手　　受　　取		370,000	〃	90,000
	12	売　　　　　　　　　　上	580,000		〃	670,000

チ ー タ ー 商 店

X1年		摘　　　　要	借　　方	貸　　方	借/貸	残　　高
5	1	前　　　月　　　繰　　　越	440,000		借	440,000
	18	約　　手　　回　　収		250,000	〃	190,000

証ひょう

納品書や請求書は、売り手側が発行します。

答案用紙 ➡ P184
解答・解説 ➡ P63
テキスト STEP21

問題 47

5分

シマウマ文具株式会社と株式会社イノシシ商事は主たる営業活動として文房具の販売を行っており、それぞれ商品発送時に売上、商品受取時に仕入を計上している。以下の証ひょうにもとづき、（1）～（4）の仕訳を答えなさい。勘定科目は次の中から選ぶこと。

現　　金	普通預金	当座預金	売 掛 金	買 掛 金
売　　上	受取手数料	仕　　入	支払手数料	発 送 費

納品書 兼 請求書				
株式会社イノシシ商事　御中				
			シマウマ文具株式会社	
商　品	数量	単価	金　額	
ボールペン	200	120	24,000	
ノート	100	200	20,000	
ファイル	50	800	40,000	
		合計	￥84,000	

振込期限：10月31日
振　込　先：A銀行千葉支店
　　　　普通　0011223　シマウマブング（カ

当座勘定照合表（抜粋）		
株式会社イノシシ商事　様		
		B銀行東京支店
取引日	摘　　要	支払金額
10.31	お振込シマウマブング（カ	84,000
10.31	お振込手数料	400

（1）シマウマ文具が商品を発送した時

（2）イノシシ商事が商品を受け取った時

（3）シマウマ文具が代金の振り込みを受けた時

（4）イノシシ商事が代金を振り込んだ時

減価償却

間接法とは有形固定資産のマイナスをあらわす減価償却累計額勘定を用いて仕訳する方法です。

答案用紙 ➡ P185
解答・解説 ➡ P65
テキスト STEP36

決算にあたり、当期首（4月1日）に取得した備品（商品用陳列棚、取得原価￥100,000、耐用年数5年、残存価額は取得原価の10％）の減価償却を定額法で行う。決算整理に必要な仕訳を間接法で示し、勘定に転記しなさい（会計期間は1年）。また、決算整理後の備品の帳簿価額についても示しなさい。

固定資産台帳

固定資産台帳には、保有している備品や建物および車両運搬具等について、数量、耐用年数、取得原価、減価償却累計額、帳簿価額および当期の減価償却費等を記入します。

答案用紙 ➡ P185
解答・解説 ➡ P67
テキスト STEP37

タヌキ株式会社（決算日は毎年3月31日）は、備品について、残存価額ゼロ、定額法により減価償却を行っており、減価償却費は月割計算によって計上している。次の固定資産台帳にもとづいて、答案用紙の各勘定を完成させなさい。

固 定 資 産 台 帳　　　X4年3月31日現在

取得年月日	用途	期末数量	耐用年数	期首(期中取得)取 得 原 価	期首減価償却累計額	差引期首(期中取得)帳簿価額	当 期減価償却費
備品							
X1年 4月1日	備品A	3	5年	300,000	120,000	180,000	60,000
X2年10月1日	備品B	1	6年	360,000	30,000	330,000	60,000
X3年 7月1日	備品C	2	4年	480,000	0	480,000	90,000
小　計				1,140,000	150,000	990,000	210,000

損益

問題 **50**

株式会社会計では、損益勘定にて計算された当期純利益または当期純損失を、繰越利益剰余金勘定へ振り替えます。

5分

答案用紙 ➡P186
解答・解説 ➡P68
テキストSTEP11

下記の［資料］から、答案用紙における株式会社カメレオン（決算年1回、3月31日）の損益勘定、資本金勘定、繰越利益剰余金勘定を完成させなさい。

［資料］

1. 総　売　上　高：¥8,450,000
2. 純　売　上　高：¥8,400,000
3. 決算整理前仕入勘定残高：借方¥5,950,000
4. 期　首　商　品　棚　卸　高：¥600,000
5. 期　末　商　品　棚　卸　高：¥750,000
6. 売上原価は仕入勘定で算定する。

貯蔵品と租税公課

問題 **51**

決算において郵便切手や収入印紙などは、未使用分を費用から貯蔵品勘定（資産）に振り替えます。そして翌期首には再振替の仕訳を行います。

5分

答案用紙 ➡P186
解答・解説 ➡P70
テキストSTEP40、47

カバ株式会社における次の取引にもとづいて、答案用紙の貯蔵品勘定と租税公課勘定を完成させなさい。会計期間は、X5年1月1日からX5年12月31日までの1年間である。

1月 1日　貯蔵品勘定のうち¥20,000は収入印紙であり、¥12,300は郵便切手である。期首にあたり、前期末に振り替えた勘定から元の勘定への再振替仕訳を行う。

4月10日　収入印紙¥60,000を現金で購入した。

6月30日　建物および土地に対する本年度の固定資産税¥340,000の納税通知書を受け取り、年税額をまとめて現金で納付した。

9月20日　はがき¥18,600と郵便切手¥36,400を現金で購入した。

12月31日　決算にあたり金庫の中を調査したところ、収入印紙¥25,000、はがき¥6,200および郵便切手¥16,300が未使用であることが判明したため、適切な勘定へ振り替える。

未収・未払と前受・前払

費用・収益の未収・未払と前受・前払は、翌期首の最初の日付で、決算で行った仕訳と貸借が全く逆の仕訳、つまり再振替仕訳を行います。

答案用紙 ➡P187
解答・解説 ➡P72
10分
テキストSTEP43～46

当期（X7年10月1日～X8年9月30日）中の支払家賃に関連する勘定の記入は、以下の通りであった。当該、支払家賃は毎年4月1日に1年分を前払いで支払っている。ただし、X7年4月1日の支払額は1か月あたり¥2,500であったが、X8年4月1日の支払額は値上がりし、1か月あたり¥3,000となっている。以上の資料にもとづき、各勘定に記入された取引を推定し、（イ）～（ホ）には下に示した語群の中から適切なものを選択し、その番号を記入するとともに、（a）～（e）には適切な金額を記入しなさい。

> ①前期繰越　②次期繰越　③支払家賃　④前払家賃
>
> ⑤未収家賃　⑥未払家賃　⑦損　　益

```
            支 払 家 賃                          前 払 家 賃
10/ 1 （イ） （a） │ 9/30 （ロ）  （b）   10/ 1 （ハ）   （d） │ 10/ 1 （ホ）   15,000
 4/ 1 当座預金 36,000 │ 9/30 損  益  （c）    9/30 （二）  18,000 │ 9/30次期繰越  （e）
            51,000 │           51,000              33,000 │            33,000

            損            益
 9/30 支払家賃 33,000 │
```

問題53 未収・未払と前受・前払

未収・未払と前受・前払の問題では、タイムテーブルを作成して金額をもとめます。

（10分）

答案用紙 → P187
解答・解説 → P73
テキストSTEP43〜46

　ヤギ商事（決算年1回、決算日12月31日）は、前期の5月1日に、毎期継続的に使用する目的で土地の賃借契約を結んだ。この契約で、地代は毎年5月1日に向こう1年分（12か月分）¥768,000を現金で一括払いすることとしている。次の勘定記入の手順にもとづいて、答案用紙に示す当期（X4年度）の支払地代勘定と前払地代勘定の記入を行いなさい。

［勘定記入の手順］

1. 期首時点で、前払地代勘定に前期繰越高に関する記入が行われている（開始記入）。
2. 期首に、前払地代勘定の残高を支払地代勘定に振り戻した（再振替仕訳）。
3. 期中に、土地の賃借料支払いの処理を行った（期中取引）。
4. 決算日に、支払地代の前払分を計上した（決算整理仕訳）。
5. 決算日に、支払地代勘定の残高を損益勘定に振り替え、支払地代勘定を締め切った（決算振替仕訳）。
6. 決算日に、前払地代勘定の残高を繰越記入し、前払地代勘定を締め切った。

問題54 伝票（伝票からの仕訳）

3伝票制では、入金伝票、出金伝票、振替伝票の3種類を用います。

（3分）

答案用紙 → P188
解答・解説 → P75
テキストSTEP54

次の各伝票に記入されている取引について、仕訳を行いなさい。

(1)

入　金　伝　票	
売　掛　金 （ウサギ商店）	¥180,000

(2)

出　金　伝　票	
水道光熱費	¥22,000

(3)

振　替　伝　票			
借　方　科　目	金　額	貸　方　科　目	金　額
買　掛　金	120,000	支　払　手　形	120,000

問題 55 伝票 (伝票作成)

元々の仕訳が2行にまたがる場合、それを1行ずつの仕訳に分ける必要があります（解法手順を用いるとよいでしょう）。

答案用紙 ⇒ P188
解答・解説 ⇒ P76
テキストSTEP54、55

次の各取引について振替伝票に起票しなさい。ただし、当社は3伝票制を採用している。

(1) 商品¥60,000を仕入れ、代金のうち¥10,000は現金で支払い、残額は掛けとした。なお、出金伝票の記入は、次の通りである。

出 金 伝 票	
科　　目	金　　額
仕　　　入	10,000

(2) 商品¥150,000を売り渡し、代金のうち¥50,000は現金で受け取り、残額は掛けとした。なお、入金伝票の記入は、次の通りである。

入 金 伝 票	
科　　目	金　　額
売　掛　金	50,000

問題 56 伝票 (伝票への起票)

伝票への起票の問題は、本来あるべき仕訳を行ってから、伝票に起票します。

答案用紙 ⇒ P189
解答・解説 ⇒ P77
テキストSTEP54、55

次の各取引を、答案用紙の各伝票に起票しなさい。ただし、当社は3伝票制を採用している。

(1) 従業員の出張に際し、旅費交通費の概算額として¥80,000を渡していたが、本日、従業員が帰社したため、旅費交通費の精算を行い、不足額¥5,000を現金で支払った（旅費交通費の計上は、精算時に行う）。

(2) 従業員に対する本月分給料（支給総額）¥640,000の支払いにあたり、所得税の源泉徴収額¥30,000を差し引き、残額は現金で支払った（支給総額を出金処理し、所得税額を入金処理する方法による）。

伝票（仕訳日計表）

正確に作成された仕訳日計表では、試算表と同様に借方合計と貸方合計が一致します。

問題 57

15分

答案用紙 ➡P189
解答・解説 ➡P79
テキストSTEP54～56

当社は、毎日の取引を入金伝票、出金伝票および振替伝票に記入をし、これを1日分ずつ集計して仕訳日計表を作成し、この仕訳日計表から総勘定元帳に転記している。当社の6月1日の取引について作成された次の伝票にもとづいて、答案用紙の仕訳日計表を作成し、総勘定元帳に転記しなさい。

入金伝票	No.101
売上	80,000

入金伝票	No.102
売掛金（アヒル商店）	50,000

入金伝票	No.103
受取手形	180,000

入金伝票	No.104
売掛金（シカ商店）	80,000

出金伝票	No.201
仕入	80,000

出金伝票	No.202
営業費	30,000

出金伝票	No.203
当座預金	20,000

出金伝票	No.204
買掛金（クマ商店）	40,000

振替伝票	No.301
仕入	80,000
買掛金（サル商店）	80,000

振替伝票	No.302
売掛金（アヒル商店）	120,000
売上	120,000

振替伝票	No.303
買掛金（サル商店）	20,000
当座預金	20,000

振替伝票	No.304
備品	150,000
未払金	150,000

問題 **58** 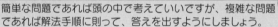 訂正仕訳
簡単な問題であれば頭の中で考えていいですが、複雑な問題
であれば解法手順に則って、答えを出すようにしましょう。 ⑤分
答案用紙 ⇒ P190
解答・解説 ⇒ P81
テキスト STEP7

決算に際して次の誤りを発見したので、訂正するための仕訳を行いなさい。

（1）ネコ商店へ商品￥120,000を売上げ、代金は掛けとした。

| 売 上 | 120,000 | 売 掛 金 | 120,000 |

（2）得意先イヌ商店から売掛金￥250,000を現金で回収した。

| 現 金 | 250,000 | 売 上 | 250,000 |

（3）保険料の前払分￥80,000を計上した。

| 保 険 料 | 80,000 | 未払保険料 | 80,000 |

第**3**問

対策

問題

15分

問題を解くうえでの
目標時間を示しています
（目標時間は難易度に応じて異なります）

本書内の答案用紙と解答・解説の
対応ページを示します

答案用紙 ➡P191
解答・解説 ➡P84
📖 テキストSTEP57、58

本書に対応したテキスト『超ス
ピード合格！　日商簿記3級テ
キスト＆問題集　第6版』の対
応STEPを示しています。わから
なくなったら、こちらの対応
STEPを読み直しましょう

第3問 対策 問題

出題形式

出題形式は、大きくは精算表、決算整理後残高試算表、財務諸表の3つに分けることができます。精算表では、与えられる資料として、未処理事項や決算整理事項があります。

答案用紙

第5問 (35点)　　　　　　精 算 表

勘定科目	残高試算表		修正記入		損益計算書		貸借対照表	
	借 方	貸 方	借 方	貸 方	借 方	貸 方	借 方	貸 方
現　　　金	242,000							
現金過不足	55,000							
当 座 預 金	1,223,000							
受 取 手 形	330,000							
売 掛 金	320,000							
仮 払 金	240,000							
繰 越 商 品	380,000							
貸 付 金	300,000							
建　　　物	1,000,000							
備　　　品	400,000							
土　　　地	280,000							
支 払 手 形		200,000						
買 掛 金		560,000						
仮 受 金		40,000						
貸倒引当金		8,000						
建物減価償却累計額		300,000						
備品減価償却累計額		100,000						
資 本 金		2,000,000						
繰越利益剰余金		892,000						
売　　　上		5,250,000						
仕　　　入	3,220,000							
給　　　料	960,000							
通 信 費	73,000							
保 険 料	222,000							
租 税 公 課	105,000							
	9,350,000	9,350,000						
（　　　）								
雑　（　　　）								
貸倒引当金繰入								
減価償却費								
貯 蔵 品								
（　　　）保険料								
（　　　）利息								
受 取 利 息								
（　　　）給料								
当期純（　　　）								

> 精算表、決算整理後残高試算表、財務諸表を作成する問題となります。「精算表」を作成する問題の答案用紙では、残高試算表の部分に金額が記入されています。

> 配点は35点となります。部分点もあります。解答のための目標時間は30分です。

問題

第5問（35点）
　次の［決算日に判明した事項］および［決算整理事項］にもとづいて、答案用紙の精算表を完成しなさい。なお、会計期間はX1年4月1日からX2年3月31日までの1年間である。

［決算日に判明した事項］
1.　決算直前に商品￥150,000を掛けて販売していたが、それが未記帳であることが判明した。
2.　仮払金は、その全額がX2年2月1日に購入した備品に対する支払いであることが判明した。
3.　X2年3月1日に土地￥280,000を購入し、代金は2か月後に支払うこととした。購入時に以下の仕訳をしていたことが判明したので、適正に修正する。

（借方）土　地　280,000　　　（貸方）買掛金　280,000

［決算整理事項］
1.　現金過不足の一部は現金の盗難により生じたものである。当社では盗難保険をかけており、仮受金は盗難に対する保険金として受け取ったものである。そこで、現金過不足と仮受金を相殺し、差額を雑益または雑損として処理する。
2.　受取手形および売掛金の期末残高に対して3%の貸倒引当金を差額補充法により設定する。
3.　期末商品棚卸高は￥350,000である。売上原価は「仕入」の行で計算する。
4.　建物および備品について定額法によって減価償却を行う。なお、当期中に取得した備品については月割りで減価償却費を計上する。
　　建　物　残存価額：取得原価の10%　耐用年数30年
　　備　品　残存価額：ゼロ　耐用年数8年
5.　購入時に費用計上した収入印紙の未使用高が￥30,000あるため、これを資産として計上する。
6.　保険料のうち￥180,000は、X1年8月1日に支払った建物に対する1年分の火災保険料である。よって前払分を月割計算により計上する。
7.　貸付金は、X1年6月1日に貸付期間1年、利率年2%の条件で貸し付けたもので、利息は返済時に一括して受け取ることになっている。なお、利息の計算は月割りによる。
8.　給料の未払分が￥20,000ある。

> 第3問はいずれの問題も、決算整理仕訳ができるようにしておくと同時に、決算整理仕訳の種類を覚えておく必要があります。

出題パターン

いずれの問題も、決算整理仕訳等を行い、それを加味した金額を答案用紙に記入して完成させます。したがって、10の決算整理仕訳を確実にマスターしておきましょう。

出題パターン	本書の対応問題	低い ← 重要度 → 高い
精算表	59 60 61 62	★★★☆☆
決算整理後残高試算表	63 64 65 66 67	★★★★☆
財務諸表	68 69 70 71 72	★★★★★

> 精算表はけっこう自信があるよ！

> この間、先生にマンツーマンで教わっていたものね！

問題 59
精算表
決算時に現金の帳簿有高と実際有高が異なっていることがわかり、原因が判明しない分は雑損勘定ないしは雑益勘定に計上します。

20分

答案用紙 ➡ P191
解答・解説 ➡ P84
テキスト STEP57、58

　次の［決算整理事項等］にもとづいて、答案用紙の精算表を完成しなさい。なお、会計期間はX2年4月1日からX3年3月31日までの1年間である。

[決算整理事項等]

1. 期末の現金実際有高は￥95,000であった。不一致の原因は不明である。

2. 普通預金口座から買掛金￥70,000を支払ったが、この取引の記帳がまだ行われていなかった。

3. 受取手形および売掛金の期末残高に対して、4%の貸倒引当金を差額補充法により設定する。

4. 期末商品の棚卸高は￥360,000である。売上原価は「仕入」の行で計算すること。

5. 建物および備品について定額法により減価償却を行う。
　　建物：残存価額は取得原価の10%、耐用年数30年
　　備品：残存価額はゼロ、耐用年数10年

6. 購入時に費用処理した収入印紙の未使用高が￥5,000あるため、貯蔵品勘定へ振り替える。

7. 手数料の未収分が￥6,000ある。

8. 給料の未払分が￥15,000ある。

問題 60
精算表
貸倒引当金の計算は、必ず貸借対照表に計上した受取手形や売掛金の金額にもとづいて行うようにしましょう。

20分

答案用紙 ➡ P192
解答・解説 ➡ P87
テキスト STEP57、58

　次の［決算整理事項等］にもとづいて、答案用紙の精算表を完成しなさい。なお、会計期間はX5年4月1日からX6年3月31日までの1年間である。

[決算整理事項等]

1. 売掛金のうち￥132,000は、すでに当社の普通預金口座へ振り込まれていたが、この取引が未処理であった。

2. 当座預金勘定の貸方残高全額を当座借越勘定に振り替える。なお、取引銀行とは、

借越限度額を¥500,000とする当座借越契約を結んでいる。

3. 売掛金の期末残高に対して3%の貸倒れを見積もる。貸倒引当金の設定は差額補充法による。

4. 期末商品棚卸高は¥220,000である。売上原価は「仕入」の行で計算する。

5. 備品について、残存価額ゼロ、耐用年数8年とする定額法により減価償却を行う。

6. 消費税（税抜方式）の処理を行う。

7. 支払家賃の残高は13か月分であるため、1か月分を前払い計上する。

8. 保険料は、毎年同額を8月1日に向こう1年分として支払っている。前払分を月割りで計上する。

 精算表

問題 **61**

仮払金や仮受金は、決算になったら必ずその内容を明らかにします。
そのため、貸借対照表に仮払金や仮受金が計上されることはありません。

 20分

答案用紙 ➡ P193
解答・解説 ➡ P90
テキスト STEP57、58

次の［決算整理事項等］にもとづいて、答案用紙の精算表を完成しなさい。なお、会計期間はX1年4月1日からX2年3月31日までの1年間である。

［決算整理事項等］

1. 現金過不足について、決算日に改めて調査をした結果、受取手数料の記入漏れが¥5,000、通信費の記入漏れが¥3,000あることが判明した。残額については原因不明のため適切な処理を行った。

2. 仮払金は、従業員の出張にともなう旅費交通費の概算額を支払ったものである。従業員はすでに出張から戻り、実際の旅費交通費を差し引いた残額¥3,000は普通預金口座に預け入れたが、この取引の記帳がまだ行われていない。

3. 売掛金の代金¥50,000を現金で受け取った際に以下の仕訳を行っていることが判明したので、適切に修正する。

      （借方）　現　金　50,000　　　　（貸方）　前受金　50,000

4. 受取手形および売掛金の期末残高に対して2%の貸倒引当金を差額補充法により設定する。

5. 期末商品棚卸高は¥240,000である。売上原価は「仕入」の行で計算すること。

6. 建物および備品について定額法により減価償却を行う。

    建物：残存価額ゼロ、耐用年数20年

    備品：残存価額ゼロ、耐用年数5年

なお、建物のうち¥480,000は、当期の10月1日に購入したものであり、上記と同じ条件で減価償却を行う。ただし、月割計算による。

7. 購入時に費用処理した収入印紙の未使用高が¥4,000、郵便切手の未使用高が¥1,000あるため、貯蔵品勘定へ振り替える。

8. 保険料のうち¥90,000は、当期の12月1日に向こう1年分を支払ったものであるため、前払分を月割りで計上する。

9. 手数料の前受分が¥12,000ある。

問題 62 精算表

売上原価の計算は、通常「仕入」の行で計算しますが、まれに「売上原価」の行で計算させる問題が出題されます。

20分

答案用紙 ➡ P194
解答・解説 ➡ P92
テキストSTEP57、58

次の［未処理事項］および［決算整理事項］にもとづいて、答案用紙の精算表を完成しなさい。なお、会計期間はX3年4月1日からX4年3月31日までの1年間である。

［未処理事項］

1. 期末の現金の実際有高は¥83,000であった。現金の帳簿残高との差額のうち¥6,000については、出張旅費の精算時に受け取った残金であることが判明したが、残額については原因不明なので、雑損または雑益として処理する。なお、この出張にあたり旅費の概算額¥40,000を支払っており、精算の処理が未記帳となっている。

2. 仮受金は、その全額が売掛金の回収であることが判明した。

3. 得意先から商品の内金¥30,000が当座預金口座に振り込まれていたが、これを売上として処理していたので、適切に修正する。

［決算整理事項］

1. 売掛金の期末残高に対して2%の貸倒引当金を差額補充法により設定する。

2. 期末商品棚卸高は¥300,000である。売上原価は「売上原価」の行で計算する。

3. 備品について耐用年数6年、残存価額ゼロの定額法により減価償却を行う。

4. 家賃の前払額が¥40,000ある。

5. 貸付金は、X4年2月1日に貸付期間1年、年利率3%で貸し付けたもので、利息は返済時に一括して受け取ることになっている。なお、利息の計算は月割りによる。

6. 受取手数料のうち¥90,000は、X3年8月1日に向こう1年間の手数料を受け取っ

たものである。

7. 法定福利費の未払分が￥25,000ある。

問題 63 決算整理後残高試算表

決算整理前残高試算表に決算整理仕訳を加味して、決算整理後残高試算表を作成します。

⏰20分　答案用紙 ➡ P195　解答・解説 ➡ P95　テキストSTEP57

次の（1）決算整理前残高試算表、（2）決算整理事項等にもとづいて、答案用紙の決算整理後残高試算表を完成しなさい。なお、会計期間はX1年4月1日からX2年3月31日までの1年間である。

（1）決算整理前残高試算表

決算整理前残高試算表

借　方	勘　定　科　目	貸　方
189,000	現　　　　金	
1,286,000	普　通　預　金	
550,000	売　　掛　　金	
60,000	仮　　払　　金	
452,000	繰　越　商　品	
1,800,000	建　　　　物	
750,000	備　　　　品	
2,000,000	土　　　　地	
	買　　掛　　金	420,000
	前　　受　　金	144,000
	貸　倒　引　当　金	6,000
	建物減価償却累計額	900,000
	備品減価償却累計額	300,000
	資　　本　　金	4,000,000
	繰越利益剰余金	625,000
	売　　　　上	7,940,000
	受　取　家　賃	120,000
5,120,000	仕　　　　入	
1,860,000	給　　　　料	
81,000	通　　信　　費	
57,000	旅　費　交　通　費	
250,000	保　　険　　料	
14,455,000		14,455,000

（2）決算整理事項等

1. 普通預金口座から買掛金￥70,000を支払ったが、この取引の記帳がまだ行われていない。

2. 仮払金は、従業員の出張にともなう旅費交通費の概算額を支払ったものである。従業員はすでに出張から戻り、実際の旅費交通費￥46,000を差し引いた残額は普通預金口座に預け入れたが、この取引の記帳がまだ行われていない。

3. 売掛金の代金￥50,000を現金で受け取った際に以下の仕訳を行っていたことが判明したので、適切に修正する。
   （借方）現　金　50,000　（貸方）前受金　50,000

4. 売掛金の期末残高に対して3%の貸倒引当金を差額補充法により設定する。

5. 期末商品棚卸高は￥425,000である。

6. 建物および備品について、次の要領で定額法により減価償却を行う。
   建物：残存価額ゼロ、耐用年数30年
   備品：残存価額ゼロ、耐用年数5年

7. 保険料のうち￥150,000はX1年12月1日に向こう1年分を支払ったものであり、前払分を月割で計上する。

8. 3月1日に、3月から4月までの2か月分の家賃￥120,000を受け取り、その全額を受取家賃として処理した。したがって、前受分を月割で計上する。

問題
64
決算整理後残高試算表
当期純利益は、決算整理後残高試算表の収益の合計から費用の合計を差し引いて計算します。

20分

答案用紙 ⇒ P196
解答・解説 ⇒ P98
テキストSTEP57

次の（1）決算整理前残高試算表、（2）決算整理事項等にもとづいて、下記の問に答えなさい。なお、会計期間はX7年4月1日からX8年3月31日までの1年間である。

（1）決算整理前残高試算表

残 高 試 算 表

借　　　方	金額	貸　　　方	金額
現　　　　　　　金	328,000	支　払　手　形	250,000
当　座　預　金	3,710,000	電子記録債務	150,000
受　取　手　形	550,000	買　　掛　　金	440,000
売　　掛　　金	680,000	借　　入　　金	1,000,000
仮払法人税等	150,000	貸倒引当金	16,000
繰　越　商　品	650,000	備品減価償却累計額	800,000
備　　　　　品	2,400,000	資　　本　　金	4,000,000
仕　　　　　入	7,500,000	繰越利益剰余金	649,000
給　　　　　料	2,580,000	売　　　　　上	12,850,000
支　払　家　賃	1,105,000		
水　道　光　熱　費	346,000		
租　税　公　課	156,000		
	20,155,000		20,155,000

（2）決算整理事項等

1. 取り立てを依頼していた得意先振出しの約束手形￥80,000が決算日に回収され当社の当座預金口座に入金されていたが、その連絡が届いていなかったのでまだ未処理である。

2. 買掛金のうち取引銀行を通じて債務の発生記録を行った電子記録債務￥60,000の振替処理が漏れていることが判明した。

3. 掛売りした商品￥50,000（原価￥30,000）が返品されていたが、その処理が行われていない。

4. 受取手形および売掛金の期末残高に対して4%の貸倒引当金を差額補充法により設定する。

5. 期末商品棚卸高は￥670,000である。なお、この期末商品棚卸高には、上記3.の返品分は含まれていない。売上原価は仕入勘定で計算すること。

6. 備品について、定額法（耐用年数6年、残存価額ゼロ）により減価償却を行う。

7. 購入時に費用処理した収入印紙の未使用高が¥20,000あるため、貯蔵品へ振り替える。

8. 支払家賃の残高は13か月分であるため、1か月分を前払い計上する。

9. 借入金はX7年6月1日に期間1年、利率年4.8%、利息は元本返済時に支払う予定で借り入れたものである。決算日までの利息の未払高を月割計算により計上する。

10. 法人税等が¥320,000と計算されたので、仮払法人税等との差額を未払法人税等として計上する。

問1 答案用紙の決算整理後残高試算表を完成しなさい。

問2 当期純利益または当期純損失の金額を答えなさい。なお、当期純損失の場合は金額の前に△を付すこと。

答案用紙 ➡ P197
解答・解説 ➡ P101
テキストSTEP57

当社（会計期間はX1年4月1日からX2年3月31日までの1年間）の（1）決算整理前残高試算表および（2）決算整理事項等にもとづいて、下記の問に答えなさい。なお、消費税の仮受け・仮払いは、売上時・仕入時のみ行うものとし、（2）決算整理事項等の6.以外は消費税を考慮しない。

（1）決算整理前残高試算表

決算整理前残高試算表

借　方	勘　定　科　目	貸　方
798,000	現　　　　　金	
1,830,000	普　通　預　金	
2,250,000	売　　掛　　金	
100,000	仮　　払　　金	
928,000	仮　払　消　費　税	
150,000	仮払法人税等	
660,000	繰　越　商　品	
1,500,000	貸　　付　　金	
2,400,000	備　　　　　品	
4,000,000	土　　　　　地	
	買　　掛　　金	1,545,000
	仮　　受　　金	30,000
	仮　受　消　費　税	1,548,000
	貸　倒　引　当　金	20,000
	借　　入　　金	500,000
	備品減価償却累計額	600,000
	資　　本　　金	8,000,000
	繰越利益剰余金	1,234,000
	売　　　　　上	15,480,000
	受　取　利　息	60,000
9,280,000	仕　　　　　入	
54,000	発　　送　　費	
1,200,000	支　払　家　賃	
130,000	租　税　公　課	
3,737,000	その他の費用	
29,017,000		29,017,000

（2）決算整理事項等

1. 仮受金はかつて倒産した得意先に対する売掛金にかかる入金であることが判明した。なお、この売掛金は前期に貸倒処理済みである。

2. 当社では商品の発送費（当社負担)について、1か月分をまとめて翌月に支払う契約を配送業者と結んでいる。X2年3月分の発送費は¥4,000であったため、期末に費用計上する。

3. 売掛金の期末残高に対して2%の貸倒引当金を差額補充法により設定する。

4. 期末商品棚卸高は¥640,000である。

5. 備品について、残存価額をゼロ、耐用年数を8年とする定額法により減価償却を行う。

6. 消費税の処理（税抜方式）を行う。

7. 貸付金はX1年8月1日に期間1年、利率年4%の条件で貸し付けたものであり、利息は貸付時に全額受け取っている。そこで、利息について月割により適切に処理する。

8. 仮払金はX2年4月分の1か月分の家賃がX2年3月30日に普通預金口座から引き落とされたものであることが判明した。そこで、家賃の前払分として処理する。

9. 法人税等が¥280,000と計算されたので、仮払法人税等との差額を未払法人税等として計上する。

問1　答案用紙の決算整理後残高試算表を完成しなさい。

問2　当期純利益または当期純損失の金額を答えなさい。なお、当期純損失の場合は金額の前に△を付すこと。

問題 66 決算整理後残高試算表
建物の帳簿価額は、建物から建物減価償却累計額を差し引いてもとめます。

20分

答案用紙 ➡P198
解答・解説 ➡P103
📖 テキストSTEP57

次の（1）決算整理前残高試算表、（2）決算整理事項等にもとづいて、下記の問に答えなさい。当期はX5年4月1日からX6年3月31日までの1年間である。

(1) 決算整理前残高試算表

決算整理前残高試算表

借 方	勘 定 科 目	貸 方
381,000	現　　　　金	
9,600	現 金 過 不 足	
2,938,000	普 通 預 金	
	当 座 預 金	363,000
1,570,000	売 　 掛 　 金	
600,000	仮 　 払 　 金	
847,000	繰 越 商 品	
7,200,000	建 　 　 　 物	
1,000,000	備 　 　 　 品	
5,500,000	土 　 　 　 地	
	買 　 掛 　 金	1,214,000
	借 　 入 　 金	4,800,000
	貸 倒 引 当 金	6,500
	建物減価償却累計額	1,800,000
	備品減価償却累計額	200,000
	資 　 本 　 金	7,500,000
	繰越利益剰余金	2,642,500
	売 　 　 　 上	15,520,000
10,031,000	仕 　 　 　 入	
2,880,000	給 　 　 　 料	
120,300	通 　 信 　 費	
279,100	旅 費 交 通 費	
600,000	保 　 険 　 料	
90,000	支 払 利 息	
34,046,000		34,046,000

(2) 決算整理事項等

1. 売掛金¥220,000が普通預金口座に振り込まれていたが、この記帳がまだ行われていない。
2. 仮払金は全額、1月28日に支払った備品購入に係るものである。この備品は2月1日に納品され、同日から使用しているが、この記帳がまだ行われていない。
3. 現金過不足の原因を調査したところ、旅費交通費¥8,400の記帳漏れが判明したが、残額は原因不明のため雑損または雑益で処理する。
4. 当座預金勘定の貸方残高全額を当座借越勘定に振り替える。なお、当社は取引銀行との間に¥1,000,000を借越限度額とする当座借越契約を締結している。
5. 売掛金の期末残高に対して1%の貸倒引当金を差額補充法で設定する。
6. 期末商品棚卸高は¥768,000である。
7. 建物および備品について、以下の要領で定額法による減価償却を行う。2月1日から使用している備品（上記2.参照）についても同様に減価償却を行うが、減価償却費は月割計算する。
   建物：残存価額ゼロ、耐用年数40年
   備品：残存価額ゼロ、耐用年数10年
8. 借入金のうち¥1,800,000は、期間1年間、利率年4%、利息は元本返済時に1年分を

支払う条件で、当期の11月1日に借り入れたものである。したがって、当期にすでに発生している利息を月割で計上する。

9. 保険料の前払分¥120,000を計上する。

問1 答案用紙の決算整理後残高試算表を完成しなさい。

問2 決算整理後の建物の帳簿価額を答えなさい。

法人税等は、「法人税、住民税及び事業税」という勘定科目
を使うこともあります。

20分

答案用紙 ➡ P199
解答・解説 ➡ P105
テキスト STEP57

次の［資料1］と［資料2］にもとづいて、問に答えなさい。なお、会計期間は
X3年4月1日からX4年3月31日までの1年間である。

［資料1］

決算整理前残高試算表

借 方	勘 定 科 目	貸 方
86,000	現 金	
	当 座 預 金	122,000
880,000	普 通 預 金	
375,000	売 掛 金	
200,000	繰 越 商 品	
65,000	仮 払 法 人 税 等	
1,500,000	建 物	
630,000	備 品	
1,000,000	土 地	
	買 掛 金	260,000
	貸 倒 引 当 金	3,000
	建物減価償却累計額	500,000
	備品減価償却累計額	150,000
	資 本 金	2,500,000
	繰越利益剰余金	623,000
	売 上	3,880,000
	受 取 手 数 料	130,000
2,370,000	仕 入	
925,000	給 料	
52,000	旅 費 交 通 費	
85,000	保 険 料	
8,168,000		8,168,000

［資料2］決算整理事項等

1. 現金の手許有高は￥84,000であった。帳簿残高との差額のうち￥1,200は交通費の記入漏れであることが判明したが、残額は不明のため、雑損または雑益とする。

2. 当座預金勘定の貸方残高の全額を借入金勘定に振り替える。なお、取引銀行とは借越限度額￥1,000,000の当座借越契約を締結している。

3. 売掛金￥75,000が普通預金口座に振り込まれていたが、この取引が未記帳であった。

4. 売掛金の期末残高に対して3%の貸倒引当金を差額補充法により設定する。

5. 期末商品棚卸高は￥250,000である。

6. 有形固定資産について、次の要領で定額法により減価償却を行う。
   建物：残存価額ゼロ、耐用年数30年
   備品：残存価額ゼロ、耐用年数6年
   なお、残高試算表の備品の金額のうち￥180,000はX3年12月1日に取得したものである。新規取得分についても同様の条件で減価償却をするが、減価償却費は月割計算する。

7. 受取手数料の前受分が￥10,000ある。

8. 保険料のうち￥60,000はX3年9月1日に向こう1年分を支払ったものである。前払分を月割で計上する。

9. 法人税、住民税及び事業税が￥150,000と算定されたので、仮払法人税等との差額を未払法人税等として計上する。

問1 答案用紙の決算整理後残高試算表を完成しなさい。

問2 当期純利益または当期純損失の金額を答えなさい。なお、当期純損失の場合は金額の頭に△を付すこと。

問題 68	財務諸表

この問題は、形式は違えど、問題を解く手順は精算表と全く同じです。

答案用紙 ➡ P200
解答・解説 ➡ P108
テキストSTEP57、59

次の（1）決算整理前残高試算表と（2）決算整理事項等にもとづいて、答案用紙の貸借対照表と損益計算書を完成しなさい。消費税の仮受け・仮払いは、売上取引・仕入取引のみで行うものとし、（2）決算整理事項等の7.以外は消費税を考慮しない。なお、会計期間はX7年4月1日からX8年3月31日までの1年間である。

（1）決算整理前残高試算表

決算整理前残高試算表

借　方	勘定科目	貸　方
366,000	現　　　　　金	
1,157,000	普　通　預　金	
559,000	売　　掛　　金	
450,000	仮払消費税	
300,000	繰　越　商　品	
1,500,000	備　　　　　品	
2,600,000	土　　　　　地	
	買　　掛　　金	440,000
	借　　入　　金	800,000
	仮受消費税	780,000
	貸　倒　引　当　金	10,000
	備品減価償却累計額	625,000
	資　　本　　金	3,000,000
	繰越利益剰余金	721,000
	売　　　　　上	7,800,000
4,500,000	仕　　　　　入	
1,780,000	給　　　　　料	
560,000	支　払　家　賃	
116,000	水　道　光　熱　費	
210,000	通　　信　　費	
60,000	保　　険　　料	
18,000	支　払　利　息	
14,176,000		14,176,000

（2）決算整理事項等

1. 現金の実際有高は¥361,000であった。帳簿残高との差額のうち¥4,000は通信費の記入漏れであることが判明したが、残額は不明のため、雑損または雑益として記載する。

2. 売掛代金の普通預金口座への入金¥132,000の取引が、誤って借方・貸方ともに¥123,000と記帳されていたので、その修正を行った。

3. 当月の水道光熱費¥10,000が普通預金口座から引き落とされていたが、未処理であった。

4. 売掛金の期末残高に対して4%の貸倒引当金を差額補充法により設定する。

5. 期末商品棚卸高は¥350,000である。

6. 備品について、残存価額をゼロ、耐用年数を6年とする定額法により減価償却を行う。

7. 消費税の処理（税抜方式）を行う。

8. 借入金はX7年7月1日に借入期間1年、利率年4.5%で借り入れたもので、利息は12月末日と返済日に6か月分をそれぞれ支払うことになっている。利息の計算は月割による。

9. 支払家賃のうち¥240,000はX7年12月1日に向こう6か月分を支払ったものである。そこで、前払分を月割により計上する。

財務諸表

最後に損益計算書で当期純利益を計算したら、それを繰越利益剰余金に加えます。

答案用紙 →P201
解答・解説 →P112
テキストSTEP57、59

次の（1）決算整理前残高試算表および（2）決算整理事項等にもとづいて、答案用紙の貸借対照表および損益計算書を完成しなさい。なお、会計期間はX1年4月1日からX2年3月31日までの1年間である。

（1）決算整理前残高試算表

決算整理前残高試算表

借 方	勘 定 科 目	貸 方
246,400	現　　　　金	
1,270,000	普 通 預 金	
660,000	売　　掛　　金	
550,000	仮 払 消 費 税	
340,000	繰 越 商 品	
2,000,000	建　　　　物	
500,000	備　　　　品	
3,000,000	土　　　　地	
	買　　掛　　金	470,000
	借　　入　　金	1,200,000
	仮　　受　　金	59,600
	仮 受 消 費 税	850,000
	所 得 税 預 り 金	15,000
	貸 倒 引 当 金	2,000
	建物減価償却累計額	400,000
	備品減価償却累計額	259,999
	資　　本　　金	4,000,000
	繰越利益剰余金	623,401
	売　　　　上	8,500,000
5,500,000	仕　　　　入	
1,750,000	給　　　　料	
160,000	法 定 福 利 費	
50,000	支 払 手 数 料	
120,000	租 税 公 課	
36,000	支 払 利 息	
197,600	そ の 他 費 用	
16,380,000		16,380,000

（2）決算整理事項等

1. 仮受金は、得意先からの売掛金¥60,000の振込みであることが判明した。なお、振込額と売掛金の差額は当社負担の振込手数料（問題の便宜上、この振込手数料には消費税が課されないものとする）であり、入金時に振込額を仮受金として処理したのみである。

2. 売掛金の期末残高に対して貸倒引当金を差額補充法により2%設定する。

3. 期末商品棚卸高は¥300,000である。

4. 有形固定資産について、次の要領で定額法により減価償却を行う。
   建物：残存価額ゼロ、耐用年数25年
   備品：残存価額ゼロ、耐用年数5年
   なお、決算整理前残高試算表の備品¥500,000のうち¥200,000は昨年度にすでに耐用年数をむかえて減価償却を終了している。そこで、今年度は備品に関して残りの¥300,000についてのみ減価償却を行う。

5. 消費税（税抜方式）の処理を行う。

6. 社会保険料の当社負担分¥8,000を未払い計上する。

7. 借入金は当期の8月1日に期間1年、利率年3%で借り入れたものであり、借入時にすべての利息が差し引かれた金額を受け取っている。そこで、利息について月割により適切に処理する。

8. 未払法人税等¥150,000を計上する。なお、当期に中間納付はしていない。

財務諸表

問題 70

貸倒引当金は、受取手形と売掛金を別々に計算します。その後、受取手形と売掛金の貸倒引当金の合計から決算整理前残高試算表の貸倒引当金を差し引いて、貸倒引当金繰入をもとめます。

 20分

答案用紙 ➡ P202
解答・解説 ➡ P114

📗 テキストSTEP57、59

次の（1）決算整理前残高試算表と（2）決算整理事項等にもとづいて、貸借対照表と損益計算書を完成しなさい。なお、会計期間はX1年4月1日からX2年3月31日までの1年間である。

（1）決算整理前残高試算表

残 高 試 算 表
X2年3月31日

借 方	勘 定 科 目	貸 方
165,000	現　　　　金	
920,000	当 座 預 金	
420,000	受 取 手 形	
426,000	売 掛 金	
50,000	仮払法人税等	
200,000	繰 越 商 品	
520,000	備　　　　品	
1,000,000	土　　　　地	
	支 払 手 形	280,000
	買 掛 金	320,000
	仮 受 金	46,000
	借 入 金	300,000
	貸 倒 引 当 金	4,000
	備品減価償却累計額	100,000
	資 本 金	2,000,000
	繰越利益剰余金	281,000
	売　　　　上	3,590,000
	受 取 手 数 料	60,000
2,160,000	仕　　　　入	
650,000	給　　　　料	
300,000	支 払 家 賃	
30,000	保 険 料	
140,000	租 税 公 課	
6,981,000		6,981,000

（2）決算整理事項等

1. 現金の手許有高は￥156,000である。なお、過不足の原因は不明であるため、適切な処理を行う。

2. 仮受金は、全額得意先に対する売掛金の回収額であることが判明した。

3. 受取手形および売掛金の期末残高に対して2%の貸倒れを見積もる。貸倒引当金の設定は差額補充法による。

4. 期末商品棚卸高は￥180,000である。

5. 備品について、残存価額をゼロ、耐用年数を8年とする定額法により減価償却を行う。なお、備品のうち￥120,000はX1年12月1日に取得したもので、他の備品と同様の条件で減価償却費を月割により計算する。

6. 収入印紙の未使用分が￥25,000あるため、貯蔵品へ振り替える。

7. 家賃の前払額が￥60,000ある。

8. 保険料は全額当期の8月1日に向こう1年分を支払ったものであるため、前払分を月割で計上する。

9. 借入金はX1年11月1日に借入期間1年、年利率4%で借り入れたもので、利息は元金とともに返済時に支払うことになっている。利息の計算は月割による。

10. 法人税等が￥120,000と計算されたので、仮払法人税等との差額を未払法人税等として計上する。

財務諸表

当座預金の貸方残高は、銀行からお金を借りている状態です。
そのため、貸借対照表では借入金（負債）として計上します。

20分

答案用紙 ➡ P203
解答・解説 ➡ P116

📖 テキストSTEP57、59

次の（1）決算整理前残高試算表と（2）決算整理事項等にもとづいて、貸借対照表と損益計算書を完成しなさい。なお、会計期間はX3年4月1日からX4年3月31日までの1年間である。

（1）決算整理前残高試算表

残 高 試 算 表
X4年3月31日

借 方	勘 定 科 目	貸 方
125,000	現 金	
3,000	現 金 過 不 足	
770,000	当座預金A銀行	
	当座預金B銀行	120,000
550,000	売 掛 金	
345,000	仮 払 消 費 税	
100,000	仮 払 法 人 税 等	
280,000	繰 越 商 品	
500,000	貸 付 金	
1,500,000	建 物	
600,000	備 品	
	買 掛 金	330,000
	社 会 保 険 料 預 り 金	15,000
	仮 受 消 費 税	560,000
	貸 倒 引 当 金	2,000
	建物減価償却累計額	450,000
	備品減価償却累計額	120,000
	資 本 金	2,000,000
	繰 越 利 益 剰 余 金	420,000
	売 上	5,640,000
	受 取 手 数 料	88,000
3,180,000	仕 入	
1,320,000	給 料	
270,000	水 道 光 熱 費	
37,000	通 信 費	
165,000	法 定 福 利 費	
9,745,000		9,745,000

（2）決算整理事項等

1. 現金過不足のうち¥2,000については通信費の記入漏れであった。残額は原因不明のため適切に処理する。

2. 当座預金の貸方残高全額を借入金勘定に振り替える。なお、取引銀行とは借越限度額を¥500,000とする当座借越契約を結んでいる。

3. 得意先から商品の内金¥40,000を現金で受け取っていたが、全額売上として処理していたので適切に修正する。

4. 売掛金の期末残高に対して4%の貸倒引当金を差額補充法により設定する。

5. 期末商品棚卸高は¥260,000である。

6. 有形固定資産について、次の要領で定額法により減価償却を行う。
   建物：残存価額ゼロ、耐用年数30年
   備品：残存価額ゼロ、耐用年数10年

7. 消費税（税抜方式）の処理を行う。

8. 貸付金はX3年12月1日に貸付期間1年、年利率3.6%で貸し付けたもので、利息は元金とともに返済時に受け取ることになっている。なお、利息の計算は月割による。

9. 手数料の前受額が¥14,000ある。

10. 法定福利費の未払分¥15,000を計上する。

11. 法人税等が¥220,000と計算されたので、仮払法人税等との差額を未払法人税等として計上する。

財務諸表

問題 72

先に繰越利益剰余金の各自推定額をもとめてから、次に現金の各自推定額をもとめます。

30分

答案用紙 ➡ P204
解答・解説 ➡ P118
テキスト STEP57、59

　次の（1）決算整理前の総勘定元帳の各勘定残高、（2）決算整理事項等にもとづいて、貸借対照表と損益計算書を完成しなさい。なお、会計期間はX5年4月1日からX6年3月31日までの1年間である。

（1）決算整理前の総勘定元帳の各勘定残高

現　　　金 ¥各自推定	当 座 預 金 ¥1,750,000	受 取 手 形 ¥ 300,000	
売 掛 金 500,000	貸倒引当金 10,000	仮払法人税等 50,000	
繰 越 商 品 400,000	備　　　品 1,200,000	備品減価償却累計額 200,000	
支 払 手 形 250,000	買 掛 金 350,000	借 入 金 1,000,000	
資 本 金 2,000,000	利益準備金 50,000	繰越利益剰余金 各自推定	
売　　　上 7,500,000	受取手数料 40,000	仕 入 4,800,000	
給　　　料 1,200,000	支 払 家 賃 600,000	水 道 光 熱 費 250,000	
保 険 料 180,000	通 信 費 50,000	支 払 利 息 20,000	

※繰越利益剰余金勘定にあたって、決算整理前における同勘定の記入状況は次の通りであった。

繰越利益剰余金

6/30	利益準備金	10,000	4/1	前期繰越	310,000
〃	未払配当金	100,000			

（2）決算整理事項等

1. 決算日における現金の実際有高は¥270,000であった。帳簿残高との差額のうち¥20,000については水道光熱費の記入漏れであることが判明したが、残額については原因不明なので、雑損または雑益として処理する。

2. 決算日までに、得意先から掛代金¥100,000の回収として取引銀行の当座預金口座に振り込みがあったが未処理である。

3. 受取手形および売掛金の期末残高に対して3%の貸倒れを見積もり、差額補充法により貸倒引当金を設定する。

4. 期末商品棚卸高は¥450,000である。

5. 備品について、定額法（耐用年数6年、残存価額ゼロ）により減価償却を行う。

6. 郵便切手の未使用分が¥15,000あるため、貯蔵品へ振り替える。

7. 保険料のうち¥156,000は、当期の7月1日に支払った店舗に対する1年分の損害保険料である。よって、前払高を月割計算により計上する。

8. 支払利息は、当期首から1月31日（利払日）までの借入金に対する利息である。借入金の金額は、期首から変動はなく、その利率は年2.4％である。よって、決算日までの利息未払高を月割計算により計上する。

9. 法人税等が¥120,000と計算されたので、仮払法人税等との差額を未払法人税等として計上する。

模擬試験

実際の本試験と同じレベルのボリュームと難易度の模擬試験を3回分用意しました。
時間を計って実力チェックをしてみましょう。

これまでの学習の成果を発揮してください

緊張するわ！

がんばるぞ〜

目標点 **70** 点以上 /100　制限時間 **60** 分

答案用紙 ⇒P205〜208　解答・解説 ⇒P122〜130

本 試 験 型 問 題 と は
実際に試験会場で受ける試験と同程度のレベルにした問題です。ボリュームと時間配分を体感しましょう。

第1問（45点）

　下記の各取引について仕訳しなさい。ただし、勘定科目は、各取引の下の勘定科目から最も適当と思われるものを選び、記号で解答すること。

1. 商品¥200,000をクレジット払いの条件で販売するとともに、信販会社へのクレジット手数料（販売代金の4％）を計上した。
　　ア．未収入金　　イ．クレジット売掛金　　ウ．仮受消費税　　エ．売上
　　オ．支払手数料　　カ．支払利息

2. 店舗を建てる目的で購入した土地について建設会社に依頼していた整地作業が完了し、その代金¥230,000を現金で支払った。
　　ア．現金　　イ．普通預金　　ウ．建物　　エ．土地　　オ．支払手数料
　　カ．修繕費

3. 建物および土地の固定資産税¥400,000の納付書を受け取り、未払金に計上することなく、ただちに当座預金口座から振り込んで納付した。
　　ア．当座預金　　イ．建物　　ウ．土地　　エ．未払金　　オ．租税公課
　　カ．法人税等

4. 広告宣伝費¥85,000を普通預金口座から支払った。また、振込手数料として¥400が同口座から引き落とされた。
　　ア．当座預金　　イ．普通預金　　ウ．受取手数料　　エ．支払手数料
　　オ．広告宣伝費　　カ．支払利息

5. 普通預金口座に利息¥500が入金された。
　　ア．現金　　イ．普通預金　　ウ．当座預金　　エ．受取手数料
　　オ．受取利息　　カ．支払利息

6. 広島商店に¥500,000を貸し付け、同額の約束手形を受け取り、利息¥3,000を差し引いた残額を当社の当座預金口座から広島商店の普通預金口座に振り込んだ。
    ア．当座預金　　イ．普通預金　　ウ．受取手形　　エ．手形貸付金
    オ．受取利息　　カ．支払利息

7. 販売用の中古車を¥700,000で購入し、代金は来月末に支払う契約である。
    ア．現金　　イ．車両運搬具　　ウ．買掛金　　エ．未払金　　オ．仕入
    カ．発送費

8. 株主総会で繰越利益剰余金¥800,000の一部を次の通り処分することが承認された。
    株主配当金：¥100,000　　利益準備金の積立て：¥10,000
    ア．現金　　　　イ．当座預金　　ウ．未払配当金　　エ．資本金
    オ．利益準備金　　カ．繰越利益剰余金

9. 購入した備品¥500,000を配送業者から引き取った。なお、代金のうち¥200,000は先月に支払った際に仮払金として処理しており、残額は月末に支払うこととした。
    ア．現金　　イ．仮払金　　ウ．備品　　エ．買掛金　　オ．未払金
    カ．仕入

10. 得意先の丙株式会社が倒産し、同社に対する売掛金¥80,000（前期販売分）が回収できなくなったので、貸倒れの処理を行う。なお、貸倒引当金の残高は¥50,000である。
    ア．売掛金　　イ．買掛金　　ウ．貸倒引当金　　エ．償却債権取立益
    オ．貸倒損失　　カ．貸倒引当金繰入

11. 以前注文していた商品¥480,000を受け取り、注文したときに手付金として支払っていた¥400,000を差し引いた金額を掛けとした。また、当社負担の運賃¥20,000を現金で支払った。
    ア．現金　　イ．前払金　　ウ．前受金　　エ．買掛金　　オ．仕入
    カ．発送費

12. 期首に、不用になった備品（取得原価¥500,000、減価償却累計額¥400,000、間接法で記帳）を¥60,000で売却し、売却代金は現金で受け取った。
    ア．現金　　イ．未収入金　　ウ．備品　　エ．備品減価償却累計額
    オ．固定資産売却益　　カ．固定資産売却損

13. 前期の決算において未収利息¥20,000を計上していたので、本日（当期首）、再振替仕訳を行った。

　　　ア．未収利息　　イ．未払利息　　ウ．前受利息　　エ．受取利息

　　　オ．支払利息　　カ．損益

14. 仕入先への買掛金¥350,000について、電子債権記録機関に取引銀行を通じて電子記録債務の発生記録を行った。

　　　ア．電子記録債権　　イ．支払手形　　ウ．電子記録債務　　エ．買掛金

　　　オ．売上　　カ．仕入

15. 以下の納付書にもとづき、当社の普通預金口座から消費税を振り込んだ。なお、消費税は税抜方式で記帳している。

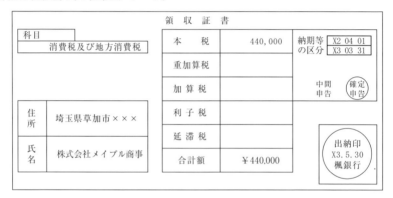

　　　ア．現金　　イ．普通預金　　ウ．仮払消費税　　エ．仮受消費税

　　　オ．未払消費税　　カ．租税公課

第2問（20点）

(1) 次の7月中の取引等にもとづいて、下記の問に答えなさい。

7月1日　前月繰越は、次の通りであった。

　　　　　　M商品　80個　@¥3,500

　　　　　　買掛金　¥620,000

　10日　本日の売上は、M商品50個@¥5,000であり、代金はすべて現金で受け取った。

　20日　M商品120個を@¥3,400で仕入れ、代金は月末払いとした。なお、当社負担の引取費用¥6,000を現金で支払った。

　25日　本日の売上は、M商品100個@¥4,800であり、代金はすべて現金で受け取った。

　31日　仕入先への掛代金¥350,000の支払いとして、小切手を振り出した。

問1　7月のM商品の商品有高帳を作成しなさい。なお、商品の払出単価の決定方法は移動平均法を採用し、摘要欄の記入は「仕入」または「売上」とする。

問2　7月のM商品の売上高、売上原価および売上総利益を答えなさい。

問3　7月31日における買掛金勘定の残高を答えなさい。

(2) 当社（決算年1回、12月31日）における次の取引にもとづいて、答案用紙の支払利息勘定と未払利息勘定に必要な記入をして締め切りなさい。なお、勘定記入にあたっては、日付、摘要および金額を（　）内に取引日順に記入すること。ただし、摘要欄に記入する語句は［語群］から最も適当と思われるものを選び、正確に記入すること。

1月 1日　取引先から¥800,000（利率年2%、期間2年、利払日は6月と12月の各末日）を借り入れ、同額が普通預金口座に振り込まれた。

6月30日　取引先からの借入金について、利息を普通預金口座から支払った。

10月 1日　銀行から¥5,000,000（利率年2.4%、期間8か月）を借り入れ、同額が普通預金口座に振り込まれた。なお、利息は元本返済時に一括で支払う契約である。

12月31日　取引先からの借入金について、利息を普通預金口座から支払った。
　　　　　　銀行からの借入金について、未払分の利息を計上した。

［語群］

　　普通預金　　借　入　金　　未払利息　　支払利息　　次期繰越　　損　　　益

第3問 (35点)

次の[決算日に判明した事項]および[決算整理事項]にもとづいて、答案用紙の精算表を完成しなさい。なお、会計期間はX1年4月1日からX2年3月31日までの1年間である。

[決算日に判明した事項]

1. 決算直前に商品¥150,000を掛けで販売していたが、それが未記帳であることが判明した。

2. 仮払金は、その全額がX2年2月1日に購入した備品に対する支払いであることが判明した。

3. X2年3月1日に土地¥280,000を購入し、代金は2か月後に支払うこととした。購入時に以下の仕訳をしていたことが判明したので、適正に修正する。

    (借方) 土　地　280,000　　　　(貸方) 買掛金　280,000

[決算整理事項]

1. 現金過不足の一部は現金の盗難により生じたものである。当社では盗難保険をかけており、仮受金は盗難に対する保険金として受け取ったものである。そこで、現金過不足と仮受金を相殺し、差額を雑益または雑損として処理する。

2. 受取手形および売掛金の期末残高に対して3%の貸倒引当金を差額補充法により設定する。

3. 期末商品棚卸高は¥350,000である。売上原価は「仕入」の行で計算する。

4. 建物および備品について定額法によって減価償却を行う。なお、当期中に取得した備品については月割りで減価償却費を計上する。

    建　物　残存価額：取得原価の10%　耐用年数30年
    備　品　残存価額：ゼロ　　　　　　耐用年数8 年

5. 購入時に費用計上した収入印紙の未使用高が¥30,000あるため、これを資産として計上する。

6. 保険料のうち¥180,000は、X1年8月1日に支払った建物に対する1年分の火災保険料である。よって前払分を月割計算により計上する。

7. 貸付金は、X1年6月1日に貸付期間1年、利率年2%の条件で貸し付けたもので、利息は返済時に一括して受け取ることになっている。なお、利息の計算は月割りによる。

8. 給料の未払分が¥20,000ある。

実力チェック！ 第2回 本試験型問題！

目標点 **70** 点以上 / **100**　制限時間 **60** 分

答案用紙 ➡ P209〜212　解答・解説 ➡ P131〜138

本試験型問題とは
実際に試験会場で受ける試験と同程度のレベルにした問題です。ボリュームと時間配分を体感しましょう。

第1問（45点）

　下記の各取引について仕訳しなさい。ただし、勘定科目は、各取引の下の勘定科目から最も適当と思われるものを選び、記号で解答すること。

1.　1株当たり¥60,000で100株の株式を発行し、合計¥6,000,000の払込みを受けて株式会社を設立した。払込金はすべて普通預金口座に預け入れられた。
　　　ア．当座預金　　イ．普通預金　　ウ．資本金　　エ．利益準備金
　　　オ．繰越利益剰余金　　カ．支払手数料

2.　得意先霞が関商店より注文のあった商品¥300,000（原価¥210,000）を発送し、代金のうち¥60,000は、同店より注文を受けた際に受け取っていた手付金と相殺し、残額は掛けとした。なお、当社負担の送料¥8,000は、運送業者に現金で支払った。
　　　ア．現金　　イ．売掛金　　ウ．前払金　　エ．前受金　　オ．売上
　　　カ．発送費

3.　駐車場として使用する目的で土地を賃借し、当月分の賃借料¥35,000を現金で支払った。
　　　ア．現金　　イ．普通預金　　ウ．土地　　エ．支払手数料　　オ．支払家賃
　　　カ．支払地代

4.　取引銀行から借り入れていた¥5,000,000の支払期日が到来したため、元利合計を当座預金口座から返済した。なお、借入れにともなう利率は年1.46％であり、借入期間は120日であった。利息は1年を365日として日割計算する。
　　　ア．現金　　イ．当座預金　　ウ．貸付金　　エ．借入金　　オ．受取利息
　　　カ．支払利息

5.　営業の用に供している建物の修繕を行い、代金¥320,000は来月末に支払うこととした。
　　　ア．現金　　イ．当座預金　　ウ．建物　　エ．買掛金　　オ．未払金
　　　カ．修繕費

6. 商品（本体価格￥240,000）を仕入れ、代金は10%の消費税を含めて掛けとした。なお、消費税については、税抜方式で記帳する。

  ア．買掛金 イ．仮払消費税 ウ．仮受消費税 エ．未払消費税

  オ．仕入 カ．租税公課

7. 従業員にかかる健康保険料￥140,000を普通預金口座から納付した。このうち従業員負担分￥70,000は、社会保険料預り金からの支出であり、残額は会社負担分である。

  ア．普通預金 イ．従業員立替金 ウ．社会保険料預り金

  エ．法定福利費 オ．租税公課 カ．保険料

8. さきに得意先より受け取っていた小切手￥100,000と、前期中に受け取り手許に保管していた送金小切手￥40,000を、ともに当座預金口座に預け入れた。

  ア．現金 イ．当座預金 ウ．売掛金 エ．受取手形 オ．支払手形

  カ．売上

9. 電子記録債権￥400,000が決済され、同額が当座預金口座へ振り込まれた。

  ア．現金 イ．当座預金 ウ．受取手形 エ．売掛金

  オ．電子記録債権 カ．電子記録債務

10. 従業員が出張から帰社し、旅費の精算を行ったところ、あらかじめ概算額で仮払いしていた￥70,000では足りず、不足額￥30,000を従業員が立替払いしていた。なお、この不足額は次の給料支払時に従業員へ支払うため、未払金として計上した。

  ア．現金 イ．仮払金 ウ．従業員立替金 エ．未払金 オ．給料

  カ．旅費交通費

11. 前月に購入し、使用を開始しているレジスター（備品）の代金￥250,000を、当座預金口座から支払った。

  ア．現金 イ．当座預金 ウ．備品 エ．買掛金 オ．未払金

  カ．消耗品費

12. 土地付き建物￥7,000,000（うち建物￥2,000,000、土地￥5,000,000）を購入し、売買手数料（それぞれの代金の2％）を加えた総額を普通預金口座から振り込むとともに引渡しを受けた。

  ア．当座預金 イ．普通預金 ウ．建物 エ．土地 オ．未払金

  カ．支払手数料

13. 今月の売上代金として受け取った自治体発行の商品券¥150,000を自治体指定の金融機関に引き渡し、全額がただちに普通預金口座へ振り込まれた。

   ア．普通預金 　　イ．受取手形 　　ウ．売掛金 　　エ．受取商品券

   オ．売上 　　カ．受取手数料

14. 収入印紙¥5,000と郵便切手¥1,500を購入し、代金は現金で支払った。なお、これらはすぐに使用した。

   ア．現金 　　イ．当座預金 　　ウ．普通預金 　　エ．租税公課 　　オ．通信費

   カ．旅費交通費

15. 従業員が出張から戻り、下記の報告書および領収書を提出したので、本日、全額を費用として処理した。旅費交通費等報告書記載の金額は、その全額を従業員が立て替えて支払っており、月末に従業員に支払うこととした。なお、電車運賃は領収書なしでも費用計上することにしている。

旅費交通費等報告書			
			楓　一郎
移動先	手段等	領収書	金　額
兵庫商事	電車	無	¥14,500
ホテル神戸	宿泊	有	¥12,000
帰　　社	電車	無	¥14,500
		合　計	¥41,000

```
          領　収　書
メイプル商事㈱
楓　一郎　様

      金　12,000 円

  但し、宿泊料として

                ホテル神戸
```

   ア．現金 　　イ．従業員立替金 　　ウ．未払金 　　エ．給料 　　オ．旅費交通費

   カ．消耗品費

第2問 (20点)

(1) 次の資料にもとづいて、備品勘定と備品減価償却累計額勘定の空欄（ア）〜（オ）には適切な語句を、(a)〜(e)には適切な金額を答案用紙に記入しなさい。なお、当社の決算日は毎年12月31日であり、減価償却費は月割計算によって計上する。

X1年 1月 1日 　　備品A（取得原価¥250,000、耐用年数5年、残存価額ゼロ）を小切手を振り出して購入した。

   12月31日 　　定額法によって備品の減価償却費を計上する。

X2年 5月 1日 　　備品B（取得原価¥120,000、耐用年数4年、残存価額ゼロ）を現金で購入した。

12月31日　　　定額法によって備品の減価償却費を計上する。

備　　　　　品

X1/ 1/ 1	当 座 預 金	250,000	X1/12/31	次 期 繰 越	(a)
X2/ 1/ 1	(ア)	( )	X2/12/31	( )	( )
5/ 1	(イ)	(b)			
		( )			( )
X3/ 1/ 1	( )	( )			

備品減価償却累計額

X1/12/31	(ウ)	(c)	X1/12/31	(エ)	( )
X2/12/31	( )	( )	X2/ 1/ 1	( )	( )
			12/31	(オ)	(d)
		( )			( )
			X3/ 1/ 1	( )	(e)

(2) 下記の（A）および（B）の2枚の伝票は、次の取引について2通りの方法で作成されたものである。各伝票の（　）に記入すべき勘定科目または金額を解答欄の所定の欄に記入しなさい。

［取引］
商品￥100,000を売上げ、代金のうち￥40,000は現金で受け取り、残りは掛けとした。

（A）

入　金　伝　票		振　替　伝　票			
科　目	金　額	借方科目	金　額	貸方科目	金　額
売　　　　上	(①)	(②)	(③)	(④)	(⑤)

（B）

入　金　伝　票		振　替　伝　票			
科　目	金　額	借方科目	金　額	貸方科目	金　額
売　掛　金	(⑥)	(⑦)	(⑧)	(⑨)	(⑩)

第3問（35点）

　次の（1）決算整理前残高試算表と（2）決算整理事項等にもとづいて、貸借対照表と損益計算書を完成しなさい。なお、会計期間はX3年4月1日からX4年3月31日までの1年間である。

（1）決算整理前残高試算表

残　高　試　算　表

借　方	勘定科目	貸　方
225,000	現　　　　　金	
	当 座 預 金	86,000
654,000	普 通 預 金	
360,000	受 取 手 形	
490,000	売 掛 金	
80,000	仮払法人税等	
360,000	繰 越 商 品	
780,000	備　　　　　品	
1,200,000	土　　　　　地	
	支 払 手 形	180,000
	買 掛 金	330,000
	社会保険料預り金	12,000
	貸 倒 引 当 金	7,000
	備品減価償却累計額	192,000
	資 本 金	2,000,000
	繰越利益剰余金	656,000
	売 上	5,702,000
	受 取 手 数 料	224,000
3,545,000	仕 入	
1,015,000	給 料	
420,000	支 払 家 賃	
86,000	水 道 光 熱 費	
44,000	旅 費 交 通 費	
130,000	法 定 福 利 費	
9,389,000		9,389,000

（2）決算整理事項等

1. 現金の実際有高を確認するために金庫を実査したところ、紙幣・硬貨¥195,000、他社振出しの小切手¥28,000および得意先振出しの約束手形¥30,000が保管されていた。なお、現金以外のものも含まれているが正しく処理されている。よって、現金過不足を雑損または雑益として処理する。

2. 当座預金の貸方残高全額を借入金勘定に振り替える。なお、取引銀行とは借越限度額を¥800,000とする当座借越契約を結んでいる。

3. 3月中に従業員が立替払いした旅費交通費は¥4,000であったが未処理である。なお、当社では従業員が立替払いした旅費交通費を毎月末に未払金として計上したうえで、従業員には翌月に支払っている。

4. 備品のうち、X1年4月1日に購入したパソコン（取得原価¥180,000、減価償却方法は他の備品と同じである）を、X4年1月末に¥50,000で売却し、代金は来月受け取ることとなっているが、この取引が未記帳である。なお、当期の減価償却費の計算は月割計算に

よる。

5. 受取手形および売掛金の期末残高に対して2%の貸倒引当金を差額補充法により設定する。

6. 期末商品棚卸高は¥330,000であった。

7. 備品について、定額法（耐用年数5年、残存価額ゼロ）により減価償却を行う。

8. 手数料の前受額が¥30,000ある。

9. 法定福利費の未払分¥12,000を計上する。

10. 法人税等が¥180,000と計算されたので、仮払法人税等との差額を未払法人税等として計上する。

第3回 模擬試験

実力チェック！本試験型問題！

目標点 **70**点以上/100　制限時間 **60**分

答案用紙 ➡P213〜216　解答・解説 ➡P139〜146

本試験型問題とは
実際に試験会場で受ける試験と同程度のレベルにした問題です。ボリュームと時間配分を体感しましょう。

第1問対策／第2問対策／第3問対策／**模擬試験**

第1問（45点）

　下記の各取引について仕訳しなさい。ただし、勘定科目は、各取引の下の勘定科目から最も適当と思われるものを選び、記号で解答すること。

1.　かねて手形を振り出して借り入れていた¥2,000,000の返済期日をむかえ、同額が当座預金口座から引き落とされた。
　　ア．当座預金　　イ．普通預金　　ウ．受取手形　　エ．手形貸付金
　　オ．支払手形　　カ．手形借入金

2.　オフィスとしてビルの1部屋を1か月の家賃¥100,000で賃借する契約を結び、1か月分の家賃、敷金（家賃2か月分）、および不動産業者への仲介手数料（家賃1か月分）を現金で支払った。
　　ア．現金　　イ．差入保証金　　ウ．建物　　エ．受取手数料
　　オ．支払家賃　　カ．支払手数料

3.　先月の売上¥50,000について品違いにより返品を受け、同額の現金を返金した。
　　ア．現金　　イ．普通預金　　ウ．売掛金　　エ．買掛金　　オ．売上
　　カ．仕入

4.　月末に金庫を実査したところ、紙幣¥80,000、硬貨¥1,400、得意先振出しの小切手¥10,000、自己振出しの小切手¥5,000、郵便切手¥1,000が保管されていたが、現金出納帳の残高は¥92,800であった。不一致の原因を調べたが原因は判明しなかったので、現金過不足勘定で処理することにした。
　　ア．現金　　イ．現金過不足　　ウ．当座預金　　エ．通信費　　オ．雑益
　　カ．雑損

5.　商品を購入する契約を締結し、手付金として現金¥50,000を支払った。
　　ア．現金　　イ．仮払金　　ウ．前払金　　エ．買掛金　　オ．前受金
　　カ．仕入

6.　A銀行の普通預金口座からB銀行の普通預金口座へ¥200,000を振込により移動した。また、振込手数料として¥300が引き落とされた。ただし、管理のため、口座ごとに勘定を設定している。

　　　ア．現金　　イ．普通預金A銀行　　ウ．普通預金B銀行　　エ．当座預金

　　　オ．当座借越　　カ．支払手数料

7.　従業員の給料¥500,000について、所得税の源泉徴収額¥20,000および健康保険・厚生年金保険料¥60,000を控除した残額を普通預金口座から支払った。

　　　ア．普通預金　　イ．所得税預り金　　ウ．社会保険料預り金　　エ．給料

　　　オ．租税公課　　カ．法定福利費

8.　従業員が業務のために立て替えた1か月分の諸経費は次の通りであった。そこで、来月の給料に含めて従業員へ支払うこととし、未払金として計上した。

　　　電車代　　¥12,000　　　　　タクシー代　　¥6,500　　　　書籍代（消耗品費）¥4,000

　　　ア．現金　　イ．立替金　　ウ．未払金　　エ．給料　　オ．旅費交通費

　　　カ．消耗品費

9.　商品¥30,000を売上げ、消費税¥3,000を含めた合計金額のうち、¥13,000は他社振出しの小切手で受け取り、残額は共通商品券を受け取った。なお、消費税は税抜方式で記帳する。

　　　ア．現金　　イ．当座預金　　ウ．受取商品券　　エ．仮払消費税

　　　オ．仮受消費税　　カ．売上

10.　売掛金¥240,000を当社が振り出していた小切手で回収した。

　　　ア．現金　　イ．当座預金　　ウ．売掛金　　エ．買掛金　　オ．受取手数料

　　　カ．支払手数料

11.　前期に貸倒れとして処理した売掛金のうち¥60,000を現金で回収した。

　　　ア．現金　　イ．当座預金　　ウ．売掛金　　エ．貸倒引当金

　　　オ．償却債権取立益　　カ．貸倒損失

12.　決算日に売上勘定の貸方残高¥3,750,000を損益勘定に振り替えた。

　　　ア．資本金　　イ．利益準備金　　ウ．繰越利益剰余金　　エ．売上

　　　オ．仕入　　カ．損益

13. 営業に用いている建物の改良・修繕を行い、代金￥5,000,000を、小切手を振り出して支払った。支払額のうち￥4,000,000は建物の価値を高める資本的支出であり、残額は機能維持のための収益的支出である。

　　ア．現金　　イ．当座預金　　ウ．差入保証金　　エ．建物　　オ．修繕費
　　カ．支払手数料

14. 商品￥800,000を仕入れ、代金として同額の約束手形を振り出した。

　　ア．当座預金　　イ．受取手形　　ウ．支払手形　　エ．買掛金　　オ．仕入
　　カ．支払手数料

15. オフィスのデスクセットを購入し、据付作業ののち、次の請求書を受け取り、代金は後日支払うこととした。

<table>
<tr><td colspan="4" align="center">請　求　書</td></tr>
<tr><td colspan="4">メイプル商事株式会社　御中</td></tr>
<tr><td colspan="4" align="right">ＡＢＣ商会株式会社</td></tr>
<tr><td>品　　　物</td><td>数量</td><td>単　価</td><td>金　額</td></tr>
<tr><td>オフィスデスクセット</td><td>2</td><td>￥ 900,000</td><td>￥ 1,800,000</td></tr>
<tr><td>配送料</td><td></td><td></td><td>￥ 10,000</td></tr>
<tr><td>据付費</td><td></td><td></td><td>￥ 50,000</td></tr>
<tr><td></td><td></td><td>合　計</td><td>￥ 1,860,000</td></tr>
</table>

X3年6月30日までに合計額を下記口座へお振込み下さい。
X銀行Y支店　普通　1234567　ＡＢＣショウカイ（カ

　　ア．普通預金　　イ．備品　　ウ．買掛金　　エ．未払金　　オ．発送費
　　カ．支払手数料

第2問（20点）

(1) 当社の5月中の買掛金に関する取引の勘定記録は以下の通りである。下記勘定の空欄のうち、（ A ）～（ E ）には次に示した［語群］の中から適切な語句を選択し記入するとともに、（ ① ）～（ ⑤ ）には適切な金額を記入しなさい。なお、仕入先は下記2社のみであり、各勘定は毎月末に締め切っている。

［語群］

前月繰越　　次月繰越　　現　　金　　普通預金　　仕　　入　　買　掛　金

総 勘 定 元 帳
買 掛 金

5/12	仕　　入	（ ① ）	5/ 1	前 月 繰 越	265,000
15	（ A ）	（ ② ）	（ ）	（ ）	335,000
（ ）	仕　　入	（ ）	20	（ D ）	（ ③ ）
25	（ B ）	650,000			
31	（ C ）	243,000			
		（ ）			（ ）

買 掛 金 元 帳
京 都 商 事

5/23	返　　品	（ ④ ）	5/ 1	（ E ）	（ ）
25	普通預金払い	（ ）	20	仕　入　れ	660,000
31	（ ）	130,000			
		830,000			830,000

奈 良 商 事

5/12	（ ）	（ ）	5/ 1	（ ）	95,000
15	現 金 払 い	280,000	10	仕　入　れ	（ ）
31	（ ）	（ ⑤ ）			
		430,000			430,000

(2) 次の文の①～⑦に当てはまる最も適切な語句を下記の〔語群〕から選び、ア～
タの記号で答えなさい。

1. 現金出納帳とは、現金の増減の明細を記録する（ ① ）である。
2. 貸倒引当金は受取手形や売掛金から差し引く形で貸借対照表に表示する。これは、
貸倒引当金が受取手形勘定や売掛金勘定の（ ② ）勘定であるからである。
3. 仕入先元帳は、仕入先ごとの（ ③ ）の増減を記録する補助簿である。
4. 建物の機能の回復や維持のために行った場合の修繕は（ ④ ）勘定を用いるが、
修繕によってその機能が向上し価値が増加した場合は（ ⑤ ）勘定を用いる。
5. 商品有高帳の払出欄の単価欄には商品の（ ⑥ ）が記入される。

〔語群〕
ア　総勘定元帳　　イ　主要簿　　ウ　補助元帳　　エ　補助記入帳
オ　売価　　カ　原価　　キ　評価　　ク　残高
ケ　仕入　　コ　売上　　サ　買掛金　　シ　売掛金
ス　建物　　セ　修繕費　　ソ　減価償却費　　タ　減価償却累計額

第3問 (35点)

次の (1) 決算整理前残高試算表と (2) 決算整理事項等にもとづいて、下記の問に答えなさい。なお、会計期間はX2年4月1日からX3年3月31日までの1年間である。

(1)　　　決算整理前残高試算表

借　方	勘定科目	貸　方
72,000	現　　　　金	
539,000	当 座 預 金	
250,000	受 取 手 形	
220,000	売 掛 金	
360,000	仮 払 金	
120,000	繰 越 商 品	
1,000,000	建　　　　物	
480,000	備　　　　品	
	支 払 手 形	150,000
	買 掛 金	200,000
	貸 倒 引 当 金	3,000
	建物減価償却累計額	180,000
	備品減価償却累計額	160,000
	資 本 金	2,000,000
	繰越利益剰余金	157,000
	売 上	2,070,000
1,250,000	仕 入	
530,000	給 料	
75,000	保 険 料	
24,000	租 税 公 課	
4,920,000		4,920,000

(2) 決算整理事項等

1. 保有する得意先振出しの約束手形¥50,000が支払期日をむかえ、当座預金口座に入金済みであったが未記帳であった。

2. 決算直前に商品¥80,000を掛けで販売していたが未記帳であった。

3. 仮払金は全額備品の購入金額であることが判明した。なお、備品はX3年2月1日に引き渡しを受け、すぐに使用を始めた。

4. 受取手形および売掛金の期末残高に対して3%の貸倒引当金を差額補充法により設定する。

5. 商品の期末棚卸高 (2.の商品販売後) は¥150,000である。

6. 建物および備品について定額法によって減価償却を行う。

建物：残存価額は取得原価の10%、耐用年数25年

備品：残存価額ゼロ、耐用年数6年

なお、当期中に取得した備品については月割りで減価償却費を計上する。

7. 購入時に費用処理した収入印紙の未使用高が¥4,000あるため、貯蔵品勘定へ振り替える。

8. 保険料のうち¥45,000は当期の12月1日に向こう1年分を支払ったものであり、前払分を月割で計上する。

9. 給料の未払分が¥20,000ある。

問1　答案用紙の決算整理後残高試算表を完成しなさい。

問2　当期純利益または当期純損失の金額を答えなさい。なお、当期純損失の場合は
金額の頭に△を付すこと。

MEMO

MEMO

MEMO

MEMO

答案用紙無料ダウンロードサービスのご案内

下記のアドレスにて、本書の**答案用紙の無料ダウンロードサービス**を行っております。繰り返し解きたいときにご活用いただけます。

https://www.seibidoshuppan.co.jp/info/speed-boki3j2107

上記アドレスを「ウェブブラウザ」上の「アドレスバー」に入力してください。「**検索サイト**」の「**サーチボックス(検索窓)**」に入力しても上記サイトは表示されません。

(よくあるお問い合わせ)

Q アドレスを入力したのに、別のサイトが出てきてしまい、正しく表示されないのですが。

A アドレスバーではなく、誤ってサーチボックス(検索窓)に上記アドレスを入力してしまいますと、検索サイト側で類似の別のページを表示してしまうことがあります。その場合は、表示中の画面のアドレスを確認していただき、上記のアドレスになるように修正した上で、「Enter」キーを押せば正しく表示されます。

本書の正誤情報について

本書に関する正誤情報を含む最新情報も上記のアドレスにてご確認いただけます。

上記アドレスに掲載されていない箇所で、正誤についてお気づきの場合は、書名・質問事項・氏名・住所(または FAX 番号)を明記の上、**成美堂出版**まで**郵送**または **FAX** でお問い合わせください。**お電話でのお問い合わせはお受けできません。**

※ 本書の正誤に関するご質問以外にはお答えできません。受験指導などは行っておりません。
※ 内容によってはご質問をいただいてから回答をさし上げるまでお時間をいただくことがございます。

著者紹介

南 伸一 （みなみ しんいち） 簿記の教室メイプル代表

1971 年、鹿児島県生まれ。独自の学習法を編み出し、簿記3級、簿記2級、簿記1級、税理士試験簿記論に合格。さらに平成7年、公認会計士2次試験にも合格する。大手監査法人での実務経験を経たのち、平成9年、簿記の教室メイプルを開校。著書に『絵でみる簿記入門』(日本能率協会マネジメントセンター)、『超スピード合格!日商簿記3級テキスト&問題集』、『超スピード合格!日商簿記3級実戦問題集』(弊社刊)などがある。

簿記の教室メイプル

初心者にもわかりやすい講義で、毎年、多くの簿記検定合格者を出している。現在は、教室での簿記講座の他に、DVD による簿記検定の通信講座も行っている。

【草加校】 〒340-0015 埼玉県草加市高砂 2-3-12 フナトビル 2F
TEL : 048-922-8555
メールアドレス : info@boki-school.com
教室 URL : http://www.boki-school.com

【大手町校】 〒101-0047 東京都千代田区内神田 1-5-11 セントラル大手町 505
(短期集中講座) 教室 URL : http://www.boki-otemachi.com

【通信講座】 URL : http://www.boki-tsushin.com (3級)
(1級～3級)

超スピード合格! 日商簿記3級 実戦問題集 第6版

2024年3月20日発行

著　者　南　伸一 （みなみ しんいち）

発行者　深見公子

発行所　成美堂出版
〒162-8445　東京都新宿区新小川町 1 - 7
電話(03)5206-8151 FAX(03)5206-8159

印　刷　大盛印刷株式会社

超スピード合格!
日商簿記 3
実戦問題集 級
【第6版】

解答・解説 別冊
答案用紙

矢印の方向に引くと取り外せます。

成美堂出版

第**1**問
対策

本書内の問題と答案用紙の
対応ページを示します

問　題 ➡ P13
答案用紙 ➡ P148
📖 テキストSTEP16

本書に対応したテキスト『超ス
ピード合格！　日商簿記 3 級テ
キスト&問題集　第 6 版』の対
応 STEP を示しています。わから
なくなったら、こちらの対応
STEP を読み直しましょう

第1問 対策 解答・解説

出題パターン対応! **第1問 対策 問題**

問題1	現金過不足

問　題 ⇒P13
答案用紙 ⇒P148
テキストSTEP16

	仕			訳	
	借方科目	金額	貸方科目		金額
(1)	イ（現金過不足）	10,000	ア（現金）		10,000
(2)	エ（旅費交通費）	5,400	イ（現金過不足）		5,400
(3)	イ（現金過不足）	14,000	ウ（受取家賃） オ（旅費交通費）		8,000 6,000
(4)	エ（旅費交通費） オ（通信費） カ（雑損）	15,000 20,000 16,000	ウ（受取手数料） イ（現金過不足）		5,000 46,000
(5)	カ（通信費） イ（現金過不足）	8,000 56,000	ウ（受取手数料） エ（雑益）		40,000 24,000

※以下、答え合わせがしやすいように勘定科目名を入れていますが、実際は記号のみを記します。

解説

(1) 実際有高が帳簿残高よりも¥10,000少ないので、**現金**を減らすために、貸方に現金¥10,000とします。そして、この不足分は**現金過不足**勘定で処理するので、借方に現金過不足¥10,000とします。

(2) 現金過不足の原因が交通費を支払った際の金額間違えだとわかったので、借方に**旅費交通費**¥5,400（¥9,300－¥3,900）とします。そして、現金過不足の原因が判明したので、その分だけ**現金過不足**をなくすために、貸方に現金過不足¥5,400とします。

(3) 現金過不足の原因が**受取家賃**の記入漏れということがわかったので、貸方に受取家賃¥8,000とします。また、もう一つの原因は、交通費の二重記帳だったので、それを修正するために、貸方に**旅費交通費**¥6,000とします。**二重記帳とは、同じ仕訳を2回行ってしまったこと**をいいます。そして、現金過不足の原因が判明したので、その分だけ**現金過不足**をなくすために、借方に現金過不足¥14,000（¥8,000＋¥6,000）とします。

ここに注意!

(3)、(4)の問題において、「**現金過不足**」が発生した際の仕訳はすでに過去の話なので、ここで仕訳する必要はありません。

(4) まず、**旅費交通費**、**通信費**、**受取手数料**が記入漏れだったので、正しく仕訳していきます。つまり、借方に旅費交通費¥15,000と通信費¥20,000を仕訳し、貸方に受取手数料¥5,000とします。そして、現金過不足の残高は、最終的に雑損にもっていくので、**現金過不足**をすべてなくす必要があります。よって、貸方に現金過不足¥46,000とし、最後に借方と貸方の差額¥16,000を、借方に**雑損**として計上します。

(5) まず、**受取手数料**と**通信費**が記入漏れだったので、正しく仕訳します。そして、**現金過不足**をすべてなくすために、借方に現金過不足¥56,000を仕訳し、最後に借方と貸方の差額¥24,000を、貸方に**雑益**として計上します。

 問題 2 **当座預金**

問　題 ➡ P14
答案用紙 ➡ P149
テキスト STEP14、15

 解答

	借方科目	金額	貸方科目	金額
(1)	カ（仕入）	80,000	イ（当座預金）	80,000
(2)	イ（当座預金）	70,000	ウ（売掛金）	70,000
(3)	イ（当座預金）	100,000	ウ（当座借越）	100,000
(4)	ア（普通預金A銀行）	200,000	イ（売掛金）	200,000
(5)	イ（普通預金B銀行） オ（支払手数料）	300,000 200	ア（普通預金A銀行）	300,200

 解説

(1) 商品を仕入れたので、借方に**仕入**¥80,000とします。代金は、小切手を振り出したので、**当座預金**という資産が減少します。

(2) 売掛金を回収したので、**売掛金**という資産が¥70,000減少します。また、本来小切手の受取りは、現金という資産の増加となりますが、「ただちに当座預金とした」という文章が続くので、この場合は、**当座預金**の増加とします。

(3) 当座預金の貸方残高は、当座借越を意味します。そのため、決算においては当座借越という負債の勘定へ振り替えます。**当座預金**の貸方残高をなく

 用語チェック!

「記入漏れ」とは、仕訳を行っていなかったことで、「二重記帳（二重計上）」とは、同じ仕訳を2回行ってしまったことね。

すため、借方に**当座預金**¥100,000を計上します。貸方は**当座借越**という負債を同額計上します。

(4) **売掛金**が入金されたので、売掛金¥200,000が減少します。代金はA銀行普通預金口座へ振り込まれたので、ここでは**普通預金A銀行**勘定を用いて、その借方に計上します。

(5) A銀行の普通預金口座からB銀行の普通預金口座へ¥300,000を振り込んだので、B銀行の普通預金が増加し、A銀行の普通預金が減少します。この場合も勘定科目はただの普通預金ではなく、口座ごとの勘定を用いるため、借方に**普通預金B銀行**を計上し、貸方に**普通預金A銀行**を計上します。その際、振込手数料として¥200が引き落とされたので、**支払手数料**という費用が¥200発生し、これも含めて普通預金A銀行は¥300,200の減少となります。

問題 3 小口現金

問　　題 ➡ P14
答案用紙 ➡ P150
テキストSTEP17

解答

	仕		訳	
	借方科目	金額	貸方科目	金額
(1)	ア（小口現金）	200,000	イ（当座預金）	200,000
(2)	ウ（通信費） エ（消耗品費） オ（旅費交通費） カ（雑費） ア（小口現金）	30,000 20,000 31,500 23,500 105,000	ア（小口現金） イ（当座預金）	105,000 105,000
(3)	ウ（通信費） エ（消耗品費） オ（旅費交通費） カ（雑費）	30,000 20,000 31,500 23,500	イ（当座預金）	105,000

ここに注意！

簿記の問題上、「小口現金」の補給は小切手を振り出して行うことが多いので、その場合は補給時の仕訳では貸方に当座預金がきます。

解説

(1) **小口現金**という資産が￥200,000増加し、**当座預金**という資産が同額減少します。

(2) 小口現金の補給の仕訳の際、小口現金勘定を用いる問題である（下記の「方法①」）。**小口現金の使用内容が明らかになった**ので、借方に**通信費**￥30,000、**消耗品費**￥20,000、**旅費交通費**￥31,500、**雑費**￥23,500という費用を計上します。そして、合計の￥105,000だけ**小口現金**が減少します。さらに、同額の補給を行ったので、**小口現金**という資産が￥105,000増加し、**当座預金**という資産が￥105,000減少します。

補給の仕訳における2つの方法

方法❶ 小口現金の使用内容が明らかになった段階で、小口現金勘定を減少させ、小切手を振り出して補給した際に小口現金勘定を増加させる方法

方法❷ 使用内容が明らかになった段階でも、補給の段階でも小口現金勘定は用いず、使用内容が明らかになった段階で、すぐに当座預金勘定を減少させる方法

(3) (2) 同様、小口現金の使用内容が明らかになったので、借方に**通信費**￥30,000、**消耗品費**￥20,000、**旅費交通費**￥31,500、**雑費**￥23,500という費用を計上します。そして本問では、小口現金勘定を用いない方法で仕訳するので（上記の「方法②」）、この合計の￥105,000だけ、すぐに**当座預金**を減少させます。よって、貸方は当座預金￥105,000となります。つまり、借方の小口現金￥105,000と貸方の小口現金￥105,000を相殺させます。

用語チェック！

「**雑費**」とは、その他の費用という意味よね。支出内容を仕訳する際に、適当な勘定科目が見当たらなければ、雑費に計上しておくんだって。

仕入取引

問　　題 ➡P15
答案用紙 ➡P151
テキストSTEP20

解答

	仕	訳		
	借方科目	金額	貸方科目	金額
(1)	**カ**（仕入）	**50,000**	**オ**（買掛金）	**50,000**
(2)	**カ**（仕入）	**80,000**	**イ**（当座預金） **オ**（買掛金）	**60,000** **20,000**
(3)	**カ**（仕入）	**70,000**	**エ**（支払手形）	**70,000**
(4)	**カ**（仕入）	**40,000**	**ウ**（前払金） **オ**（買掛金）	**30,000** **10,000**
(5)	**オ**（買掛金）	**9,000**	**カ**（仕入）	**9,000**

解説

(1) 商品を¥50,000で仕入れてきたので、**仕入**という費用が¥50,000発生します。したがって、借方に仕入¥50,000とします。そして、代金は掛けとしたので、**買掛金**という負債が同額増加します。よって、貸方に買掛金¥50,000とします。

(2) 商品を仕入れたので、**仕入**という費用が¥80,000発生します。したがって、借方に仕入¥80,000とします。そして、代金のうち¥60,000は小切手を振り出したので**当座預金**の減少となり、残額¥20,000は掛けとしたので**買掛金**という負債の増加となります。よって、貸方は、当座預金¥60,000と買掛金¥20,000となります。

(3) 商品¥70,000を仕入れたので、借方に**仕入**¥70,000とします。そして、代金は約束手形を振り出したので、**支払手形**という負債が同額増加します。よって、貸方に支払手形¥70,000とします。

(4) 商品を仕入れたので、借方に**仕入**¥40,000とします。そして、代金のうち¥30,000は、すでに手付金として支払った時に**前払金**としていたので、前払金という資産が¥30,000減少します。残りの¥10,000は掛けとしたので、**買掛金**という負債が増加します。よって、貸方は、前払金¥30,000と買掛金¥10,000となります。

(5) 商品を返品したということは、**仕入**という費用が減少することになるので、

ここに注意!

「**3分法**」では、商品購入時に仕入（費用）勘定を、商品販売時に売上（収益）勘定を用いて仕訳します。

貸方に仕入¥9,000とします。そして、**買掛金**という負債も¥9,000減少するので、借方に買掛金¥9,000とします。

問　題 ➡ P16
答案用紙 ➡ P152
📖テキストSTEP20

問題5　売上取引

 解答

	仕　　　　　　　訳			
	借方科目	金額	貸方科目	金額
(1)	ア（現金）	90,000	カ（売上）	90,000
(2)	ア（現金） エ（売掛金）	100,000 30,000	カ（売上）	130,000
(3)	ウ（受取手形） エ（売掛金）	80,000 80,000	カ（売上）	160,000
(4)	オ（前受金） エ（売掛金）	20,000 180,000	カ（売上）	200,000
(5)	ウ（クレジット売掛金） カ（支払手数料）	190,000 10,000	エ（売上）	200,000
(6)	カ（売上）	3,000	エ（売掛金）	3,000

 解説

(1) 商品を¥90,000で販売したので、**売上**という収益が¥90,000発生します。したがって、貸方に売上¥90,000とします。そして、代金は現金で受け取ったので、**現金**という資産が同額増加します。よって、借方に現金¥90,000とします。

(2) 商品を販売したので、**売上**という収益が¥130,000発生します。したがって、貸方に売上¥130,000とします。そして、代金のうち¥100,000は、他人振出小切手を受け取ったので**現金**の増加として処理します。また、残額の¥30,000は掛けとしたので、**売掛金**という資産が増加します。よって、借方は、現金¥100,000と売掛金¥30,000となります。

(3) 商品¥160,000を販売したので、貸方に**売上**¥160,000とします。そして、代金のうち半分は約束手形を受け取ったので、**受取手形**という資産が¥80,000増加し、残額は掛けとしたので**売掛金**が¥80,000増加します。したがって、借方は、受取手形¥80,000と売掛金¥80,000となります。

(4) 商品を販売したので、貸方に**売上**¥200,000とします。そして、代金の

ここに注意！

戻りの場合、**掛け**と相殺することが多いですが、問題によっては現金や小切手でやり取りする場合もあるので、問題文を必ず確認するようにしましょう。

うち¥20,000は、すでに手付金として受け取った時に前受金としていたので、**前受金**という負債が¥20,000減少します。残りの¥180,000は掛けとしたので、**売掛金**という資産が増加します。よって、借方は、前受金¥20,000と売掛金¥180,000となります。

(5) 商品¥200,000を販売したので、貸方に**売上**¥200,000を計上します。また、信販会社への手数料¥10,000は借方に**支払手数料**を計上します。そして、販売代金¥200,000から支払手数料¥10,000を控除した¥190,000を借方に**クレジット売掛金**として計上します。

(6) 販売した商品が戻ってきたということは、**売上**という収益が減少するということになるので、借方に売上¥3,000とします。そして、**売掛金**という資産も同額減少するので、貸方に売掛金¥3,000とします。

問題 6　仕入諸掛や発送費

問　題 ➡P17
答案用紙 ➡P153
■ テキスト STEP21

 解答

	仕　　　　　　　訳			
	借 方 科 目	金 額	貸 方 科 目	金 額
(1)	オ（仕入）	93,000	ウ（買掛金） ア（現金）	90,000 3,000
(2)	ウ（受取手形） エ（売掛金） カ（発送費）	60,000 50,000 4,000	オ（売上） ア（現金）	110,000 4,000
(3)	ア（現金） エ（売掛金） カ（発送費）	75,000 75,000 7,000	オ（売上） ア（現金）	150,000 7,000
(4)	オ（仕入）	81,000	ア（現金）	81,000

 解説

(1) 商品を¥90,000で仕入れたので、**仕入**という費用が¥90,000発生します。その際、仕入諸掛が¥3,000生じているので、これも仕入に加えます。したがって、借方の仕入は¥93,000となります。そして、商品代金の¥90,000は掛けとしているので、**買掛金**という負債が¥90,000増加します。仕入諸掛の引取運賃は現金で支払っているので、**現金**という資産が¥3,000減少します。よって、貸方は、買掛金¥90,000と現金¥3,000となります。

 用語チェック！

「**前受金**」は、お金をもらった分だけ商品を引き渡さなければならない義務があるので、負債の勘定になるのね。

8　解答・解説

(2) 商品を¥110,000で販売したので、**売上**が¥110,000発生します。よって、貸方に売上¥110,000とします。そして、代金のうち¥60,000は、約束手形を受け取ったので**受取手形**の増加となり、残額は掛けとしたので**売掛金**の増加となります。したがって、借方は、受取手形¥60,000と売掛金¥50,000となります。さらに、**発送費**という費用が¥4,000発生したので、借方に発送費¥4,000とします。その発送費は現金で支払ったので、**現金**という資産が減少するため、貸方に現金¥4,000とします。

(3) 商品を¥150,000で販売したので、貸方に**売上**¥150,000とします。そして、代金のうち半分は小切手を受け取ったので、**現金**という資産が¥75,000増加し、残額は掛けとしたので**売掛金**が¥75,000増加します。よって、借方に現金¥75,000と売掛金¥75,000とします。さらに、**発送費**という費用が¥7,000発生し、この発送運賃は現金で支払ったので、**現金**という資産が¥7,000減少します。したがって、借方に発送費¥7,000とし、貸方に現金¥7,000とします。

(4) 商品を¥80,000で仕入れ、その際、仕入諸掛が¥1,000発生しているので、借方の**仕入**は合計で¥81,000となります。そして、商品代金の¥80,000は、現金として処理しておいた他人振出小切手で支払ったので、**現金**という資産が¥80,000減少します。さらに引取運賃は現金で支払っているので、これも現金の減少となります。よって、貸方はこの合計¥81,000を現金とします。

ここに注意!
商品を購入した際に発生した費用は仕入に含めて処理しますが、商品を販売した際に発生した費用は「**発送費**」という費用の勘定に計上します。

問題 7　貸倒引当金と貸倒損失

問　題 ➡P18
答案用紙 ➡P154
テキスト STEP29

 解答

	仕　　　　　訳			
	借 方 科 目	金 額	貸 方 科 目	金 額
(1)	オ（貸倒引当金繰入）	30,000	ウ（貸倒引当金）	30,000
(2)	ウ（貸倒引当金） カ（貸倒損失）	20,000 10,000	イ（売掛金）	30,000
(3)	カ（貸倒損失）	250,000	イ（売掛金）	250,000
(4)	ウ（貸倒引当金）	70,000	イ（売掛金）	70,000
(5)	オ（貸倒引当金繰入）	26,000	ウ（貸倒引当金）	26,000
(6)	ア（現金）	50,000	エ（償却債権取立益）	50,000

各勘定科目の計上先

以下の勘定科目の計上先は次のようになる。

貸倒引当金 ➡資産のマイナス（負債の一種）

貸倒損失
貸倒引当金繰入 } ➡費用

 解説

(1) 売掛金残高¥1,000,000 × 5％＝¥50,000が貸倒引当金の見積額
となります。しかし、**差額補充法**により仕訳するので、この金額¥50,000
と貸倒引当金勘定残高¥20,000の差額¥30,000だけを計上します。し
たがって、借方は**貸倒引当金繰入**¥30,000となり、貸方は**貸倒引当金**
¥30,000とします。

(2) 売掛金¥30,000が回収不能となったので、**売掛金**という資産が¥30,000
減少します。よって、貸方は売掛金¥30,000とします。しかし、貸倒引
当金の残高は¥20,000しかないので、減らすことのできる貸倒引当金は
¥20,000となります。したがって、借方は**貸倒引当金**¥20,000とします。

ここに注意！ 貸倒引当金の残高を上回る貸倒れが発生した場合は、「**貸倒引当金**」を全額なく
すとともに、それを上回る分は、「**貸倒損失**」勘定で処理することになります。

そして差額の¥10,000は、貸倒れにより損をしたことになるので、貸倒損失となります。これを借方に貸倒損失¥10,000と仕訳します。

(3) 売掛金¥250,000が回収不能となったので、**売掛金**という資産が¥250,000減少します。よって、貸方は売掛金¥250,000とします。そして、ここでは貸倒引当金の設定はないので、**貸倒損失**が¥250,000発生することになります。したがって、借方は貸倒損失¥250,000とします。

(4) 売掛金¥70,000が回収不能となったので、**売掛金**という資産が¥70,000減少します。よって、貸方は売掛金¥70,000とします。また、ここでは貸倒引当金を¥70,000を上回る¥75,000に設定しているので、**貸倒引当金**だけで処理することができます。よって、借方は貸倒引当金¥70,000とします。

(5) 売掛金残高¥1,400,000×4％＝¥56,000が貸倒引当金の見積額となりますが、貸倒引当金の残高が¥30,000あるので、この差額の¥26,000だけ貸倒引当金を計上します。したがって、借方は**貸倒引当金繰入**¥26,000となり、貸方は**貸倒引当金**¥26,000とします。

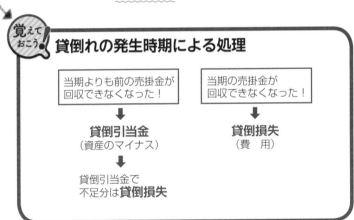

覚えておこう！

貸倒れの発生時期による処理

当期よりも前の売掛金が回収できなくなった！	当期の売掛金が回収できなくなった！
↓	↓
貸倒引当金 （資産のマイナス）	**貸倒損失** （費用）
↓	
貸倒引当金で 不足分は**貸倒損失**	

(6) 前期に貸倒れとして処理した売掛金を回収することができたので、**償却債権取立益**という収益が¥50,000発生します。よって、貸方に償却債権取立益¥50,000とします。また、代金は現金で回収したので、**現金**という資産の増加となります。よって、借方は現金¥50,000とします。

用語チェック！

「**貸倒引当金**」は、受取手形や売掛金のマイナスをあらわす勘定であり、「**貸倒引当金繰入**」は、貸倒損失を前倒しで計上した費用の勘定だったわね。

問題 8 約束手形

問　題 ➡P19
答案用紙 ➡P155

📘テキスト STEP30

 解答

	仕　　　　　訳			
	借方科目	金　額	貸方科目	金　額
(1)	カ（仕入）	50,000	ウ（支払手形） エ（買掛金）	25,000 25,000
(2)	ウ（受取手形）	80,000	エ（売掛金）	80,000
(3)	ウ（受取手形）	70,000	カ（売上）	70,000
(4)	イ（当座預金）	60,000	ウ（受取手形）	60,000

 解説

(1) 商品を仕入れたので、**仕入**という費用が¥50,000発生します。よって、借方は仕入¥50,000となります。そして、**代金のうち半額の¥25,000は約束手形を振り出して支払ったので、支払手形という負債が¥25,000増加します**。そのため、貸方は支払手形¥25,000とします。残りの¥25,000は掛けとしたので、**買掛金**という負債が増えるため、貸方に買掛金¥25,000とします。

約束手形をやり取りした際の仕訳

振出人	支払手形の増加として仕訳する。
受取人	受取手形の増加として仕訳する。

(2) 売掛金を回収したので、**売掛金**という資産が¥80,000減少します。よって、貸方は売掛金¥80,000とします。そして、その代金は同店が振り出した約束手形を受け取ったので、**受取手形**という資産の増加となります。したがって、借方は受取手形¥80,000とします。

(3) 商品を販売したので、**売上**という収益が¥70,000発生します。よって、貸方は売上¥70,000となります。そして、代金はシロサギ商店振出しの約束手形で受け取ったので、**受取手形**という資産が¥70,000増加します。ですから、借方は受取手形¥70,000とします。

用語チェック！

「**手形を振り出す**」とは、手形を作成して相手に渡すことだよね。約束手形では、手形を振り出した人が、手形の代金を支払うことになるんだったね。

(4) 手形代金を受け取ったので、**受取手形**という資産が¥60,000減少します。よって、貸方は受取手形¥60,000とします。そして、代金は当座預金口座に入金されたので、**当座預金**という資産が¥60,000増加します。したがって、借方は当座預金¥60,000とします。

 問題 9 ## 手形貸付金と手形借入金

問　題 ➡ P19
答案用紙 ➡ P156
テキストSTEP31

 解答

		仕		訳	
	借方科目	金額	貸方科目	金額	
(1)	ア（当座預金）	600,000	オ（手形借入金）	600,000	
(2)	ウ（手形貸付金）	800,000	ア（当座預金）	800,000	
(3)	ア（普通預金） カ（支払利息）	475,000 25,000	オ（手形借入金）	500,000	
(4)	エ（手形貸付金）	400,000	ア（普通預金） オ（受取利息）	395,000 5,000	

解説

(1) 約束手形を振り出して¥600,000を借り入れたので、**手形借入金**という負債が¥600,000増加します。したがって、貸方は手形借入金¥600,000とします。その全額が当座預金口座に振り込まれたので、**当座預金**という資産が同額増加します。よって、借方は当座預金¥600,000とします。

(2) お金を貸して約束手形を受け取ったので、**手形貸付金**という資産が¥800,000増加となります。したがって、借方は手形貸付金¥800,000とします。また、代金は当座預金から振り込んだので、**当座預金**という資産が同額減少します。よって、貸方は当座預金¥800,000とします。

(3) 約束手形を振り出して¥500,000を借り入れたので、**手形借入金**という負債が¥500,000増加します。その際、利息¥25,000を支払ったので、**支払利息**という費用が発生します。そして、¥500,000から利息¥25,000を差し引かれた残額の¥475,000が普通預金口座に振り込まれたので、**普通預金**という資産が¥475,000増加します。したがって、借方は普通預金¥475,000と支払利息¥25,000を計上します。

 用語チェック！
「受取利息」とはお金を貸した際などに受け取ることができる収益のことであり、「支払利息」とはお金を借りた際などに支払う費用のことだったわね。

(4) お金を貸して約束手形を受け取ったので、**手形貸付金**という資産が¥400,000増加します。その際、利息¥5,000を差し引いたので、**受取利息**という収益が発生します。そして、¥400,000から利息¥5,000を差し引いた¥395,000を普通預金から振り込んだので、**普通預金**という資産が¥395,000減少します。よって、貸方は普通預金¥395,000と受取利息¥5,000を計上します。

問題 10 電子記録債権・電子記録債務

問　題 ⇒P20
答案用紙 ⇒P157

テキストSTEP33

解答

		仕		訳	
	借方科目	金額	貸方科目	金額	
(1)	オ（買掛金）	150,000	カ（電子記録債務）	150,000	
(2)	カ（電子記録債務）	150,000	イ（当座預金）	150,000	
(3)	エ（電子記録債権）	250,000	ウ（売掛金）	250,000	
(4)	ア（普通預金）	250,000	エ（電子記録債権）	250,000	

解説

(1) 買掛金¥150,000を電子債権記録機関に発生記録したので、**買掛金**が減少します。したがって、借方に買掛金¥150,000とします。貸方は、**電子記録債務**という負債の増加として処理します。

(2) 電子記録債務を当座預金口座から支払ったので、**電子記録債務**という負債が¥150,000減少し、**当座預金**という資産が同額減少します。よって、借方は電子記録債務¥150,000とし、貸方は当座預金¥150,000とします。

(3) 売掛金¥250,000について電子記録債権の発生記録の通知があったので、**売掛金**が減少し、**電子記録債権**という資産が増加します。したがって、借方は電子記録債権¥250,000とし、貸方は売掛金¥250,000とします。

(4) 電子記録債権¥250,000が普通預金口座に振り込まれたので、**普通預金**が増加し、**電子記録債権**が減少します。

用語チェック！

「**付随費用**」とは、有形固定資産を購入した際に発生した費用のことで、必ず有形固定資産の取得原価に含めることになっているんだって。

問題 11 有形固定資産の取得

問　題 ⇒ P21
答案用紙 ⇒ P158
テキスト STEP34

解答

	仕		訳	
	借方科目	金額	貸方科目	金額
(1)	エ（建物）	3,405,000	ウ（当座預金） ア（現金）	3,200,000 205,000
(2)	エ（車両運搬具）	560,000	ア（現金）	560,000
(3)	ウ（建物）	7,250,000	イ（当座預金） ア（現金）	7,200,000 50,000
(4)	オ（備品）	328,000	イ（普通預金） ア（現金）	325,000 3,000
(5)	オ（備品）	131,800	ウ（当座預金） ア（現金）	130,000 1,800

解説

(1) 建物そのものの金額は¥3,200,000ですが、**手数料¥120,000と登記料¥85,000という付随費用が発生しているので**、これも**建物**に含めます。したがって、建物という資産が¥3,405,000増加するので、借方は建物¥3,405,000となります。そして、代金のうち¥3,200,000は小切手を振り出して支払ったので、**当座預金**という資産が¥3,200,000減少します。よって、貸方は当座預金¥3,200,000とします。また、**付随費用**の¥205,000（¥120,000＋¥85,000）は現金で支払ったので、**現金**という資産が減少するため、貸方に現金¥205,000とします。

(2) **車両運搬具**という資産が付随費用を含めて¥560,000増加するので、借方は車両運搬具¥560,000とします。そして、**代金はすべて現金で支払ったので**、**現金**という資産が減少するため、貸方に現金¥560,000とします。

(3) **建物**という資産が付随費用を含めて¥7,250,000増加するので、借方は建物¥7,250,000となります。そして、代金のうち¥7,200,000は小切手を振り出し、付随費用の¥50,000は現金で支払ったので、**当座預金、現金**という資産が減少します。したがって、貸方は当座預金¥7,200,000と現金¥50,000とします。

(4) **備品**という資産が付随費用を含めて¥328,000増加するので、借方は備

ここに注意！
バイクやトラックを購入した場合は「**車両運搬具**」勘定で処理します。商品の陳列棚やコピー機などの事務機器を購入した場合は「**備品**」勘定で処理します。

品¥328,000となります。そして、代金のうち¥325,000は普通預金口座から支払ったので、**普通預金**という資産が¥325,000減少します。したがって、貸方は普通預金¥325,000とします。また、付随費用の¥3,000は現金で支払ったので、**現金**という資産が減少するため、貸方に現金¥3,000とします。

(5) **備品**という資産が付随費用を含めて¥131,800増加するので、借方は備品¥131,800となります。そして、代金のうち¥130,000は小切手を振り出し、付随費用の¥1,800は現金で支払ったので、**当座預金、現金という資産が減少**します。したがって、貸方は当座預金¥130,000と現金¥1,800とします。

| 問題 12 | 有形固定資産の売却 |

問　題 ⇒P22
答案用紙 ⇒P159
テキストSTEP34、36

		仕		訳	
	借方科目	金額	貸方科目	金額
(1)	ウ（備品減価償却累計額）	162,000	イ（備品）	450,000
	ア（当座預金）	260,000		
	カ（固定資産売却損）	28,000		
(2)	エ（車両運搬具減価償却累計額）	900,000	ウ（車両運搬具）	2,000,000
	ア（現金）	1,350,000	オ（固定資産売却益）	250,000
(3)	ウ（建物減価償却累計額）	1,260,000	イ（建物）	3,500,000
	エ（減価償却費）	52,500		
	ア（現金）	2,000,000		
	カ（固定資産売却損）	187,500		
(4)	ア（現金）	2,500,000	エ（土地）	2,000,000
			オ（固定資産売却益）	500,000

(1) 備品を売却するので、**備品**という資産が¥450,000減少します。ですから、貸方は備品¥450,000とします。また、**備品を売却したということは、その評価勘定である減価償却累計額もなくす必要がある**ので、**備品減価償却累計額**という備品の評価勘定を¥162,000減少させます。よって、借方に備品減価償却累計額¥162,000とします。そして、代金は当座預金口座に振り込まれたので、**当座預金**という資産が¥260,000増加するため、借方に当座預金¥260,000とします。その結果、帳簿価額¥288,000

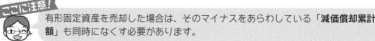

ここに注意！

有形固定資産を売却した場合は、そのマイナスをあらわしている「減価償却累計額」も同時になくす必要があります。

（¥450,000－¥162,000）の備品を¥260,000で売却したということは、差額の¥28,000だけ損をするので、**固定資産売却損**という費用が¥28,000発生します。したがって、借方に固定資産売却損¥28,000とします。

(2) **車両運搬具**という資産が¥2,000,000減少するので、貸方は車両運搬具¥2,000,000とします。また、**車両運搬具減価償却累計額**という車両運搬具の評価勘定が¥900,000減少し、現金と小切手の受取りは、いずれも**現金**という資産の増加となります。よって、借方は車両運搬具減価償却累計額¥900,000と現金¥1,350,000とします。その結果、帳簿価額¥1,100,000（¥2,000,000－¥900,000）の車両運搬具を¥1,350,000で売却したので、差額の¥250,000が儲けとなり、**固定資産売却益**という収益が¥250,000発生します。したがって、貸方に固定資産売却益¥250,000とします。

(3) **建物**という資産が¥3,500,000減少するので、貸方は建物¥3,500,000とします。また、**建物減価償却累計額**という建物の評価勘定を¥1,260,000減少させます。さらに、**期首から売却日までの4か月分の当期の減価償却費を計上**します。当期の減価償却費は、（¥3,500,000－¥350,000）÷20年×4か月÷12か月＝¥52,500となるので、**減価償却費**という費用が¥52,500発生します。ですから、借方は建物減価償却累計額¥1,260,000と減価償却費¥52,500とします。そして、¥2,000,000の小切手を受け取ったので、**現金**という資産が増えるため、借方に現金¥2,000,000とします。その結果、帳簿価額¥2,187,500（¥3,500,000－¥1,260,000－¥52,500）の建物を¥2,000,000で売却したので、差

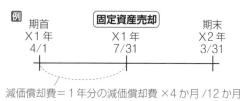

覚えておこう

会計期間の途中で固定資産を売却した際の減価償却の計算

期首から売却した月までの減価償却費を月割計算でもとめて、減価償却費として計上する。

例
| 期首 X1年 4/1 | 固定資産売却 X1年 7/31 | 期末 X2年 3/31 |

減価償却費＝1年分の減価償却費 ×4か月/12か月

用語チェック！

「評価勘定」とは、何かのマイナスをあらわしている勘定のことであり、簿記3級では貸倒引当金、減価償却累計額の2つが登場するのよ。

額の¥187,500だけ、**固定資産売却損**という費用が発生します。したがって、借方に固定資産売却損¥187,500とします。

(4) **土地**という資産が¥2,000,000減少するので、貸方は土地¥2,000,000とします。そして、¥2,500,000の小切手を受け取ったので、**現金**という資産が増えるため、借方は現金¥2,500,000とします。その結果、差額の¥500,000だけ、土地を売って儲かったので、**固定資産売却益**という収益が発生します。よって、貸方に固定資産売却益¥500,000とします。

問題 13 資本的支出と収益的支出

問　題 ➡ P22
答案用紙 ➡ P160
📖テキストSTEP35

解答

	仕		訳		
	借方科目	金額	貸方科目	金額	
(1)	カ（修繕費）	50,000	ア（現金）	50,000	
(2)	ウ（備品）	200,000	ア（現金）	200,000	
(3)	カ（修繕費）	15,000	ア（現金）	15,000	
(4)	オ（土地）	240,000	ア（現金）	240,000	

解説

(1) 窓ガラスの破損による修理代は、原状回復に過ぎないので収益的支出です。そのため、**修繕費**という費用を計上します。

(2) 支出によって備品の性能が向上したので資本的支出です。そのため、**備品**という資産の増加となります。

(3) 故障にともなう修理費用は、原状回復に過ぎないので収益的支出です。よって、**修繕費**を計上します。

(4) 整地費用とは、ガラスや切り株などを撤去して土地を綺麗に仕上げるための費用です。これは土地を使用するために要した付随費用となるので、**土地**という資産の増加として処理します。あるいは、整地によって土地の価値が上がったので、土地の増加として処理すると考えてもよいです。

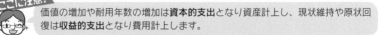

ここに注意！ 価値の増加や耐用年数の増加は**資本的支出**となり資産計上し、現状維持や原状回復は**収益的支出**となり費用計上します。

問題 14 貸付金と借入金

問　題 ➡P23
答案用紙 ➡P161
テキストSTEP48

		仕		訳	
	借方科目	金 額	貸方科目	金 額	
(1)	ウ（貸付金）	500,000	ア（現金）	500,000	
(2)	ア（現金）	512,500	ウ（貸付金） オ（受取利息）	500,000 12,500	
(3)	ア（現金）	800,000	エ（借入金）	800,000	
(4)	エ（借入金） カ（支払利息）	800,000 36,000	ア（現金）	836,000	

(1) 貸付を行ったので、**貸付金**という資産が￥500,000増加します。し
たがって、借方は貸付金￥500,000とします。また、貸付を現金で行っ
ているので、**現金**という資産が￥500,000減少します。よって、貸方は
現金￥500,000とします。

(2) 貸付金の返済を受けたので、**貸付金**という資産が￥500,000減少します。
ですから、貸方は貸付金￥500,000とします。また、返済時に利息
￥12,500（￥500,000×5％×6か月÷12か月）を受け取っているので、
受取利息という収益が発生します。よって、貸方に受取利息￥12,500と
します。そして、貸付金と利息の合計である￥512,500を小切手で受け
取ったので、借方は**現金**￥512,500とします。

(3) 借入を行ったので、**借入金**という負債が￥800,000増加します。したが
って、貸方は借入金￥800,000とします。そして、現金で借入を行って
いるので、**現金**という資産が￥800,000増加します。よって、借方は現
金￥800,000とします。

(4) 借入金の返済を行ったので、**借入金**という負債が￥800,000減少します。で
すから、借方は借入金￥800,000とします。また、返済時に利息￥36,000
（￥800,000×6％×9か月÷12か月）を支払ったので、**支払利息**という費
用が発生します。よって、借方に支払利息￥36,000とします。そして、借
入金と利息の合計である￥836,000を現金で支払ったので、**現金**という資
産が￥836,000減少します。したがって、貸方は現金￥836,000とします。

問題 15　未収入金と未払金

問　題 ⇒P24
答案用紙 ⇒P162
テキスト STEP49

	仕		訳	
	借方科目	金　額	貸方科目	金　額
(1)	ウ（備品）	1,500,000	オ（未払金）	1,500,000
(2)	イ（未収入金）	500,000	エ（土地） オ（固定資産売却益）	450,000 50,000
(3)	ウ（車両運搬具）	1,500,000	ア（現金） オ（未払金）	500,000 1,000,000
(4)	カ（未払金）	1,000,000	イ（当座預金）	1,000,000

(1) コピー機という備品を購入したので、**備品**という資産が¥1,500,000増加します。したがって、借方は備品¥1,500,000とします。そして、代金は翌月末に支払うことにしたので、**未払金**という負債が¥1,500,000増加します。そのため、貸方は未払金¥1,500,000とします。

(2) 土地を売却したので、**土地**という資産が¥450,000減少します。よって、貸方は土地¥450,000とします。そして、これを¥500,000で売却し、代金は月末に受け取ることにしたので、**未収入金**という資産が¥500,000増加します。その結果、差額の¥50,000だけ**固定資産売却益**という収益が発生します。したがって、借方に未収入金¥500,000、貸方に固定資産売却益¥50,000とします。

(3) ワニ商店は、運送用にトラックを購入したので、**車両運搬具**という資産が¥1,500,000増加します。ですから、借方は車両運搬具¥1,500,000とします。そして、代金のうち¥500,000は現金で支払ったので、**現金**という資産が¥500,000減少し、残りの¥1,000,000は月末に支払うことにしたので、**未払金**という負債が¥1,000,000増加します。したがって、貸方は現金¥500,000と未払金¥1,000,000となります。

(4) 未払金を支払ったので、**未払金**という負債が¥1,000,000減少します。ですから、借方は未払金¥1,000,000とします。そして、代金は小切手を振り出したので、**当座預金**という資産が¥1,000,000減少します。したがって、貸方は当座預金¥1,000,000とします。

ここに注意！
自動車販売会社が自動車を売ってお金をもらっていないという場合は、「**未収入金**」ではなく「**売掛金**」を使います。なぜなら、自動車販売会社にとって自動車は商品だからです。

| 問題 16 | 前払金と前受金 | | | | 問　題 ➡P24
答案用紙 ➡P163
テキストSTEP50 |

解答

	仕		訳		
	借方科目	金 額	貸方科目	金 額	
(1)	ウ（前払金）	30,000	ア（現金）	30,000	
(2)	カ（仕入）	130,000	ウ（前払金） イ（当座預金）	30,000 100,000	
(3)	ア（現金）	50,000	オ（前受金）	50,000	
(4)	オ（前受金） イ（売掛金）	50,000 200,000	カ（売上）	250,000	

解説

(1) 商品購入の代金を前払したので、**前払金**という資産が¥30,000増加します。したがって、借方は前払金¥30,000とします。そして、代金は現金で支払ったので、**現金**という資産が¥30,000減少します。よって、貸方は現金¥30,000とします。

(2) 商品を実際に仕入れたので、**仕入**という費用が¥130,000発生します。したがって、借方は仕入¥130,000とします。そして、代金のうち¥30,000は、すでに支払って前払金としていたので、**前払金**という資産が¥30,000減少します。残りの¥100,000は小切手を振り出したので、**当座預金**という資産が減少します。そのため、貸方は、前払金¥30,000と当座預金¥100,000となります。

(3) 商品販売に先立ってお金をもらったので、**前受金**という負債が¥50,000増加します。したがって、貸方は前受金¥50,000とします。そして、代金は小切手で受け取ったので、**現金**という資産が増加するため、借方に現金¥50,000とします。

(4) 商品を実際に販売したので、**売上**という収益が¥250,000発生します。したがって、貸方は売上¥250,000とします。そして、代金のうち¥50,000は、すでに受け取って前受金としていたので、**前受金**という負債が¥50,000減少します。残りの¥200,000は月末に受け取るので、**売掛金**という資産が¥200,000増加します。そのため、借方は、前受金¥50,000と売掛金¥200,000となります。

用語チェック！ 「**内金**」とは、商品を売買する前にやり取りするお金のことよね。「**手付金**」という言葉も同じ意味なんだって。

問題 **17** 立替金と預り金

 解答

		仕		訳	
	借 方 科 目	金 額	貸 方 科 目		金 額
(1)	イ（立替金）	40,000	ア（現金）		40,000
(2)	オ（給料）	200,000	イ（立替金） エ（所得税預り金） ア（現金）		40,000 20,000 140,000
(3)	エ（所得税預り金）	20,000	ア（現金）		20,000
(4)	ウ（社会保険料預り金） オ（法定福利費）	30,000 30,000	イ（普通預金）		60,000

 解説

(1) **従業員に対する給料の前貸しを行ったので、立替金という資産が ¥40,000増加**します。したがって、借方は立替金¥40,000とします。そして、現金を渡しているので**現金**という資産が¥40,000減少します。よって、貸方は現金¥40,000とします。

(2) 給料の支払いを行ったので、給料という費用が¥200,000発生します。ですから、借方は**給料**¥200,000とします。その際、**前貸ししてあった立替金¥40,000と、源泉徴収額¥20,000を差し引いたので、立替金という資産が¥40,000減少し、所得税預り金という負債が¥20,000増加**します。したがって、貸方に立替金¥40,000、所得税預り金¥20,000とします。そして、給料から立替金と所得税預り金を差し引いた分だけ現金を支払ったので、**現金**という資産が¥140,000減少するため、貸方に現金¥140,000とします。

(3) 従業員から預っていた源泉徴収分¥20,000を税務署に納付したので、**所得税預り金**という負債が¥20,000減少します。よって、借方は所得税預り金¥20,000とします。また、税務署には現金で納付したので、**現金**という資産が減少します。したがって、貸方は現金¥20,000とします。

(4) 従業員の健康保険料や厚生年金保険料の支払いのうち、従業員負担額は**社会保険料預り金**という負債の減少となり、会社負担額は**法定福利費**という費用の発生となります。したがって、借方に社会保険料預り金¥30,000

ここに注意！ 従業員に対する給料の前貸しは「**立替金**」で処理します。間違って前払金としてしまいやすいので注意が必要です。

と法定福利費￥30,000を計上します。その代金は普通預金口座から振り込んだので、**普通預金**という資産が￥60,000減少します。

立替金と預り金の違い

| 立替金 | ➡お金を立替えた場合は立替金勘定で処理 |
| 預り金 | ➡お金を預かった場合は預り金勘定で処理 |

問題 **18** 仮払金と仮受金

問　題 ➡P26
答案用紙 ➡P165
テキストSTEP52

		仕	訳		
	借方科目	金額	貸方科目	金額	
(1)	ウ（仮払金）	120,000	ア（現金）	120,000	
(2)	カ（旅費交通費） ア（現金）	110,000 10,000	ウ（仮払金）	120,000	
(3)	ア（当座預金）	240,000	エ（仮受金）	240,000	
(4)	エ（仮受金）	240,000	イ（売掛金）	240,000	

(1) 旅費としてとりあえず￥120,000渡しているので、**仮払金**という資産が￥120,000増加します。したがって、借方は仮払金￥120,000とします。そして、**現金**で渡したので、現金という資産が￥120,000減少するため、貸方に現金￥120,000とします。

(2) 上記の仮払金の内容が判明したので、**仮払金**という資産を￥120,000減らすために、貸方に仮払金￥120,000とします。また、残額￥10,000を現金で受け取ったので、**現金**という資産が増加するため、借方に現金￥10,000とします。そして、**旅費交通費**という費用が￥110,000発生したことが差額でもとめられるので、借方に旅費交通費￥110,000とします。

(3) 当座預金に入金があったので、**当座預金**という資産が￥240,000増加します。よって、借方は当座預金￥240,000とします。しかし、その入金

「**概算額**」とは、おおよその金額ということよね。問題18の(1)は、出張でこの程度のお金を使うだろうから、その額を渡しておこうということなんだって。

の内容は不明なので、**仮受金**という負債が¥240,000増加します。したがって、貸方は仮受金¥240,000とします。

(4) 上記の仮受金の内容が判明したので、**仮受金**という負債を¥240,000減らすために、借方に仮受金¥240,000とします。そして、不明であった内容が売掛金の回収だったので、**売掛金**という資産が¥240,000減少します。したがって、貸方は売掛金¥240,000とします。

問題 19 受取商品券と差入保証金

問　題 ➡P26
答案用紙 ➡P166
テキスト STEP53

解答

	借方科目	金額	貸方科目	金額
(1)	オ（受取商品券）	50,000	カ（売上） ア（現金）	45,000 5,000
(2)	オ（受取商品券）	30,000	カ（売上）	30,000
(3)	イ（普通預金）	30,000	オ（受取商品券）	30,000
(4)	ウ（差入保証金） エ（支払手数料） オ（支払家賃）	600,000 100,000 200,000	イ（当座預金）	900,000

解説

(1) 商品を販売したので、**売上**という収益が¥45,000発生します。よって、貸方は売上¥45,000とします。そして、代金は¥50,000の商品券を受け取ったので、**受取商品券**という資産が¥50,000増加します。したがって、借方は受取商品券¥50,000とします。また、お釣りを現金で支払ったので、**現金**が¥5,000減少するため、貸方に現金¥5,000とします。

(2) 商品を販売したので、貸方に**売上**¥30,000とします。代金は同額の商品券を受け取ったので、**受取商品券**という資産が増加するため、借方は受取商品券¥30,000とします。

(3) 商品券¥30,000を引き渡して換金請求を行ったので、**受取商品券**という資産が減少します。したがって、貸方は受取商品券¥30,000とします。そして、同額が普通預金口座へ振り込まれたので、**普通預金**という資産が増加します。よって、借方は普通預金¥30,000とします。

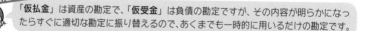

ここに注意！

「仮払金」は資産の勘定で、「仮受金」は負債の勘定ですが、その内容が明らかになったらすぐに適切な勘定に振り替えるので、あくまでも一時的に用いるだけの勘定です。

(4) 敷金はいずれもどってくるので、**差入保証金**という資産の増加として処理します。また、不動産会社への手数料は**支払手数料**という費用となり、家賃の支払いは**支払家賃**という費用となります。そのため、借方は差入保証金¥600,000、支払手数料¥100,000、支払家賃¥200,000を計上します。この合計¥900,000は、当座預金口座から振り込んだので、**当座預金**という資産の減少となるため、貸方に当座預金¥900,000とします。

問題 20　資本金と利益剰余金

問　題 ➡P27
答案用紙 ➡P167
テキストSTEP38、39

解答

	仕		訳	
	借方科目	金額	貸方科目	金額
(1)	ア（普通預金）	1,000,000	エ（資本金）	1,000,000
(2)	イ（当座預金）	500,000	エ（資本金）	500,000
(3)	カ（損益）	320,000	ウ（繰越利益剰余金）	320,000
(4)	カ（繰越利益剰余金）	110,000	ウ（未払配当金） オ（利益準備金）	100,000 10,000

解説

(1) 株式を発行したので、**資本金**という資本が¥1,000,000増加します。したがって、貸方に資本金¥1,000,000とします。この代金は普通預金に預け入れたので、**普通預金**が同額増加します。そのため、借方は普通預金¥1,000,000とします。

(2) 株式を発行したので、**資本金**が¥500,000（100株×¥5,000）増加します。この代金は当座預金口座に振り込まれたので、**当座預金**が同額増加します。

ここに注意！
株式発行時の「**資本金計上額**」は、発行価額の全額を資本金とするのが原則になります。

(3) 当期純利益が生じたということは、**損益**勘定において貸方の方が大きくなっているので、損益勘定を締め切るために借方に損益￥320,000とします。そして、その金額を**繰越利益剰余金**勘定へ振り替えるので、貸方は繰越利益剰余金￥320,000とします。

損益勘定の締切仕訳

当期純利益か当期純損失かで締切仕訳が異なります。

当期純利益の場合

損　　益	×××	繰越利益剰余金	×××

当期純損失の場合

繰越利益剰余金	×××	損　　益	×××

(4) 配当金が￥100,000と決定した時点では、まだ株主に代金を支払っていないので、**未払配当金**という負債の増加になります。したがって、貸方に未払配当金￥100,000とします。また、**利益準備金**への積み立ては、利益準備金という資本の増加になるので、貸方に利益準備金￥10,000とします。そして、この合計である￥110,000だけ**繰越利益剰余金**という資本が減少します。そのため、借方に繰越利益剰余金￥110,000とします。

問　題 ➡P28
答案用紙 ➡P168
テキストSTEP40

問題21　固定資産税など（租税公課）

解答

	仕		訳	
	借方科目	金額	貸方科目	金額
(1)	オ（租税公課）	50,000	イ（当座預金）	50,000
(2)	オ（租税公課）	30,000	ア（現金）	30,000
(3)	ア（貯蔵品）	10,000	オ（租税公課）	10,000
(4)	オ（租税公課）	10,000	ア（貯蔵品）	10,000

ここに注意！　切手は「通信費」ですが、収入印紙は「租税公課」となります。いずれも費用である点は同じです。

解説
(1) 固定資産税を納付したので、**租税公課**という費用が発生します。したがって、借方は租税公課￥50,000とします。そして、代金は小切手を振り出したので、**当座預金**という資産が同額減少します。よって、貸方は当座預金￥50,000とします。

(2) ￥10,000の収入印紙を3枚購入してきたので、**租税公課**という費用が￥30,000発生します。そして、代金は現金で支払ったので、**現金**という資産が減少します。したがって、借方は租税公課￥30,000となり、貸方は現金￥30,000となります。

(3) 未使用の収入印紙が￥10,000あったので、**租税公課**という費用を￥10,000だけ減少させます。したがって、貸方に租税公課￥10,000とします。この未使用の収入印紙は、**貯蔵品**という資産の増加となるので、借方は貯蔵品￥10,000とします。

(4) 翌期首には、前期末に行った仕訳を逆にして、**貯蔵品**を減少させて**租税公課**を増やします。よって、借方は租税公課￥10,000とし、貸方は貯蔵品￥10,000とします。

問題 22 法人税等

問 題 ➡P28
答案用紙 ➡P169

📖テキストSTEP41

 解答

	仕 訳			
	借 方 科 目	金 額	貸 方 科 目	金 額
(1)	**イ**（仮払法人税等）	200,000	**ア**（当座預金）	200,000
(2)	**カ**（法人税等）	500,000	**イ**（仮払法人税等） **ウ**（未払法人税等）	200,000 300,000
(3)	**ウ**（未払法人税等）	300,000	**ア**（当座預金）	300,000
(4)	**カ**（法人税等）	780,000	**イ**（仮払法人税等） **ウ**（未払法人税等）	350,000 430,000

 解説
(1) 法人税、住民税および事業税の合計￥200,000を中間納付したので、**仮払法人税等**という資産が￥200,000増加します。したがって、借方は仮払法人税等￥200,000とします。その代金は小切手を振り出したので、**当座預金**という資産が減少します。よって、貸方は当座預金￥200,000

 用語チェック！
「**未払法人税等**」は決算時点でまだ納めていない分の法人税等のことね。翌期になったら納付するので負債の勘定なんだって。

とします。

(2) 決算の結果、法人税等の金額が¥500,000と確定したので、**法人税等**が¥500,000発生します。したがって、借方は法人税等¥500,000とします。そのうち¥200,000については仮払いしているので、**仮払法人税等**を¥200,000減少させます。そして、法人税等から仮払法人税等を差し引いた¥300,000（¥500,000－¥200,000）は、**未払法人税等**という負債が増加することになります。そのため、貸方は仮払法人税等¥200,000と未払法人税等¥300,000を計上します。

(3) 確定申告を行い、未払いだった法人税等¥300,000を納付したので、**未払法人税等**が減少します。したがって、借方は未払法人税等¥300,000とします。その代金は小切手を振り出したので、貸方は**当座預金**¥300,000とします。

(4) 法人税等の金額が¥780,000と確定したので、**法人税等**が¥780,000発生します。そのうち¥350,000については仮払いしているので、**仮払法人税等**が¥350,000減少し、法人税等から仮払法人税等を差し引いた¥430,000（¥780,000－¥350,000）だけ、**未払法人税等**が増加します。したがって、借方は法人税等¥780,000とし、貸方は仮払法人税等¥350,000と未払法人税等¥430,000を計上します。

問題 23 消費税　　問　題 ➡P29　答案用紙 ➡P170　　テキスト STEP42

解答

		仕		訳	
	借 方 科 目	金 額	貸 方 科 目	金 額	
(1)	**オ**（仕入） **イ**（仮払消費税）	100,000 10,000	**ア**（現金）	110,000	
(2)	**ア**（現金）	137,500	**オ**（売上） **ウ**（仮受消費税）	125,000 12,500	
(3)	**ウ**（仮受消費税）	500,000	**イ**（仮払消費税） **エ**（未払消費税）	400,000 100,000	
(4)	**オ**（未払消費税）	100,000	**ア**（当座預金）	100,000	

ここに注意！ 税抜方式では仕入先に支払った消費税を「**仮払消費税**」勘定で処理し、得意先から受け取った消費税を「**仮受消費税**」勘定で処理します。

(1) 商品を仕入れたので、**仕入**という費用が￥100,000発生します。また、消費税￥10,000を支払ったので、**仮払消費税**という資産が増加します。したがって、借方は仕入￥100,000と仮払消費税￥10,000を計上します。そして、仕入と仮払消費税の合計である￥110,000だけ**現金**が減少するので、貸方は現金￥110,000とします。

(2) 商品を販売したので、**売上**という収益が￥125,000発生します。また、消費税￥12,500を受け取ったので、**仮受消費税**という負債が増加します。したがって、貸方は売上￥125,000と仮受消費税￥12,500を計上します。そして、売上と仮受消費税の合計である￥137,500だけ**現金**が増加するので、借方は現金￥137,500とします。

(3) 決算につき、**仮払消費税**￥400,000と**仮受消費税**￥500,000をそれぞれ減少させます。そして、仮受消費税から仮払消費税を差し引いた￥100,000だけ**未払消費税**という負債が増加します。したがって、借方は仮受消費税￥500,000とし、貸方は仮払消費税￥400,000と未払消費税￥100,000とします。

(4) 未払いだった消費税￥100,000を小切手を振り出して納付したので、**未払消費税**と**当座預金**が減少します。したがって、借方は未払消費税￥100,000とし、貸方は当座預金￥100,000とします。

問題 24　費用の支払い

問　題 ➡ P30
答案用紙 ➡ P171
テキストSTEP40

	仕		訳	
	借 方 科 目	金 額	貸 方 科 目	金 額
(1)	**カ**（支払地代）	**35,000**	**ア**（普通預金）	**35,000**
(2)	**オ**（旅費交通費）	**10,000**	**ア**（現金）	**10,000**
(3)	**カ**（租税公課） **オ**（通信費）	**2,000** **500**	**ア**（現金）	**2,500**
(4)	**ウ**（広告宣伝費） **エ**（支払手数料）	**85,000** **400**	**ア**（普通預金）	**85,400**

解説

(1) 店舗の駐車場として使用している土地の賃借料は、**支払地代**という費用を計上します。

(2) 営業活動で利用する電車およびバスの料金は、**旅費交通費**という費用を計上します。

(3) 収入印紙￥2,000は**租税公課**という費用を計上し、郵便切手￥500は**通信費**という費用を計上します。

(4) **広告宣伝費**という費用が￥85,000発生し、振込手数料￥400は**支払手数料**という費用を計上します。

第2問対策

解答・解説

問　　題 ➡P37
答案用紙 ➡P174
📖 テキストSTEP8

本書内の問題と答案用紙の
対応ページを示します

本書に対応したテキスト『超ス
ピード合格！　日商簿記3級テ
キスト＆問題集　第6版』の対
応STEPを示しています。わから
なくなったら、こちらの対応
STEPを読み直しましょう

第2問 対策 解答・解説

出題パターン対応！ 第2問 対策 問題

問題 25	理論	問 題 ➡ P34 答案用紙 ➡ P172 テキストSTEP 2〜4、11、39、54

解答

ア	貸 借 対 照 表
イ	損 益 計 算 書
ウ	損　　益
エ	繰越利益剰余金
オ	振　　替

解説

この出題パターンの攻略法 理論問題は、テキストを何回も読み、少しでも多くの言葉や仕組みを理解し、覚えていくことが重要。

1. 3級で勉強する財務諸表には、貸借対照表と損益計算書があります。このうち**貸借対照表**は、一定時点における会社の財政状態をあらわします。つまり、会社には今どれくらいのお金があって、どれくらいの借金があるのかをあらわした表のことです。

2. **損益計算書**は、一定期間における会社の経営成績をあらわします。つまり、1年間でどれくらい儲かったのか、損をしたのかということをあらわした表のことです。

3. 最終的に収益および費用勘定の残高は、決算振替仕訳によって**損益**勘定へ振り替えます。損益勘定とは、収益および費用勘定の残高を集計し、当期純利益または当期純損失を計算するための勘定です。

4. 株式会社会計では、損益勘定にて計算された当期純利益または当期純損失を、**繰越利益剰余金**勘定へ振り替えます。

5. 3伝票制では、入金伝票、出金伝票、振替伝票の3種類を用いて処理します。入金伝票には入金取引を記入し、出金伝票には出金取引を記入します。また、**振替**伝票には入出金以外の取引を記入します。

問題 26 理論

問　題 ➡P34
答案用紙 ➡P172

テキストSTEP
3、8、29、35、39

 解答

ア	イ	ウ	エ	オ	カ
③	⑥	⑳	⑨	⑰	⑭

 解説

1. 主要簿とは、簿記の流れの中で欠くことのできない最も重要な帳簿、主要な帳簿のことであり、仕訳帳と**総勘定元帳**の2つがあります。仕訳帳とは仕訳を記入する帳簿のことであり、**総勘定元帳**とは勘定が集められている帳簿のことです。

2. 簿記の流れは、取引が発生したら仕訳を行い、それを総勘定元帳に記入します。この勘定への記入を**転記**といいます。勘定への**転記**は、仕訳にしたがって、正確な勘定科目へ正確に金額を記入し、金額の前に日付や相手勘定科目を記入します。なお、相手勘定科目が複数（2つ以上）あるときは、個別的に示さず、総括的に諸口として記入します。

3. **償却債権取立益**勘定とは、過年度に貸倒れとして処理した売掛金の一部または全部が、当期になって回収された際に用いる収益の勘定です。

4. 建物や備品を購入した後に、その有形固定資産について金銭を支出する処理方法に、**資本的支出**と収益的支出があります。**資本的支出**は、有形固定資産の価値の増加や耐用年数の延長をもたらす支出のことです。**資本的支出**が行われた場合は、当該有形固定資産の帳簿価額の増加として処理します。収益的支出は、現状維持や原状回復のために有形固定資産に対して支出を行うことです。収益的支出が行われた場合は、修繕費として処理します。

5. 会社法は、決算期ごとの利益の処分に際して、配当金の支払いを決定したときは、その支出金額の10分の1に相当する金額を、資本準備金との合計額が資本金の4分の1に達するまで**利益準備金**として純資産の部に積み立てなければならないと規定しています。

6. 損益計算書の収益と費用との差額で当期純利益や当期純損失を算定する方法を「**損益法**」といいます。これに対して、貸借対照表の純資産の差額で当期純利益や当期純損失を計算する方法を「**財産法**」といいます。

損益法　：　収　益　－　費　用　＝　当期純利益

財産法　：　期末資本　－　期首資本　＝　当期純利益

用語チェック！

仕訳帳と総勘定元帳は「**主要簿**」っていうんだったわね。

<table>
<tr><th>問題</th><th colspan="6">理論</th></tr>
</table>

| 問　　題 →P35 |
| 答案用紙 →P172 |
| テキストSTEP
8、14、29、51、59 |

ア	イ	ウ	エ	オ
⑳	⑱	⑯	⑰	⑥

カ	キ	ク	ケ	コ
①	⑨	③	⑭	⑪

1. 主要簿とは、簿記の流れの中で欠くことのできない最も重要な帳簿、主要な帳簿のことであり、**仕訳帳**と**総勘定元帳**の2つがあります。**仕訳帳**とは仕訳を記入する帳簿のことであり、**総勘定元帳**とは勘定が集められている帳簿のことです。

2. 決算とは、日常の取引記録を一定期間ごとに整理し、帳簿を締め切るとともに、最終的に**財務諸表**（貸借対照表や損益計算書等）を作成する手続きのことです。この決算手続きは、以下のような順序で行われます。

    (1)　　**試算表**の作成　　｜
    (2)　　決算整理手続　　　｝　決算予備手続
    (3)　　決算整理仕訳　　｜
    (4)　　決算振替手続　　　｜
    (5)　　総勘定元帳の締切　｝　決算本手続
    (6)　　**財務諸表**の作成　｜

3. **小切手**は、当座預金の引き出しを行う際に用いられるものです。**小切手**を振り出した側は当座預金の減少となり、**小切手**を受け取った側は、この**小切手**を銀行に持ち込むことによって現金化することができるので、**現金**の増加として処理します。

4. 決算で**貸倒引当金**を設定し、その後、翌期になって実際に貸倒れが発生したときは、**貸倒引当金**を取り崩すとともに売掛金などを減額します。

5. 源泉徴収とは、従業員が負担する所得税等を給料から差し引くことです。企業は、従業員の給料に対して課税される所得税などを給料から差し引いて預かり、後日、従業員の代わりに国などに納めることになります。その

ここに注意！

理論問題は、どこから出題があるかわからないので対策を立てづらいところです。一番の方法は、テキストを何度もまんべんなく読むことだと思います。

ため、預り金はあとで誰かにお金を払う必要があるので**負債**の勘定です。

問題 28　当座預金出納帳

問　題 ➡ P36
答案用紙 ➡ P173
テキスト STEP14、15、18

 解答

	仕		訳	
	借 方 科 目	金 額	貸 方 科 目	金 額
4月3日	仕入	50,000	当座預金	50,000
15日	受取手形 当座預金	40,000 40,000	売掛金	80,000
25日	給料	150,000	所得税預り金 立替金 当座預金	15,000 30,000 105,000
29日	当座預金	55,000	貸付金 受取利息	50,000 5,000

当 座 預 金 出 納 帳

○年		摘　要	預入	引出	借/貸	残高
4	1	前月繰越	100,000		借	100,000
	3	タイ商店より仕入		50,000	〃	50,000
	15	サバ商店から売掛金回収	40,000		〃	90,000
	25	本月分給料支払い		105,000	貸	15,000
	29	カニ商店から貸付金返済	55,000		借	40,000
	30	次月繰越		40,000		
			195,000	195,000		
5	1	前月繰越	40,000		借	40,000

ここに注意！ 15日に「当社が以前振り出していた小切手で受け取った」とあるので自己振出しの小切手の受取りとなります。よって現金ではなく「**当座預金**」の増加として処理します。

解説　**この出題パターンの攻略法**　当座預金出納帳の「借/貸」欄には、当座預金の残高が借方残高（プラス）であれば「借」、貸方残高（マイナス）であれば「貸」と記入する。

　当座預金出納帳の「借または貸」欄の記入は、当座預金に残高がある場合は「借」と記入し、**当座借越**となってしまう場合は「貸」と記入します。なお、「摘要」欄は解答通りでなくてもかまいません。おおよその内容が合っていれば大丈夫です。

問題 **29**　当座預金出納帳

問　題 ➡P36
答案用紙 ➡P174
テキストSTEP14、15、18

解答

当 座 預 金 出 納 帳

○年		摘　要	預　入	引　出	借/貸	残　高
6	1	前　月　繰　越	950,000		借	950,000
	5			410,000	〃	540,000
	8	（省　略）		550,000	貸	10,000
	13		180,000		借	170,000
	24		360,000		〃	530,000
	30	次　月　繰　越		530,000		
			1,490,000	1,490,000		

解説　**この出題パターンの攻略法**　当座預金出納帳の問題では、当座借越があるので、残高が「借」の場合だけではなく、「貸」となってしまうことにも注意する。

　当座預金出納帳には、当座預金の増減を記録します。当座預金は資産なので、前月繰越や残高は、資産と同じ借方となります。ただし、預金残高を超えての引出しで**当座借越**となった場合は、貸方の残高となります。
　なお、19日と28日の取引は当座預金勘定を用いないため、当座預金出納帳には記入しません。19日と28日の仕訳を示すと次のようになります。

19日	現　　金	360,000	売　　上	360,000

　他人振出小切手の受取りは、現金の増加として処理します。

ここに注意!
当座預金出納帳は当座借越の存在があるので「**借/貸**」の欄は、「借」と記入されることもあれば、「貸」と記入されることもあります。

| 28日 | 現 金 | 310,000 | 売 上 | 620,000 |
| | 売 掛 金 | 310,000 | | |

他人振出小切手の受取りは**現金の増加**として処理し、残額の掛けは**売掛金の増加**となります。

 問題 **30** 普通預金（複数口座の管理）

問　題 ➡P37
答案用紙 ➡P174
📖テキストSTEP8

 解答

普通預金ツル銀行

4/ 1	前 月 繰 越	250,000	4/20	［給　　　料］	260,000
15	売 掛 金	(**140,000**)	30	買 掛 金	150,000
25	［普通預金カメ銀行］	(**200,000**)	〃	［次 月 繰 越］	(**180,000**)
		(**590,000**)			(**590,000**)

普通預金カメ銀行

4/ 1	［前 月 繰 越］	(**330,000**)	4/10	［水 道 光 熱 費］	(20,000)
5	売 上	(**120,000**)	25	普通預金ツル銀行	200,000
15	売 掛 金	220,000	30	［買 掛 金］	(**180,000**)
			〃	次 月 繰 越	(**270,000**)
		(**670,000**)			(**670,000**)

 解説

この出題パターンの攻略法 普通預金ツル銀行勘定と普通預金カメ銀行勘定は、普通預金勘定の内訳を詳細にあらわしたものである。

普通預金勘定の記入を普通預金ツル銀行勘定と普通預金カメ銀行勘定に分けていきます。そのため、普通預金ツル銀行＋普通預金カメ銀行＝普通預金という関係になっています。

〈各勘定の借方〉

1日　前月繰越　：普通預金¥580,000－ツル銀行¥250,000
　　　　　　　　＝カメ銀行**¥330,000**

5日　売　　上　：普通預金**¥120,000**をそのままカメ銀行へ記入

15日　売 掛 金　：普通預金¥360,000－カメ銀行¥220,000
　　　　　　　　＝ツル銀行**¥140,000**

25日　普通預金　：普通預金¥**200,000**をツル銀行へ記入、
　　　　　　　　　　相手勘定科目は「普通預金カメ銀行」

〈各勘定の貸方〉

　10日　水道光熱費：普通預金¥**20,000**をそのままカメ銀行へ記入
　20日　給　　料　：普通預金¥**260,000**をそのままツル銀行へ記入
　30日　買 掛 金　：普通預金¥330,000－ツル銀行¥150,000
　　　　　　　　　　＝カメ銀行¥**180,000**
　31日　次月繰越　：各勘定とも、借方合計から貸方合計を差し引いて計算

なお、4月25日の仕訳を示すと、次のようになります。

| 25日　普通預金ツル銀行　200,000 | 普通預金カメ銀行　200,000 |

　上記仕訳を普通預金ツル銀行勘定の借方と普通預金カメ銀行勘定の貸方に転記することになるので、[　]の中の相手勘定科目は、解答のようになります。

問題 31　現金過不足

 問　　題 ➡37
答案用紙 ➡P175
■テキストSTEP16

解答

	借 方 科 目	金 額	貸 方 科 目	金 額
	仕		訳	
(1)	当座預金	40,000	現金	40,000
(2)	現金過不足	15,000	現金	15,000
(3)	広告宣伝費 雑損	8,000 7,000	現金過不足	15,000

解説

この出題パターンの攻略法　簿記上現金として処理するものを集計して実際残高を計算する。それを帳簿残高と比較して現金過不足を計算する。

（1）自社振出小切手の受け取りは、以前減らしてしまった当座預金を元に戻すために当座預金の増加として処理します。それを現金の増加として処理してしまったため、**当座預金**を増やすとともに、**現金**を減少させます。なお、

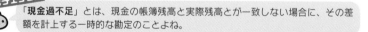

用語チェック！
「**現金過不足**」とは、現金の帳簿残高と実際残高とが一致しない場合に、その差額を計上する一時的な勘定のことよね。

　　自社振出小切手の金額¥40,000は、【金庫の中に保管されていたもの】に記載されています。

(2) 簿記では、通貨の他に、銀行や郵便局に持ち込めばすぐに現金に換金してもらえるものは、**現金**として処理します。【金庫の中に保管されていたもの】のうち現金の範囲となるものは、紙幣、硬貨、送金小切手、郵便為替証書、他社振出しの小切手です。

現金の範囲となるもの

紙　　　　　　幣	¥	345,000
硬　　　　　　貨	¥	55,000
送　金　小　切　手	¥	20,000
郵　便　為　替　証　書	¥	91,000
他社振出しの小切手	¥	220,000
合　　　計	¥	731,000

　　これらの合計金額¥731,000が現金の実際有高となります。この実際有高と帳簿有高¥746,000との差額¥15,000を、**現金過不足**勘定に振り替えます。実際有高が帳簿残高よりも少ないので、現金を減らすために、貸方に現金¥15,000とし、借方は現金過不足¥15,000を計上します。

(3) **現金過不足**の原因が**広告宣伝費**の記帳漏れと判明したので、借方に広告宣伝費¥8,000とします。そして、現金過不足の残高は、最終的にはすべてなくす必要があるため、(2)で借方に計上した現金過不足¥15,000を貸方にもっていきます。最後に、借方と貸方の差額¥7,000を、借方に**雑損**として計上します。

問題 32　小口現金出納帳

解答

小 口 現 金 出 納 帳

受入	○年		摘　　　要	支払	内　　　　　訳			
					消耗品費	交通費	通信費	雑　費
18,000	12	10	前 週 繰 越					
52,000		〃	本 日 補 給					
		〃	携 帯 電 話 通 話 料	3,000			3,000	
		11	事 務 用 筆 記 用 具	2,500	2,500			
		12	新 聞 購 読 料	1,500				1,500
		13	タ ク シ ー 運 賃	8,300		8,300		
		14	切 手 ・ は が き	600			600	
		〃	紅 茶 ・ お 茶 菓 子	1,500				1,500
		15	コ ピ ー 用 紙	2,000	2,000			
			合　　　　計	19,400	4,500	8,300	3,600	3,000
		〃	次 週 繰 越	50,600				
70,000				70,000				
50,600	12	17	前 週 繰 越					
19,400		〃	本 日 補 給					

解説

この出題パターンの攻略法

支出内容が、どの勘定科目に該当するかを判別することが重要。

まず、**小口現金の勘定科目**を整理しておきましょう。

覚えて
おこう!

小口現金の使用内容の勘定科目一覧

消耗品費　文房具代、コピー用紙代など　　**通信費**　電話代、切手・はがき代、
　　　　　　　　　　　　　　　　　　　　　　　　　　　　　インターネット利用料など

交通費　タクシー代、バス代など

雑費　新聞購読料、お茶代など

用語チェック!

「雑費」とは、その他の費用というような意味合いだよ。支出した内容に該当すると思われる勘定科目がなければ雑費として計上しておくんだよ。

問題文に記載されている内容と支出額を各日付ごとに「摘要」欄と「支払」欄に記入し、それぞれの内訳に同額を書いていきます。その後、「支払」欄とそれぞれの内訳の合計を計算します。そして、**内訳の合計を合わせたものが「支払」欄の合計と一致しているか確認**します。次週繰越高は、「受入」欄の合計¥70,000（¥18,000＋¥52,000）から支払合計¥19,400を差し引いて、**¥50,600**ともとめます。この金額を「支払」欄に記入すると、「受入」欄、「支払」欄ともに合計金額¥70,000で一致するので締め切ります。最後に、次週繰越高を締切の下の「受入」欄に前週繰越¥50,600ともってきて、その下に支払額と同額の**¥19,400**を「受入」欄に記入します。

問題 33 商品売買

問　題 ➡ P38
答案用紙 ➡ P176
 テキストSTEP20

解答

仕　入

総 仕 入 高	(4,328,000)	仕入戻し高	(128,000)
12／31 （繰越商品）	(340,000)	12／31 （繰越商品）	(360,000)
		〃 （損　　益）	(4,180,000)
	(4,668,000)		(4,668,000)

売　上

売上戻り高	(212,000)	総 売 上 高	(7,112,000)
12／31 （損　　益）	(6,900,000)		
	(7,112,000)		(7,112,000)

繰 越 商 品

1／1 前 期 繰 越	(340,000)	12／31 （仕　　入）	(340,000)
12／31 （仕　　入）	(360,000)	〃 （次 期 繰 越）	(360,000)
	(700,000)		(700,000)
1／1 前 期 繰 越	(360,000)		

損　益

12／31 （仕　　入）	(4,180,000)	12／31 （売　　上）	(6,900,000)

解説 **この出題パターンの攻略法** 仕入勘定の借方に当期仕入と期首商品、貸方に期末商品を記入することによって、その差額で売上原価を計算する。

用語チェック！
「定額資金前渡法」とは、ある一定の金額を各部課の担当者に前もって渡しておき、そのお金で小口の支払いを行ってもらう方法よね。一定期間終了後には、使用した額と同額が補給されるのよ。

問題で与えられた［資料］の金額を、各勘定へ記入し、売上原価を算定します。仕入勘定の残高は、仕入勘定の借方合計￥4,668,000から貸方の￥128,000と￥360,000を控除して、**￥4,180,000**となります。これを損益勘定へ振り替えます。

　売上勘定の残高は、売上勘定の貸方￥7,112,000から借方の￥212,000を控除して、**￥6,900,000**となります。これを損益勘定へ振り替えます。

　また、繰越商品勘定の残高は、繰越商品勘定の借方合計￥700,000から貸方の￥340,000を控除して、**￥360,000**となります。これを貸方に記入し、金額の前に「**次期繰越**」と記入します。借方と貸方の合計金額を出し、締切を行った後、次期繰越とは逆の側に、前期繰越として、次期に繰り越した**￥360,000**を記入します。

 問題 34　売上原価の算定

問　題 ⇒P39
答案用紙 ⇒P177
テキストSTEP23

解答

(1)

	仕　　　　訳			
	借 方 科 目	金 額	貸 方 科 目	金 額
①	売上原価	348,000	繰越商品	348,000
②	売上原価	5,637,000	仕入	5,637,000
③	繰越商品	385,000	売上原価	385,000
④	損益	5,600,000	売上原価	5,600,000

(2)

￥	727,000

解説

この出題パターンの攻略法　　売上原価とは、売った商品の原価部分のことである。売上原価の計算は、次のようにもとめることができる。

売上原価＝期首商品棚卸高＋当期商品仕入高－期末商品棚卸高

ここに注意!　収益や費用の勘定を締め切る際の相手勘定科目は、必ず「**損益**」となります。損益勘定を作成する目的は、「**当期純利益**」を計算するためです。

　本問の売上原価は、¥348,000 + ¥5,637,000 − ¥385,000 = ¥5,600,000
となります。

売上原価の計算方法

| | 繰越商品 | 仕入 | |
| 5,600,000 | 348,000 | 5,637,000 | 385,000 |

売上原価＝期首商品棚卸高＋当期商品仕入高−期末商品棚卸高

　この売上原価の金額を、決算で算定することになりますが、これを仕入勘定で算定する方法と、売上原価勘定で算定する方法の2通りあります。

　本問は、後者の売上原価勘定を用いて売上原価を算定します。

①期首商品棚卸高¥348,000は、決算整理仕訳をする前の**繰越商品**勘定の借方に記入されています。したがって、これを**売上原価**勘定の借方にもっていくために、借方に売上原価¥348,000とし、貸方に繰越商品¥348,000とします。

②当期商品仕入高¥5,637,000は、決算整理仕訳をする前の**仕入**勘定の借方に記入されています。したがって、これを**売上原価**勘定の借方にもっていくために、借方に売上原価¥5,637,000とし、貸方に仕入¥5,637,000とします。この結果、売上原価勘定の借方で、「期首商品¥348,000＋当期仕入¥5,637,000 = ¥5,985,000」を算定することができます。

③上記の売上原価勘定から、期末商品棚卸高¥385,000を控除することで、**売上原価**勘定の残高が売上原価¥5,600,000となります。そこで、貸方に売上原価¥385,000と仕訳します。そして、期末商品棚卸高は、**繰越商品**という資産の増加となるので、借方は繰越商品¥385,000とします。

売　上　原　価

繰越商品（期首）	348,000	繰越商品（期末）	385,000
仕入(当期仕入高)	5,637,000		
		残高　¥5,600,000	

④最後に、**売上原価**の残高¥5,600,000を**損益**勘定へ振り替えて、売上原価

勘定を締め切ります。売上原価勘定の借方合計と貸方合計を一致させるために、この残高¥5,600,000を足りない貸方に記入します。

したがって、貸方に売上原価¥5,600,000とし、これを損益勘定の借方へもっていくため、借方は損益¥5,600,000となります。これで、売上原価勘定の貸方合計は、¥385,000＋¥5,600,000＝¥5,985,000となり、借方合計と一致するので、売上原価勘定を締め切ることができます。

売 上 原 価

繰越商品（期首）	348,000	繰越商品（期末）	385,000
仕入（当期仕入高）	5,637,000	損益（売上原価）	5,600,000
	5,985,000		5,985,000

次に、売上高から売上原価を差し引いて、**売上総利益**を計算します。売上高は¥6,327,000であり、売上原価は、上記売上原価勘定より¥5,600,000なので、売上総利益はこの差額でもとめることができます。

売上総利益：¥6,327,000－¥5,600,000＝**¥727,000**

問題 35 商品有高帳（先入先出法）

問　題 ➡P39
答案用紙 ➡P177
テキストSTEP25

商 品 有 高 帳
計 算 機

（先入先出法）

○年		摘　要	受入			払出			残高		
			数量	単価	金額	数量	単価	金額	数量	単価	金額
6	1	前月繰越	40	2,900	116,000				40	2,900	116,000
	3	仕　　入	50	3,000	150,000				50	3,000	150,000
	6	売　　上				40	2,900	116,000			
						30	3,000	90,000	20	3,000	60,000
	18	仕　　入	80	3,100	248,000				80	3,100	248,000
	23	売　　上				20	3,000	60,000			
						30	3,100	93,000	50	3,100	155,000

解説

この出題パターンの攻略法　先入先出法による商品有高帳は、先に仕入れた商品から先に払い出されるものと仮定して作成する。注意しなければならないのは、単価が異なる在庫が存在する場合は、カッコでくくっておくことである。

用語チェック！
「損益」勘定とは、費用・収益を締め切る際に用いられる勘定であり、当期純利益を計算するために作成するんだったわ。

　3日は**仕入**を行っているので、「受入」欄に記入し、そのまま「残高」欄に記入します。この段階で残高は、前月繰越分と3日に仕入れた分があるので、この2つの残高をカッコでくくります。

　6日は**売上**を行っているので、「払出」欄に記入します。その際、単価は原価で記入しなければならないため、問題文にある¥3,750は使いません。**問題文にある単価は原価ではなく売価だからです。**したがって、商品有高帳の払出単価は、**先入先出法**によるため、先に購入した商品である前月繰越の¥2,900から先に払い出していきます。

　しかし、¥**2,900**の単価の商品は**40**台しかありませんので、70台売上げたうち、残りの**30**台は3日に仕入れた¥**3,000**の商品を払い出します。この2つをカッコでくくり、「残高」欄には、3日に仕入れてきた残りの**20**台（50台−30台）を記入します。

　18日は**仕入**を行っているので3日と同様に記入し、23日は**売上**を行っているので6日と同様に記入していきます。

　なお、答案用紙の表の行数に余裕があれば、先入先出法の場合、次のような書き方でも構いません。

商 品 有 高 帳
計 算 機

（先入先出法）

○年		摘 要	受 入			払 出			残 高		
			数量	単価	金額	数量	単価	金額	数量	単価	金額
6	1	前月繰越	40	2,900	116,000				40	2,900	116,000
	3	仕　　入	50	3,000	150,000				40	2,900	116,000
									50	3,000	150,000
	6	売　　上				40	2,900	116,000			
						30	3,000	90,000	20	3,000	60,000
	18	仕　　入	80	3,100	248,000				20	3,000	60,000
									80	3,100	248,000
	23	売　　上				20	3,000	60,000			
						30	3,100	93,000	50	3,100	155,000

上の行と同じ残高を記入

ここに注意！
「先入先出法」は先に仕入れたものから先に払い出されたと仮定する方法であり、「**移動平均法**」は商品を仕入れる都度、「**平均単価**」を計算し、それを「**払出単価**」とする方法です。

問題 36 商品有高帳 (移動平均法)

 解答

商 品 有 高 帳
ブラウス

(移動平均法)

○年		摘 要	受 入			払 出			残 高		
			数量	単価	金額	数量	単価	金額	数量	単価	金額
9	1	前月繰越	40	6,000	240,000				40	6,000	240,000
	7	仕　　入	60	7,000	420,000				100	6,600	660,000
	12	売　　上				80	6,600	528,000	20	6,600	132,000
	19	仕　　入	80	7,200	576,000				100	7,080	708,000
	25	売　　上				60	7,080	424,800	40	7,080	283,200

売上総利益の計算

売　　　上　　　高	(**1,290,000**)
売　上　原　価	(952,800)
売　上　総　利　益	(337,200)

 解説

この出題パターンの攻略法　移動平均法では、商品を仕入れたつど、直前の残高との平均単価を計算して、その金額をその後の払い出し単価とする。平均単価をもとめて、表に記入していくが、締切作業は先入先出法と同じである。

まずは、**平均単価**のもとめ方を確認しておきましょう。

覚えておこう！

平均単価のもとめ方

$$平均単価 = \frac{直前の金額残高 + 今回の受入金額}{直前の数量残高 + 今回の受入数量}$$

　仕入帳は、商品の仕入を行った時に記入する補助簿なので、商品有高帳の「受入」欄に記入します。そして売上帳は、商品の売上を行った時に記入する補助簿なので、商品有高帳の「払出」欄に記入します。この場合も売上帳にある金額は売価なので、売上帳の金額は使わずに、原価を用いて商品有高帳に記入します。

　この問題は、**移動平均法**なので、まず前月繰越の金額¥240,000と7日に仕入れた商品の金額¥420,000の合計¥660,000を、前月繰越の数量40枚と7

ここに注意！　「商品有高帳」は、すべて原価で記入され、売価は一切記入しない点に注意が必要です。

日に仕入れた60枚を合計した100枚で割って平均単価を**¥6,600**ともとめます。これを12日の払出単価と「残高」欄の単価とします。そして、19日に商品を仕入れてきたら、また新たに平均単価を上記の方法で計算していき、その後の払出単価と残高に使っていきます。

　さらに、**売上総利益の計算は、売上高から売上原価を差し引いてもとめます。**売上高は売上帳の金額を合計して**¥1,290,000**（¥720,000＋¥570,000）ともとめます。売上原価は、商品有高帳の「払出」欄を合計すると**¥952,800**（¥528,000＋¥424,800）になります。

　この結果、売上総利益は**¥1,290,000−¥952,800＝¥337,200**となるのです。

商品有高帳における売上高、売上原価、売上総利益の数字の出し方

売上高 売上は商品有高帳には記入されないので、問題文の資料より計算する。

売上原価 商品有高帳の「払出」欄の合計となる。ただし、次月繰越の金額は含めない。

売上総利益 売上高から売上原価を差し引いて計算する。

問題 37 **商品有高帳**（先入先出法）

問　題 ➡P40
答案用紙 ➡P179
テキスト STEP25

 解答

商 品 有 高 帳
電 卓

（先入先出法）

○年		摘要	受入			払出			残高		
			数量	単価	金額	数量	単価	金額	数量	単価	金額
5	1	前月繰越	40	4,000	160,000				40	4,000	160,000
	10	仕　入	60	4,500	270,000				60	4,500	270,000
	15	売　上				40	4,000	160,000			
						40	4,500	180,000	20	4,500	90,000
	21	仕　入	80	4,600	368,000				80	4,600	368,000
	28	売　上				20	4,500	90,000			
						40	4,600	184,000	40	4,600	184,000

売上原価の計算		
月初商品棚卸高	(	**160,000**)
当月商品仕入高	(	**638,000**)
合　　計	(	**798,000**)
月末商品棚卸高	(	**184,000**)
売　上　原　価	(	**614,000**)

売上総利益の計算		
売　　上　　高	(	**870,000**)
売　上　原　価	(	**614,000**)
売　上　総　利　益	(	**256,000**)

 解説　**この出題パターンの攻略法**　商品有高帳を作成して、売上総利益の計算をする問題では、商品有高帳の払出欄の合計が売上原価であることがポイントになる。

まずは、大事な金額のもとめ方を整理しておきます。

商品有高帳における月初商品棚卸高、当月商品仕入高、月末商品棚卸高、売上原価の数字の出し方

月初商品棚卸高　商品有高帳の前月繰越の金額をもってくる。

当月商品仕入高　商品有高帳の「受入」欄の合計となる。ただし、前月繰越の金額は含めない。

月末商品棚卸高　最終日の「残高」欄の金額をもってくる。

売上原価　商品有高帳の「払出」欄の合計となる。ただし、次月繰越の金額は含めない。ないしは、月初商品棚卸高＋当月商品仕入高－月末商品棚卸高で計算することもできる。

日付順に、**仕入**は「受入」欄に記入し、**売上**は「払出」欄に記入します。ただし、払出単価は**先入先出法**により計算します。

売上原価の計算の**月初商品棚卸高**は、商品有高帳の5月1日前月繰越の**¥160,000**です。**当月商品仕入高**は、10日と21日に仕入れてきた**¥270,000**＋**¥368,000**＝**¥638,000**です。**月末商品棚卸高**は、商品有高帳の最後の残高である**¥184,000**です。売上高は問題文より、**売上原価**は「売上原価の計算」もしくは商品有高帳の「払出」欄を合計することによってもとめることができます。

 用語チェック！

「当月商品仕入高」とは、当月に購入した商品の原価合計よね。商品有高帳の受入金額を集計することによって計算することができるのよね。

問題 38 売掛金元帳

問題 →P41　答案用紙 →P179　テキストSTEP26、27

解答

売 掛 金 元 帳
オウム商店

○年		摘 要	借 方	貸 方	借または貸	残 高
10	1	前 月 繰 越	255,000		借	255,000
	10	売　上	52,500		〃	307,500
	14	入　金		225,000	〃	82,500
	25	売　上	67,500		〃	150,000
	28	返　品		4,500	〃	145,500
	31	次 月 繰 越		145,500		
			375,000	375,000		
11	1	前 月 繰 越	145,500		借	145,500

解説

この出題パターンの攻略法　取引を仕訳し、仕訳で売掛金（オウム商店）としたものを、売掛金元帳のオウム商店勘定にそのまま転記すればよい。締切は、最後の残高を貸方に記入し、借方と貸方の合計金額を一致させる。さらに翌月の最初の日付で、前月繰越の記入を行う。買掛金元帳も同様に行う。

　売掛金元帳は得意先元帳ともいい、得意先ごとの売掛金の残高を明らかにするために用いられる補助簿のことです。ここでは、オウム商店に対する売掛金を明らかにするための売掛金元帳を作成します。

　1日 前月繰越高のうち、オウム商店に対する**¥255,000**を「借方」欄に記入し、それを「残高」欄にもっていき、「借または貸」欄に「借」と記入します。

10日

売掛金（カモ商店）	37,500	売　上	37,500
売掛金（オウム商店）	52,500	売　上	52,500

　売掛金の増加のうち、オウム商店に対する**¥52,500**だけを売掛金元帳に記入します。金額を「借方」欄に記入し、直前の残高との合計額である**¥307,500**を「残高」欄に記入します。

ここに注意！　「摘要」欄は、その取引の内容を示すことが書かれていればOKなので、必ずしも模範解答通りでなくても構いません。

14日

| 現 | 金 | 225,000 | 売掛金（オウム商店） | 225,000 |

売掛金を回収したので、売掛金が¥**225,000**減少します。したがって、その金額を「貸方」欄に記入し、直前の残高から差し引いた額の¥**82,500**を「残高」欄に記入します。なお、**「借または貸」欄は、残高が借方か貸方かを示すものなので、そのまま借となります。**

25日

| 売掛金（オウム商店） | 67,500 | 売 | 上 | 67,500 |

商品を掛けで売上げたので、売掛金が¥**67,500**増加します。金額を「借方」欄に記入し、直前の残高との合計額である¥**150,000**を「残高」欄に記入します。

28日

| 売 | 上 | 4,500 | 売掛金（オウム商店） | 4,500 |

返品があったので、売掛金が¥**4,500**減少します。その金額を「貸方」欄に記入し、直前の残高から差し引いた額の¥**145,500**を「残高」欄に記入します。

30日

| 売掛金（カモ商店） | 50,000 | 売 | 上 | 50,000 |

カモ商店の取引であり、オウム商店の売掛金に変動はないので、売掛金元帳には記入しません。

31日 最後に月末の31日で締切を行います。「摘要」欄に**次月繰越**と記入し、直前の残高である¥**145,500**を「貸方」欄に記入し、「借方」欄と「貸方」欄の合計の一致を確認します。その後、次月最初の日付で「摘要」欄に**前月繰越**と記入し、「借方」欄および「残高」欄に¥**145,500**を記入し、「借または貸」欄に「借」と記入します。

ここに注意！

「借または貸」欄には、残高が借方なのか、貸方なのかを記入します。簿記3級で出題される売掛金元帳の場合、残高が貸方になることはないので、必ず「借」が記入されます。

問題 39　買掛金元帳

問　題 ➡P41
答案用紙 ➡P180
テキスト STEP26、27

 解答

買 掛 金 元 帳
カラス商店

○年		摘　要	借　方	貸　方	借または貸	残　高
11	1	前月繰越		375,000	貸	375,000
	8	仕　入		270,000	〃	645,000
	9	返　品	135,000		〃	510,000
	18	仕　入		160,000	〃	670,000
	27	支 払 い	325,000		〃	345,000
	30	次月繰越	345,000			
			805,000	805,000		
12	1	前月繰越		345,000	貸	345,000

 解説

　買掛金元帳は仕入先元帳ともいい、仕入先ごとの買掛金の残高を明らかにするために用いられる補助簿のことです。ここでは、カラス商店に対する買掛金を明らかにするための買掛金元帳を作成します。

> **覚えておこう！** 同じ内容を指す補助簿
>
> 売掛金元帳＝得意先元帳　　買掛金元帳＝仕入先元帳

1日 前月繰越高のうちカラス商店に対する**¥375,000**を「貸方」欄に記入し、それを「残高」欄にもっていき、「借または貸」欄に「貸」と記入します。

8日

仕	入	540,000	買掛金（イルカ商店）	270,000
			買掛金（カラス商店）	270,000

　商品を掛けで仕入れたので、買掛金が増加します。このうち、カラス商店に対する**¥270,000**だけを買掛金元帳に記入します。金額を「貸方」欄に記入し、直前の残高との合計額である**¥645,000**を「残高」欄に記入します。

 ここに注意！

「前月繰越」の「借または貸」のところは、「〃」ではなく「借」、「貸」と書きましょう。すでに締切を行って区切りをつけているので、新たに書く必要があります。

9日

| 買掛金（カラス商店） | 135,000 | 仕 | 入 | 135,000 |

返品したので、買掛金が**¥135,000**減少します。その金額を「借方」欄に記入し、直前の残高から差し引いた額の**¥510,000**を「残高」欄に記入します。

18日

| 仕 | 入 | 240,000 | 現 | 金 | 80,000 |
| | | | 買掛金（カラス商店） | | 160,000 |

商品を¥240,000仕入れたうち、¥80,000は現金で支払っているので、残額の¥160,000だけ買掛金が増加します。この金額を「貸方」欄に記入し、直前の残高との合計額である**¥670,000**を「残高」欄に記入します。

27日

| 買掛金（イルカ商店） | 175,000 | 当 座 預 金 | 500,000 |
| 買掛金（カラス商店） | 325,000 | | |

買掛金の減少のうち、カラス商店に対する**¥325,000**だけを買掛金元帳に記入します。金額を「借方」欄に記入し、直前の残高から差し引いた額の**¥345,000**を「残高」欄に記入します。

30日　最後に月末の30日で締切を行います。「摘要」欄に**次月繰越**と記入し、直前の残高である**¥345,000**を「借方」欄に記入し、「借方」欄と「貸方」欄の合計の一致を確認します。その後、次月最初の日付で「摘要」欄に**前月繰越**と記入し、「貸方」欄および「残高」欄に**¥345,000**を記入し、「借または貸」欄に「貸」と記入します。

ここに注意！
「**買掛金元帳**」は仕入先ごとに作成するので、表の上部には○○商店と取引先の名前を記入します。

問題 40 売掛金元帳

問　題 ➡P42
答案用紙 ➡P180
📖 テキストSTEP26、27

解答

①	②	③	④	⑤	⑥
400,000	290,000	7,000	290,000	143,000	1,140,000
⑦	⑧	⑨	⑩	⑪	⑫
580,000	73,000	660,000	190,000	70,000	480,000

解説

この出題パターンの攻略法　売掛金元帳のラッコ商店勘定とタヌキ商店勘定は、総勘定元帳の売掛金勘定の内訳をあらわしたものである。同じ日付の取引を探すのがポイントとなる。

　売掛金元帳のラッコ商店とタヌキ商店は、売掛金勘定の明細をあらわしています。したがって、ラッコ商店＋タヌキ商店＝売掛金勘定という関係になっているので、そこから不明な金額をもとめていきます。

手順1　①は売掛金勘定の借方の記入なので、ラッコ商店とタヌキ商店の借方の記入で、同じ日付「3/8」を探すと、ラッコ商店勘定の借方に「3/8　売上　400,000」とあるので、①の金額は**¥400,000**と判明します。

手順2　②は①同様、ラッコ商店とタヌキ商店の借方の記入で、同じ日付「3/19」を探します。タヌキ商店勘定の借方「3/19　売上　290,000」より、②の金額は**¥290,000**と判明します。

手順3　売掛金勘定の借方合計をもとめます。⑥の金額は、¥450,000＋¥400,000＋¥290,000＝**¥1,140,000**と判明します。

手順4　③は売掛金勘定の貸方の記入なので、ラッコ商店とタヌキ商店の貸方の記入で、同じ日付「3/10」を探します。ラッコ商店勘定の貸方「3/10　戻り　7,000」より、③の金額は**¥7,000**と判明します。

手順5　④はタヌキ商店勘定の貸方「3/22　戻り　290,000」より、**¥290,000**と判明します。

手順6　売掛金勘定の借方合計⑥から、売掛金勘定の貸方合計を差し引いて、⑤次月繰越をもとめます。¥1,140,000－（¥7,000＋¥700,000＋¥290,000）＝**¥143,000**

手順7　⑦はラッコ商店勘定の貸方の記入なので、売掛金勘定の貸方で同じ日

付を探すと、タヌキ商店勘定の貸方にも同じ日付の記入が「3/15 回収 120,000」とあります。売掛金勘定の貸方に記入されている「3/15 当座預金 700,000」は、ラッコ商店とタヌキ商店の合計となるので、⑦は、¥700,000－¥120,000＝**¥580,000**となります。

手順8 ラッコ商店勘定の借方合計をもとめます。⑨の金額は、¥260,000＋¥400,000＝**¥660,000**と判明します。

手順9 ラッコ商店勘定の借方合計⑨から貸方合計を差し引いて、⑧次月繰越をもとめます。¥660,000－（¥7,000＋¥580,000）＝**¥73,000**

手順10 ⑩は売掛金勘定の借方に記入されている「3/1 前月繰越 450,000」から、ラッコ商店勘定の借方に記入されている「3/1 前月繰越 260,000」を差し引いて、タヌキ商店の⑩の金額をもとめます。¥450,000－¥260,000＝**¥190,000**

手順11 タヌキ商店勘定の借方合計をもとめます。⑫の金額は、¥190,000＋¥290,000＝**¥480,000**と判明します。

手順12 タヌキ商店勘定の借方合計⑫から貸方合計を差し引くと、⑪は、¥480,000－（¥120,000＋¥290,000）＝**¥70,000**となります。

問題 41 買掛金元帳

問　題 ➡P42
答案用紙 ➡P181
テキストSTEP26、27

(1)

買 掛 金 元 帳
ウサギ商店

○年		摘　　要	借　方	貸　方	借または貸	残　高
6	1	前月繰越		145,000	貸	145,000
	2	仕　　入		22,500	〃	167,500
	7	返　　品	3,000		〃	164,500
	16	仕　　入		50,000	〃	214,500
	18	返　　品	50,000		〃	164,500
	29	支 払 い	98,000		〃	66,500
	30	次月繰越	66,500			
			217,500	217,500		
7	1	前月繰越		66,500	貸	66,500

(2)

買 掛 金 明 細 表

	6月1日時点の残高	6月30日時点の残高
ウサギ商店	¥ 145,000	¥ 66,500
パンダ商店	¥ 84,000	¥ 78,000
キリン商店	¥ ―	¥ 20,000
合 計	¥ 229,000	¥ 164,500

解説

この出題パターンの攻略法 買掛金明細表を作成する問題では、仕訳する際、買掛金と一緒に商店名を入れながら仕訳をするとよい。

(1) 買掛金元帳（ウサギ商店）の作成手順は、まず6月中の取引を仕訳します。この仕訳のうち、「買掛金（ウサギ商店）」を買掛金元帳のウサギ商店へ記入します。そして、残高の最終行の金額を次月繰越の借方へもっていき、さらに前月繰越の貸方および残高欄へもっていきます。残高の金額が貸方なので「借または貸」欄に「貸」と記入します。

2日	仕 入	45,000	現 金			22,500
			買掛金(ウサギ商店)			22,500
4日	仕 入	84,000	現 金			14,000
			買掛金(パンダ商店)			70,000
7日	買掛金(ウサギ商店)	3,000	仕 入			3,000
11日	仕 入	60,000	現 金			20,000
			支 払 手 形			40,000
16日	仕 入	50,000	買掛金(ウサギ商店)			50,000
18日	買掛金(ウサギ商店)	50,000	仕 入			50,000
22日	仕 入	52,000	買掛金(キリン商店)			52,000
29日	買掛金(ウサギ商店)	98,000	当 座 預 金			206,000
	買掛金(パンダ商店)	76,000				
	買掛金(キリン商店)	32,000				

(2) 買掛金明細表の6月30日時点の残高は、ウサギ商店については、（1）の買掛金元帳の次月繰越高¥66,500を記入します。その他の商店については、**人名勘定**を作成し、上記仕訳を集計して残高をもとめます。

ここに注意！

「名宛人」とは、証券などにおいて名を指定されている人をいい、約束手形では手形の金額を受け取ることができる人のことです。

	パンダ商店			キリン商店		
29日	76,000	1日	84,000	29日	32,000	22日	52,000
		4日	70,000				
（借方合計¥76,000）		（貸方合計¥154,000）				
	貸方残高 ¥78,000				貸方残高 ¥20,000	

問題 42 受取手形記入帳

問　題 ➡P43
答案用紙 ➡P182
テキスト STEP32

 解答

	取引日	仕　　　　訳			
		借方科目	金　　額	貸方科目	金　　額
1	7	受取手形	350,000	売上	350,000
〃	11	受取手形	420,000	売掛金	420,000
2	7	当座預金	350,000	受取手形	350,000
3	11	当座預金	420,000	受取手形	420,000

 解説

この出題パターンの攻略法 受取手形が増加した際の相手勘定科目は、摘要欄に記載されている。受取手形が減少した際の相手勘定科目は、てん末欄の記入内容から判断する。

手形金額欄とてん末欄との間で、内容が大きく分かれることになります。

日付欄から手形金額欄までの左側は、手形を受け取った時に記入します。したがって、必ず借方が受取手形となります。また、右側のてん末欄は、受け取った手形のてん末（最後）を記入する欄なので、必ず貸方が受取手形となります。

1月 7日　左側に記入されている内容なので、借方は**受取手形**となります。仕訳の金額は、金額欄より¥350,000と判明します。貸方の勘定は、摘要欄に記入されている勘定となります。したがって、貸方は**売上**¥350,000となります。

1月11日　左側に記入されている内容なので、借方は**受取手形**となり、金額欄より¥420,000と仕訳します。貸方の勘定は、摘要欄に記入されている**売掛金**となります。

ここに注意！ 受取手形記入帳には手形に関するさまざまな情報を書き込みますが、手形を受け取った際の仕訳を行ううえで重要な部分は、「**摘要**」欄と「**金額**」欄です。

2月　7日　てん末欄に記入されている内容なので、貸方は**受取手形**となります。仕訳の金額は、金額欄より¥350,000と判明します。借方の勘定は、てん末欄にある「取立」という内容より、**当座預金**と判明します。つまり、手形代金を取り立てて、当座預金口座へ入金したということです。

3月11日　てん末欄に記入されている内容なので、貸方は**受取手形**となり、仕訳の金額は金額欄より¥420,000となります。借方の勘定は、てん末欄の「取立」より**当座預金**と判明します。

問題 43　支払手形記入帳

問　題 ➡P44
答案用紙 ➡P182
テキスト STEP32

帳簿の名称　：　**支払手形記入帳**

取引日		仕　　　　訳			
		借方科目	金　額	貸方科目	金　額
5	5	買掛金	230,000	支払手形	230,000
〃	15	仕入	340,000	支払手形	340,000
6	5	支払手形	230,000	当座預金	230,000

この出題パターンの攻略法　帳簿の名称は、「摘要」欄もしくは「てん末」欄をみて、受取手形記入帳なのか支払手形記入帳なのかを判断する。

　帳簿の名称は、摘要欄に「買掛金」や「仕入」と記入されているので、買掛金や仕入の際に用いられる手形が受取手形か支払手形なのかを考えます。または、てん末欄の「当座預金より支払い」という記入より、支払うことになる手形はどちらなのかを考えます。「支払い」ですから**支払手形記入帳**と判明します。

　支払手形記入帳は、貸方が**支払手形**という仕訳となり、借方の相手勘定科目が摘要欄に記入されている勘定です。仕訳の金額は、手形金額を用います。ただし、てん末欄の記入は、借方が**支払手形**という仕訳になり、当座預金より支払ったので貸方は**当座預金**となります。

問題 44 補助簿の選択

問　題 ➡P44
答案用紙 ➡P183
テキストSTEP 18、25、27、32

 解答

帳簿 日付	現　金 出納帳	当座預金 出 納 帳	商　品 有 高 帳	売掛金元帳 (得意先元帳)	買掛金元帳 (仕入先元帳)	仕 入 帳	売 上 帳	受取手形 記 入 帳	支払手形 記 入 帳
8	○		○		○	○			
12		○	○				○	○	
14			○		○	○			
21			○			○			○
27			○	○			○		

 解説

この出題パターンの攻略法

取引の仕訳を行って、どの補助簿に記入されるか取引ごとに検討していく。

　各日付の取引の仕訳と補助簿への記入を示すと、次のようになります。

8日	仕　　　　　入	105,000	買　　掛　　金	100,000
			現　　　　　金	5,000

　商品を仕入れたので、仕入という費用が発生します。その際、**仕入諸掛**が¥5,000生じているので、これも仕入に加えます。したがって、借方の仕入は¥105,000となります。そして、商品代金の¥100,000は掛けとしているので、買掛金という負債の増加となり、仕入諸掛の引取運賃¥5,000は現金で支払っているので、現金という資産が減少します。

　上記の仕訳より、この取引は、**仕入帳**、**買掛金元帳**（仕入先元帳）、**現金出納帳**に記入されます。また、この他に、商品を購入したら、**商品有高帳**の「受入」欄にも記入します。

12日	受　取　手　形	300,000	売　　　　　上	300,000
	発　　送　　費	20,000	当　座　預　金	20,000

　商品を販売したので、売上という収益が発生します。そして、代金は、約束手形を受け取ったので受取手形という資産の増加となります。さらに、発送費

 用語チェック！

「**補助簿**」とは、仕訳帳と総勘定元帳以外のすべての帳簿のことよね。仕訳帳と総勘定元帳のことは、主要簿というのよ。

という費用が¥20,000発生し、その発送費は小切手を振り出して支払ったので、当座預金という資産が減少します。上記の仕訳から、この取引は、**売上帳**、**受取手形記入帳**、**当座預金出納帳**に記入されます。また、この他に、商品を販売したら、**商品有高帳**の「払出」欄にも記入します。

14日	買 掛 金	10,000	仕 入	10,000

　¥10,000分の商品を返品したので、仕入という費用を減少させるため、貸方に仕入¥10,000とします。そして、買掛金という負債も減少するので、借方に買掛金¥10,000とします。上記仕訳より、この取引は、**仕入帳**と**買掛金元帳**（仕入先元帳）に記入されます。また、**仕入戻し**が生じた場合は、在庫数量が減少するので**商品有高帳**にも記入を行います。

21日	仕 入	250,000	支 払 手 形	250,000

　商品を仕入れたので、借方に仕入¥250,000とします。そして、代金は約束手形を振り出したので、支払手形という負債が同額増加するため、貸方に支払手形¥250,000とします。上記仕訳より、この取引は、**仕入帳**、**支払手形記入帳**、**商品有高帳**に記入されます。

27日	前 受 金	160,000	売 上	400,000
	売 掛 金	240,000		

　商品を販売したので、貸方に売上¥400,000とします。そして、代金のうち¥160,000は、すでに手付金として受け取った時に前受金としていたので、前受金という負債が¥160,000減少します。残りの¥240,000は掛けとしたので、売掛金という資産が増加します。上記仕訳より、この取引は、**売上帳**、**売掛金元帳**（得意先元帳）、**商品有高帳**に記入されます。

用語チェック!

　「得意先元帳」とは売掛金元帳の別名であり、**「仕入先元帳」**とは買掛金元帳の別名なんだって。いずれもよく使われる用語なので、覚えておいてね。

補助簿の選択

問　題 ➡P45
答案用紙 ➡P183
テキストSTEP
18、25、27、32

帳簿 日付	現　金 出納帳	当座預金 出 納 帳	商　品 有高帳	売掛金 元　帳	買掛金 元　帳	受取手形 記入帳	支払手形 記入帳	仕入帳	売上帳	固定資産 台　帳
5	○		○		○		○	○		
10	○	○	○	○					○	
15			○	○					○	
20		○								○
25		○				○				
30		○			○					

各日付の取引の仕訳と補助簿への記入を示すと、次のようになります。

5日　仕　　　　入	574,000	支　払　手　形	450,000
		買　　掛　　金	100,000
		現　　　　　金	24,000

　商品を仕入れたので、仕入という費用が発生します。その際、**仕入諸掛**が¥24,000生じているので、これも仕入に加えます。そして、商品代金のうち¥450,000については約束手形を振り出したので、支払手形という負債の増加となり、残りの¥100,000は掛けとしたので、買掛金という負債の増加となります。さらに、仕入諸掛の引取運賃¥24,000は現金で支払っているので、現金という資産が減少します。上記仕訳より、この取引は、**仕入帳**、**支払手形記入帳**、**買掛金元帳**、**現金出納帳**に記入されます。また、この他に、商品を購入したら、**商品有高帳**の受入欄にも記入します。

10日　現　　　　金	340,000	売　　　　上	680,000
売　　掛　　金	340,000		
発　　送　　費	30,000	当　座　預　金	30,000

　商品を販売したので、売上という収益が発生します。そして、商品代金のうち半額の¥340,000については**他人振出小切手**を受け取ったので、現金とい

ここに注意！

商品を販売した際に運賃が発生し、それが売主負担のものであれば「**発送費**」という費用の勘定に計上します。

う資産の増加となり、残りの¥340,000は掛けとしたので、売掛金という資産の増加となります。さらに、発送費という費用¥30,000が発生し、その発送費は小切手を振り出したので、当座預金が減少します。上記仕訳より、この取引は、**売上帳**、**現金出納帳**、**売掛金元帳**、**当座預金出納帳**に記入されます。また、この他に、商品を販売したら、**商品有高帳**の払出欄にも記入します。

15日	売	上	100,000	売 掛 金	100,000

販売した商品の返品を受けたので、売上という収益が減少します。この分だけ掛代金から差し引くので、売掛金という資産が減少します。上記仕訳より、この取引は、**売上帳**と**売掛金元帳**に記入されます。また、商品の返品を受けた場合は、在庫数量が増えるので、**商品有高帳**にも記入します。

20日	建	物	2,000,000	仮 払 金	1,000,000
	土	地	3,000,000	当 座 預 金	4,000,000

建物と土地の引渡しを受けたので、建物と土地いう資産が増加します。このうち¥1,000,000については**仮払金**で処理していたので、仮払金という資産の減少となり、残りの¥4,000,000は当座預金という資産の減少となります。上記仕訳より、この取引は、**当座預金出納帳**と**固定資産台帳**に記入されます。固定資産台帳とは、建物や備品等の明細について記入する補助簿です。

25日	当 座 預 金	500,000	受 取 手 形	500,000

約束手形の代金が当座預金口座へ振り込まれたので、当座預金という資産が増加し、受取手形という資産が減少します。上記仕訳より、この取引は、**当座預金出納帳**と**受取手形記入帳**に記入されます。

30日	買 掛 金	440,000	当 座 預 金	440,000

クジラ商店は5日の取引より仕入先と判明するので、クジラ商店に対する掛けとは買掛金のことです。この買掛金を支払ったので、買掛金という負債の減少となります。この代金は、小切手を振り出して支払ったので、当座預金という資産が減少します。上記仕訳より、この取引は、**当座預金出納帳**と**買掛金元帳**に記入されます。

補助簿からの仕訳

 解答

取引日		仕　　　　　訳			
月	日	借方科目	金額	貸方科目	金額
5	4	当座預金	370,000	売掛金	370,000
	12	売掛金 発送費	580,000 15,000	売上 当座預金	580,000 15,000
	18	受取手形	250,000	売掛金	250,000
	25	給料	250,000	当座預金 所得税預り金	249,000 1,000

 解説

この出題パターンの攻略法 各補助簿に記載されている内容について、同じ日付や同じ金額から同一の取引を見つけ出すことが、問題を解くポイント。

　当座預金出納帳の「預入」欄は、当座預金という資産の増加取引を記入する欄であり、「(借) 当座預金」という仕訳を行った際に記入します。それに対して「引出」欄には、当座預金の減少取引を記入するので、「(貸) 当座預金」という仕訳を記入します。

　受取手形記入帳の「日付」欄から「支払場所」欄までは、受取手形という資産の増加取引を記入する欄であり、「(借) 受取手形」という仕訳を記入します。また、「てん末」欄には受取手形の減少取引を記入し、「(貸) 受取手形」という仕訳となります。

　売掛金元帳の「借方」欄は、売掛金という資産の増加取引を記入する欄であり、「(借) 売掛金」という仕訳を記入します。「貸方」欄には、売掛金の減少取引を記入するので、「(貸) 売掛金」という仕訳を記入します。

5月　4日　当座預金出納帳の「預入」欄¥370,000より、借方に**当座預金**¥370,000とします。売掛金元帳のネコ商店の「貸方」欄¥370,000より、貸方に**売掛金**¥370,000とします。

5月12日　売掛金元帳のネコ商店の「借方」欄¥580,000より、借方に**売掛金**¥580,000とし、「摘要」欄の「売上」より、貸方に**売上**

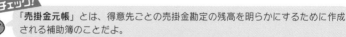 **用語チェック!** 「**売掛金元帳**」とは、得意先ごとの売掛金勘定の残高を明らかにするために作成される補助簿のことだよ。

¥580,000とします。また、当座預金出納帳の「引出」欄¥15,000より、貸方に**当座預金**¥15,000とし、「摘要」欄の「発送費（当社負担）支払い」より、借方に**発送費**¥15,000とします。

5月18日　受取手形記入帳の左側に¥250,000と記入されているので、**受取手形**という資産の増加をあらわします。したがって、借方は受取手形¥250,000となります。また、受取手形記入帳の「摘要」欄「売掛金回収」より、貸方は**売掛金**¥250,000とします。なお、売掛金元帳のチーター商店の「貸方」欄からも、貸方に売掛金¥250,000という仕訳が判明します。

5月25日　当座預金出納帳の「引出」欄¥249,000より、貸方に**当座預金**¥249,000とします。また、当座預金出納帳の「摘要」欄の「給料支払い」より、借方は**給料**とします。ただし、給料の支給総額は、「所得税¥1,000預り」分も当座預金からの支払分¥249,000に加算して¥250,000と判明するので、借方の給料は¥250,000を計上します。この所得税の預り分は、**所得税預り金**という負債の増加となるので、貸方に所得税預り金¥1,000とします。

問題47　証ひょう

問　題 ➡P47
答案用紙 ➡P184
📖テキストSTEP21

解答

	仕		訳	
	借方科目	金額	貸方科目	金額
(1)	売掛金	84,000	売上	84,000
(2)	仕入	84,000	買掛金	84,000
(3)	普通預金	84,000	売掛金	84,000
(4)	買掛金 支払手数料	84,000 400	当座預金	84,400

解説

この出題パターンの攻略法　請求書は売り手側が作成するので、シマウマ文具の仕訳は、この証ひょうをよく確認すること。逆に買い手側であるイノシシ商事は、請求金額を支払うことになる。

用語チェック！

「**納品書**」は商品を納めたことを証明する証ひょうなんだって。

納品書や請求書および領収証のような取引の証拠書類のことを証ひょうといいます。この証ひょうにもとづいて、帳簿記録することもしばしばあります。

本問では、「納品書　兼　請求書」については、売り手側であるシマウマ文具が作成して、これを買い手側であるイノシシ商事に渡します。また、当座勘定照合表は、イノシシ商事が同社の取引銀行より取り寄せた証ひょうです。このことを念頭において、シマウマ文具とイノシシ商事の仕訳を考えます。

(1) 売り手側であるシマウマ文具は、請求書に記載されている合計金額￥84,000を受け取ることができるので、これを借方に**売掛金**として計上します。また、**売上**は商品を販売したので、ボールペン￥24,000＋ノート￥20,000＋ファイル￥40,000＝￥84,000を貸方に計上します。

(2) 買い手側であるイノシシ商事は、商品を受け取った時点で**仕入**を￥84,000計上します。また、代金は、振込期限の10月31日に支払うことになるので、商品を受け取った時点ではまだ支払っていないことになります。そのため、貸方は**買掛金**を￥84,000計上します。

(3) シマウマ文具は、請求書の振込先に「普通」と記載されているので、請求書の代金￥84,000は普通預金口座へ振り込まれます。したがって、借方は**普通預金**￥84,000となります。これは（1）で借方に計上した売掛金の回収なので、貸方は**売掛金**を同額計上します。

(4) イノシシ商事は、当座勘定照合表より、当座預金口座から代金が支払われたことが判明します。よって、振込手数料を含めた￥84,400を貸方に**当座預金**として計上します。これは、（2）で貸方に計上した**買掛金**の支払いなので、借方に買掛金￥84,000を計上するとともに、振込手数料￥400に関しては、**支払手数料**という費用を借方に計上します。

用語チェック！
「請求書」は販売代金を支払ってもらうために発行する証ひょうなんだって。

問題 ➡P48
答案用紙 ➡P185
テキスト STEP36

問題 48　減価償却

仕		訳	
借方科目	金額	貸方科目	金額
減価償却費	18,000	備品減価償却累計額	18,000

備　品
| 4／1 | 当座預金 | 100,000 | | |

減価償却費
| 3／31 | 備品減価償却累計額 | 18,000 | | |

備品減価償却累計額
| | | | 3／31 | 減価償却費 | 18,000 |

帳簿価額　￥　82,000

この出題パターンの攻略法　減価償却の問題では、間接法は固定資産のマイナスをあらわす評価勘定を用いて仕訳を行う。

減価償却費は、（￥100,000－￥10,000）÷5年＝￥18,000となるので、減価償却費という費用が￥18,000発生します。

減価償却費の計算方法（定額法）

買ってきた金額のこと ── ／ ── 使い終わった後に売る時の金額のこと

$$減価償却費＝\frac{取得原価－残存価額}{耐用年数}$$

耐用年数・── 使う年数のこと

例　￥300,000で購入した残存価額￥30,000の固定資産を耐用年数5年で使用する場合の1年の減価償却費は？

$$\frac{￥300,000－￥30,000}{5年}＝￥54,000$$

用語チェック！
「**減価償却費**」とは、当期の有形固定資産の価値の減少分をあらわす費用の勘定よね。
「**減価償却累計額**」は、有形固定資産のマイナスをあらわす評価勘定だったわ。

ですから、借方は減価償却費¥18,000とします。そして、**間接法**では、減価償却累計額という備品の評価勘定が増加します。したがって、貸方は**備品減価償却累計額**¥18,000となります。なお、**貸方の勘定科目に減価償却累計額勘定ではなく、備品減価償却累計額勘定を用いるのは、答案用紙に記載されている間接法の勘定科目が備品減価償却累計額勘定だからです。**

減価償却の仕訳方法

間接法	貸方は減価償却累計額という固定資産のマイナスをあらわす勘定を用いる。備品を例に仕訳すると、以下の通り。

減価償却費	×××	備品減価償却累計額	×××

　上記の仕訳を勘定に転記していきます。

　仕訳で借方に減価償却費¥18,000としたので、減価償却費勘定の借方に金額の¥18,000と日付、相手勘定科目である**備品減価償却累計額**を転記します。そして、仕訳で貸方に備品減価償却累計額¥18,000としたので、備品減価償却累計額勘定の貸方に金額¥18,000、日付、相手勘定科目の**減価償却費**を転記します。

　この結果、備品の帳簿価額は、備品勘定から備品減価償却累計額勘定を控除した**¥82,000**（¥100,000－¥18,000）となります。

　なお、各勘定に記入する日付は、決算日である3／31を記入します。減価償却の仕訳は、決算で行う決算整理仕訳だからです。

ここに注意！

間接法における「**帳簿価額**」は、取得原価から減価償却累計額を差し引くことによって計算することができます。

問題 49　固定資産台帳

問題 ⇒P48
答案用紙 ⇒P185
テキスト STEP37

解答

備　　品

日付		摘　要	借　方	日付		摘　要	貸　方
X3	4　1	前 期 繰 越	660,000	X4	3　31	次 期 繰 越	1,140,000
	7　1	当 座 預 金	480,000				
			1,140,000				1,140,000

備品減価償却累計額

日付		摘　要	借　方	日付		摘　要	貸　方
X4	3　31	次 期 繰 越	360,000	X3	4　1	前 期 繰 越	150,000
				X4	3　31	減 価 償 却 費	210,000
			360,000				360,000

この出題パターンの攻略法

固定資産台帳からタイムテーブルを作成してまとめると全体像が見えてくる。

解説　固定資産台帳には、備品の内訳が記載されています。そこで、備品をいつ購入したのか、当期は何年目なのかをタイムテーブルを作成してまとめます。

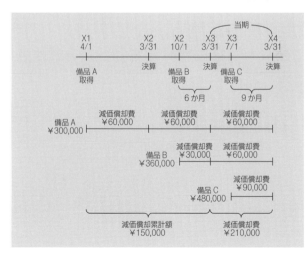

「**固定資産台帳**」には、有形固定資産を管理するうえで必要な事項が記入されるのよ。

当期までに備品Ａと備品Ｂを取得しているので、備品勘定の前期繰越はこの2つの取得原価の合計で**¥660,000**（¥300,000＋¥360,000）です。さらに、当期の7月1日に備品Ｃを取得したので**¥480,000**の備品が増加します。これを備品勘定の借方に記入します。この結果、次期繰越は備品Ａ、備品Ｂおよび備品Ｃの合計で**¥1,140,000**となります。

　また、備品減価償却累計額の前期繰越は、前期までの減価償却費の合計額となり、固定資産台帳の期首減価償却累計額の小計**¥150,000**です。そこに、当期の減価償却費**¥210,000**が加算されます。なお、当期の減価償却費は、固定資産台帳に記載されている小計です。当期の決算で行われた減価償却費計上の仕訳を示すと次のようになります。

減 価 償 却 費	210,000	備品減価償却累計額	210,000

　上記仕訳を備品減価償却累計額勘定の貸方に転記します。摘要欄には、相手勘定科目の**減価償却費**を記入します。この結果、次期繰越は¥150,000＋¥210,000＝**¥360,000**となります。

問題 50 損益

問　題 ➡ P49
答案用紙 ➡ P186
テキストSTEP11

解答

		損		益		
3／31	仕　　　　　入	(**5,800,000**)	3／31	売　　　　上	(**8,400,000**)
	給　　　　料	2,000,000		受 取 手 数 料	300,000
	貸倒引当金繰入	10,000			
	減 価 償 却 費	200,000			
	水 道 光 熱 費	240,000			
	(繰越利益剰余金)	(450,000)			
		(**8,700,000**)			(**8,700,000**)

資　本　金

| 3／31 | 次　期　繰　越 | (**6,000,000**) | 4／1 | 前　期　繰　越 | 6,000,000 |

繰越利益剰余金

3／31	次　期　繰　越	(**600,000**)	4／1	前　期　繰　越	150,000
			3／31	(**損　　　　　益**)	(**450,000**)
		(**600,000**)			(**600,000**)

 解説

この出題パターンの攻略法　まず、「仕・繰・繰・仕」の仕訳を行い、仕入勘定の残高を売上原価にする。純売上高と売上原価にした仕入勘定の残高を損益勘定に記入し、当期純利益をもとめ、それを繰越利益剰余金勘定へ振り替える。

1. 純売上高 **¥8,400,000** を損益勘定の貸方に記入します。純売上高とは、売上勘定の残高のことであり、返品などを差し引いた金額のことです。なお、総売上高とは、返品などを差し引く前の売上勘定の貸方合計のことです。

2. 期首商品棚卸高 ¥600,000 と期末商品棚卸高 ¥750,000 を用いて、「仕・繰・繰・仕」の仕訳を行います。

| 仕　　　　　入 | 600,000 | 繰　越　商　品 | 600,000 |
| 繰　越　商　品 | 750,000 | 仕　　　　　入 | 750,000 |

上記仕訳を仕入勘定に転記して仕入勘定の残高をもとめます。この仕入勘定の残高が売上原価をあらわすので、これを損益勘定に記入します。なお、**売上原価の金額は、期首商品棚卸高に当期商品仕入高を加算し、そこから期末商品棚卸高を差し引くことにより計算することができます。**

　　売上原価：¥600,000 ＋ ¥5,950,000 － ¥750,000 ＝ **¥5,800,000**

3. 損益勘定の貸借差額で当期純利益をもとめます。
　　当期純利益：収益合計 ¥8,700,000 － 費用合計 ¥8,250,000 ＝
　　　　　　　　¥450,000

4. 株式会社会計では、損益勘定の残高を繰越利益剰余金勘定に振り替えます。

ここに注意！

損益勘定の貸借差額で「**当期純利益**」ないしは「**当期純損失**」をもとめることができます。

損　　　益	450,000	繰越利益剰余金	450,000

5. 上記仕訳を損益勘定の借方と繰越利益剰余金勘定の貸方に転記します。金額の前には、それぞれの相手勘定科目を記入します。

6. 資本金勘定と繰越利益剰余金勘定の締切を行います。借方と貸方の合計金額が一致するように、借方の次期繰越に足りない金額を記入します。

問題51 貯蔵品と租税公課

問　題 ➡P49
答案用紙 ➡P186
テキスト STEP40、47

解答

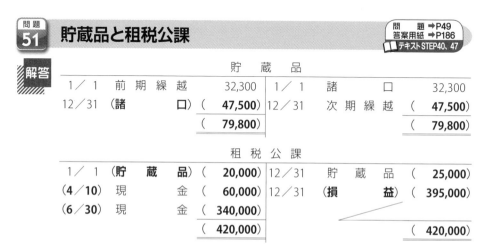

貯　蔵　品

1／ 1 前 期 繰 越	32,300	1／ 1 諸　　　口	32,300
12／31 （**諸**　　**口**）（ **47,500**）		12／31 次 期 繰 越 （ **47,500**）	
（ **79,800**）		（ **79,800**）	

租　税　公　課

1／ 1 （**貯**　**蔵**　**品**）（ **20,000**）		12／31 貯 蔵 品 （ **25,000**）	
（**4／10**） 現　　　金 （ **60,000**）		12／31 （**損**　　　**益**）（ **395,000**）	
（**6／30**） 現　　　金 （ **340,000**）			
（ **420,000**）		（ **420,000**）	

解説

この出題パターンの攻略法 収入印紙や固定資産税は「租税公課」という費用の勘定を用い、はがきや郵便切手は「通信費」という費用の勘定を用いて仕訳する。

1月1日　貯蔵品勘定の前期繰越¥32,300のうち、収入印紙の¥20,000は租税公課勘定へ、郵便切手の¥12,300は通信費勘定へ振り替えます。

租 税 公 課	20,000	貯 蔵 品	32,300
通 信 費	12,300		

　　上記より、租税公課勘定の借方に**¥20,000**を転記します。金額の前には、相手勘定科目を記入するので、貸方の**貯蔵品**を書きます。また、貯蔵品勘定の貸方には¥32,300を転記し、貯蔵品の相手勘定科目は租税公課と通信費の2つあるので諸口と書きますが、すでに貯蔵品勘定の貸方に1/1の

日付で記入されているので、ここでは記入の必要はありません。

4月10日　収入印紙￥60,000を現金で購入したので、租税公課が￥60,000
　　　　発生し、現金が同額減少します。

租 税 公 課	60,000	現　　　金	60,000

　　　上記より、租税公課勘定の借方に**￥60,000**を転記します。

6月30日　固定資産税￥340,000を現金で納付したので、租税公課が￥340,000
　　　　発生し、現金が同額減少します。

租 税 公 課	340,000	現　　　金	340,000

　　　上記より、租税公課勘定の借方に**￥340,000**を転記します。

9月20日　はがき￥18,600と郵便切手￥36,400を現金で購入したので、通
　　　　信費が￥55,000（￥18,600＋￥36,400）発生し、現金が同額減少します。

通 信 費	55,000	現　　　金	55,000

　　　貯蔵品勘定も租税公課勘定も用いていないので、本問では転記不要です。

12月31日　収入印紙の未使用分￥25,000は、租税公課勘定から貯蔵品勘定
　　　　へ振り替えます。また、はがきと郵便切手の未使用分￥22,500（￥6,200
　　　　＋￥16,300）は、通信費勘定から貯蔵品勘定へ振り替えます。つまり、ま
　　　　だ使っていない分は、その分だけ価値があるので、費用を減らして資産で
　　　　ある貯蔵品を増やします。

貯 蔵 品	47,500	租 税 公 課	25,000
		通 信 費	22,500

　　　上記より、租税公課勘定の貸方に**￥25,000**を転記します。また、貯蔵
　品勘定の借方には**￥47,500**を転記し、貯蔵品の相手勘定科目は租税公課
　と通信費の2つあるので、**諸口**と書きます。

ここに注意！
収入印紙や切手に未使用分がある場合、「**貯蔵品**」勘定に振り替えます。

最後に、貯蔵品勘定と租税公課勘定を締め切ります。貯蔵品は資産なので、次期繰越で締め切ります。借方と貸方の合計金額が一致するように、足りないほうの貸方に、足りない金額**¥47,500**（借方合計¥79,800－貸方¥32,300）を次期繰越として記入します。

　租税公課勘定は費用なので、租税公課勘定の残高を損益勘定へ振り替えます。租税公課勘定の残高は、借方合計¥420,000－¥25,000＝**¥395,000**です。

損　　　　　益	395,000	租　税　公　課	395,000

　これを租税公課勘定の貸方に転記します。金額の手前には相手勘定科目の<u>損益</u>を記入します。

問題 52　未収・未払と前受・前払

問　　題 ➡P50
答案用紙 ➡P187
テキストSTEP43〜46

 解答

（イ）	（ロ）	（ハ）	（ニ）	（ホ）
④	④	①	③	③
(a)	(b)	(c)	(d)	(e)
15,000	**18,000**	**33,000**	**15,000**	**18,000**

 解説

この出題パターンの攻略法

　まずは各日付の仕訳を行う。あとはそれを勘定に転記していけばよい。

　支払家賃勘定の前払の問題です。期末に未収・未払と前受・前払を行った時には、翌期首に必ず『再振替仕訳』を行います。この問題は、期首に再振替仕訳、期末に前払の仕訳を行い、最後に支払家賃勘定の残高を損益勘定へ振り替えます。

　前払家賃勘定は資産なので、資産と同じ借方へ、前期からの繰越額が「前期繰越」として記入されます。よって、（ハ）は「①前期繰越」となります。

　前払家賃勘定の借方合計から（d）の金額を差額でもとめます。¥33,000－¥18,000＝**¥15,000**

　前払家賃勘定の前期繰越¥15,000を用いて、期首に再振替仕訳を行います。

10月1日	支払家賃 15,000	前払家賃 15,000

上記仕訳を、支払家賃勘定の借方と前払家賃勘定の貸方へ転記します。

支払家賃勘定の借方（イ）へは、相手勘定科目を記入するので「④前払家賃」となり、（a）には仕訳の金額「15,000」となります。

同様に、前払家賃勘定の貸方（ホ）へは、相手勘定科目である「③支払家賃」となります。

期末には、前払の仕訳を行います。仕訳の金額は、前払家賃勘定の次期繰越（e）**¥18,000**（¥33,000－¥15,000）を用います。

9月30日	前払家賃 18,000	支払家賃 18,000

上記仕訳を、前払家賃勘定の借方と支払家賃勘定の貸方へ転記します。

金額の前には、それぞれ相手勘定科目を記入するので、前払家賃勘定の借方（ニ）へは「③支払家賃」を、支払家賃勘定の貸方（ロ）へは「④前払家賃」となり、（b）は仕訳の金額「18,000」となります。

最後に、支払家賃勘定の残高を損益勘定へ振り替えます。支払家賃勘定の残高は、借方合計¥51,000から上記前払額¥18,000を差し引いて**¥33,000**となります。

9月30日	損益 33,000	支払家賃 33,000

上記仕訳を、損益勘定の借方と支払家賃勘定の貸方へ転記します。よって、（c）は¥33,000です。

問題53 未収・未払と前受・前払

問　題 ⇒P51
答案用紙 ⇒P187
テキスト STEP43～46

解答

支 払 地 代

X4年		摘　要	仕丁	借　方	X4年		摘　要	仕丁	貸　方
1	1	前 払 地 代	省略	256,000	12	31	前 払 地 代	省略	256,000
5	1	現　　金	略	768,000	〃		損　益	略	768,000
				1,024,000					1,024,000

用語チェック! 費用・収益の未収・未払と前受・前払を行ったら、翌期首の最初の日付で、それと貸借を逆にした仕訳を行うんだって。これを「**再振替仕訳**」というんだよね。

前 払 地 代

X4年		摘　要	仕丁	借　方	X4年		摘　要	仕丁	貸　方
1	1	前 期 繰 越	省略	256,000	1	1	支 払 地 代	省略	256,000
12	31	支 払 地 代		256,000	12	31	次 期 繰 越		256,000
				512,000					512,000

 解説

この出題パターンの攻略法　タイムテーブルを作成し、期首に前期の前払地代の再振替仕訳を行う。次に１年分の地代支払いの仕訳を行い、最後に支払地代の前払の仕訳と支払地代勘定の残高を損益勘定へ振り替える仕訳を行う。

　まずは、タイムテーブルを作成し、前払額を計算します。

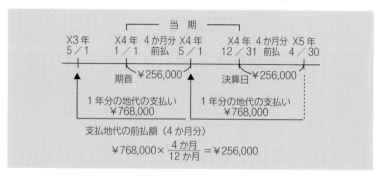

　上記で判明した金額を勘定記入の手順にしたがって仕訳し、それを支払地代勘定と前払地代勘定へ転記します。

1月1日(再振替仕訳)	支 払 地 代	256,000		前 払 地 代	256,000
5月1日	支 払 地 代	768,000		現　　　金	768,000
12月31日(地代の前払)	前 払 地 代	256,000		支 払 地 代	256,000
(支払地代の損益振替)	損　　　益	768,000		支 払 地 代	768,000

　支払地代勘定は費用なので、損益勘定へ振り替える仕訳を行い、勘定を締め切ります。

　前払地代勘定は資産なので、仕訳をしないで「**次期繰越**」「**前期繰越**」で締め切ります。

　これを答案用紙の２つの勘定に記入していきます。

 ここに注意！　毎年、同じタイミングで「**費用**」や「**収益**」の支払いや受取りが行われている場合は、前期末の決算整理仕訳や当期首の再振替仕訳から考える必要があります。

問題 54 伝票（伝票からの仕訳）

問　題 ⇒P51
答案用紙 ⇒P188
テキスト STEP54

解答

	仕		訳	
	借 方 科 目	金 額	貸 方 科 目	金 額
(1)	現金	180,000	売掛金	180,000
(2)	水道光熱費	22,000	現金	22,000
(3)	買掛金	120,000	支払手形	120,000

解説

この出題パターンの攻略法 入金伝票の内容を仕訳すると必ず借方が現金となり、出金伝票の内容を仕訳すると必ず貸方が現金となる。

(1) **入金伝票**なので、**現金**という資産が¥180,000増加するため、借方は現金¥180,000とします。そして、入金伝票に売掛金と記入されているので、**売掛金**という資産が¥180,000減少します。よって、貸方は売掛金¥180,000となります。

伝票に記入された内容の仕訳

入金伝票 必ず（借）現金×××となる。

出金伝票 必ず（貸）現金×××となる。

振替伝票 借方も貸方も現金勘定は用いられない。

(2) 出金伝票なので、**現金**という資産が¥22,000減少するため、貸方は現金¥22,000とします。そして、出金伝票に水道光熱費と記入されているので、**水道光熱費**という費用が¥22,000発生します。したがって、借方は水道光熱費¥22,000となります。

(3) **振替伝票なので、そこに記入された内容がそのまま仕訳となります**。したがって、借方は**買掛金**¥120,000となり、貸方は**支払手形**¥120,000となります。

ここに注意！ 「3伝票制」では、振替伝票にいろいろな勘定が用いられますが、現金が計上されることはありません。

問題 55 **伝票**（伝票作成）

問　題 ⇒P52
答案用紙 ⇒P188

テキストSTEP54、55

(1)

振　替　伝　票			
借 方 科 目	金 額	貸 方 科 目	金 額
仕　　　入	50,000	買　掛　金	50,000

(2)

振　替　伝　票			
借 方 科 目	金 額	貸 方 科 目	金 額
売　掛　金	150,000	売　　　上	150,000

この出題パターンの攻略法　伝票の問題は、①本来あるべき仕訳を行い、②すでに伝票に記入されている内容の仕訳を行い、③2つの仕訳を比較して、解答の仕訳を行う、の手順で解く。

（1）まず、本来あるべき仕訳を行います。

仕　　　入	60,000	現　　　金	10,000
		買　掛　金	50,000

次に、すでに伝票に記入されている内容の仕訳を行います。

仕　　　入	10,000	現　　　金	10,000

最後に**本来あるべき仕訳とすでに伝票に記入されている内容の仕訳を比較して、解答の仕訳を導き出します。**まず、借方は、本来あるべき仕訳では、仕入¥60,000となっていますが、すでに伝票に記入されている内容の仕訳では、仕入¥10,000となっており、¥50,000足りません。したがって、借方は**仕入¥50,000**とします。貸方は、本来あるべき仕訳では、現金¥10,000と買掛金¥50,000になっています。このうち、すでに伝票に記入されている内容の仕訳では、現金¥10,000となっており、買掛金¥50,000が足りません。ですから、貸方は**買掛金¥50,000**となります。

(2) まず、本来あるべき仕訳を行います。

現　　　金	50,000	売　　　上	150,000
売　掛　金	100,000		

次に、すでに伝票に記入されている内容の仕訳を行います。

現　　　金	50,000	売　掛　金	50,000

　最後に本来あるべき仕訳とすでに伝票に記入されている内容の仕訳を比較して、解答の仕訳を導き出します。まず、借方は、本来あるべき仕訳では、現金¥50,000と売掛金¥100,000になっています。このうち、すでに伝票に記入されている内容の仕訳では、現金¥50,000となっているので、現金に関してはこのままで問題ありませんが、売掛金¥100,000が足りません。しかし、すでに伝票に記入されている内容の仕訳では、貸方に売掛金¥50,000となっており、これと解答の仕訳を合わせて、本来あるべき仕訳にしなければならないため、借方の**売掛金**は**¥150,000**とします。貸方は、本来あるべき仕訳では、売上¥150,000となっていますが、すでに伝票に記入されている内容の仕訳では、売掛金¥50,000となっており、売上¥150,000が足りません。ですから、貸方は**売上¥150,000**とします。

問題 56　伝票（伝票への起票）

問　題 ➡ P52
答案用紙 ➡ P189
📖 テキスト STEP54、55

解答

(1)

出　金　伝　票	
科　目	金　額
旅費交通費	5,000

振　替　伝　票			
借方科目	金　額	貸方科目	金　額
旅費交通費	80,000	仮　払　金	80,000

(2)

入　金　伝　票	
科　目	金　額
所得税預り金	30,000

出　金　伝　票	
科　目	金　額
給　　　料	640,000

用語チェック!
「入金伝票」とは入金取引を記入する伝票よね。入金伝票に記入された内容を仕訳すると、必ず借方が現金となるのよ。

解説 (1) 本来あるべき仕訳を行います。

旅費交通費	85,000	仮　払　金	80,000
		現　　　　金	5,000

次に、出金伝票と振替伝票に分けて、2枚の伝票に起票します。

（出金伝票）旅費交通費	5,000	現　　　　金	5,000
（振替伝票）旅費交通費	80,000	仮　払　金	80,000

(2) 本来あるべき仕訳を行います。

給　　　　料	640,000	所得税預り金	30,000
		現　　　　金	610,000

次に、入金伝票と出金伝票に分けて、2枚の伝票に起票します。

（入金伝票）現　　　金	30,000	所得税預り金	30,000
（出金伝票）給　　　料	640,000	現　　　　金	640,000

　出金伝票の貸方の現金¥640,000から入金伝票の借方の現金¥30,000を差し引くと、本来あるべき仕訳の貸方の現金¥610,000を示すことになります。

伝票（仕訳日計表）

問　題 ⇒ P53
答案用紙 ⇒ P189
テキスト STEP54〜56

仕 訳 日 計 表
○年6月1日

借　方	元丁	勘定科目	元丁	貸　方
390,000	〈	現　　　　　　　金	〈	170,000
20,000		当　座　預　金		20,000
		受　取　手　形		180,000
120,000	省	売　　掛　　金	省	130,000
150,000		備　　　　　　品		
60,000		買　　掛　　金		80,000
	略	未　　払　　金	略	150,000
		売　　　　　上		200,000
160,000		仕　　　　　入		
30,000		営　　業　　費		
930,000	〉		〉	930,000

総 勘 定 元 帳
現　　金

○年		摘　要	仕丁	借　方	貸　方	借／貸	残　高
6	1	前　月　繰　越	〈省略〉	174,000		借	174,000
	〃	仕　訳　日　計　表		390,000		〃	564,000
	〃	〃			170,000	〃	394,000

買　掛　金

○年		摘　要	仕丁	借　方	貸　方	借／貸	残　高
6	1	前　月　繰　越	〈省略〉		250,000	貸	250,000
	〃	仕　訳　日　計　表			80,000	〃	330,000
	〃	〃		60,000		〃	270,000

用語チェック！　「**出金伝票**」とは出金取引を記入する伝票だよ。出金伝票に記入された内容を仕訳すると、必ず貸方が現金となるんだよ。

各伝票の仕訳を行い、仕訳日計表へ集計し、その後、仕訳日計表の現金と買掛金について、総勘定元帳へ転記する。

仕訳日計表とは、1日分の伝票を集計した合計試算表のようなものです。そのため、**伝票の各内容について、借方合計と貸方合計をそれぞれ記入していきます**。そして、仕訳日計表を作成したら、そこから総勘定元帳へ合計転記していきます。

つまり、現金であれば、借方合計を現金勘定の借方に転記し、貸方合計を現金勘定の貸方に転記して現金の残高をもとめます。

仕訳を示すと次の通りです。

No.101	現	金	80,000	売　　　上		80,000
No.102	現	金	50,000	売　掛　金		50,000
No.103	現	金	180,000	受 取 手 形		180,000
No.104	現	金	80,000	売　掛　金		80,000
No.201	仕	入	80,000	現　　　金		80,000
No.202	営 業 費		30,000	現　　　金		30,000
No.203	当 座 預 金		20,000	現　　　金		20,000
No.204	買 掛 金		40,000	現　　　金		40,000
No.301	仕	入	80,000	買　掛　金		80,000
No.302	売 掛 金		120,000	売　　　上		120,000
No.303	買 掛 金		20,000	当 座 預 金		20,000
No.304	備	品	150,000	未　払　金		150,000

問題 58 訂正仕訳

問題 ⇒P54
答案用紙 ⇒P190
テキスト STEP7

 解答

	仕		訳	
	借方科目	金 額	貸方科目	金 額
(1)	売掛金	240,000	売上	240,000
(2)	売上	250,000	売掛金	250,000
(3)	未払保険料 前払保険料	80,000 80,000	保険料	160,000

解説

この出題パターンの攻略法 まず本来行うべきだった正しい仕訳を書いて、その下に間違って行ってしまった仕訳を書く。最後にこの2つの仕訳を比較して訂正仕訳を導き出す。

訂正仕訳の問題は、正しい仕訳を答えるのではなく、**間違えた仕訳を正しい仕訳に修正するための仕訳を答えます。**

(1) 本来あるべき仕訳（正しい仕訳）を行います。

売 掛 金 120,000　　売 上 120,000

誤って行ってしまった仕訳を行います。

売 上 120,000　　売 掛 金 120,000

解答となる訂正仕訳を行います。

売 掛 金 240,000　　売 上 240,000

借方と貸方に正しい仕訳を書いて、金額を2倍にします。

(2) 本来あるべき仕訳（正しい仕訳）を行います。

現 金 250,000　　売 掛 金 250,000

誤って行ってしまった仕訳を行います。

 用語チェック！

「訂正仕訳」とは、誤って行った仕訳を正しい仕訳に修正するために行う仕訳のことよ。

現　　　　金	250,000	売　　　　上	250,000

解答となる訂正仕訳を行います。

売　　　　上	250,000	売　掛　金	250,000

間違って計上してしまった**売上**を減少させて、**売掛金**を減少させます。

（3）本来あるべき仕訳（正しい仕訳）を行います。

前 払 保 険 料	80,000	保　険　料	80,000

誤って行ってしまった仕訳を行います。

保　険　料	80,000	未 払 保 険 料	80,000

解答となる訂正仕訳を行います。

未 払 保 険 料	80,000	保　険　料	160,000
前 払 保 険 料	80,000		

　間違って計上してしまった**未払保険料**を減少させて**前払保険料**を計上します。さらに**保険料**を減少させるところを増加させてしまったので、金額を2倍の¥160,000減少させます。

第3問対策

解答・解説

問　　題 ➡ P58
答案用紙 ➡ P192
テキストSTEP57、58

本書内の問題と答案用紙の
対応ページを示します

本書に対応したテキスト『超ス
ピード合格！　日商簿記3級テ
キスト&問題集　第6版』の対
応STEPを示しています。わから
なくなったら、こちらの対応
STEPを読み直しましょう

第3問 対策 解答・解説

出題パターン対応! 第3問 対策 問題

問題 59	精算表	問　題 ⇒ P58 答案用紙 ⇒ P191 テキストSTEP57、58

精算表

勘定科目	残高試算表 借方	残高試算表 貸方	修正記入 借方	修正記入 貸方	損益計算書 借方	損益計算書 貸方	貸借対照表 借方	貸借対照表 貸方
現　　　金	98,000			3,000			95,000	
普 通 預 金	440,000			70,000			370,000	
受 取 手 形	150,000						150,000	
売 掛 金	350,000						350,000	
繰 越 商 品	300,000		360,000	300,000			360,000	
建　　　物	1,000,000						1,000,000	
備　　　品	500,000						500,000	
支 払 手 形		100,000						100,000
買 掛 金		300,000	70,000					230,000
貸 倒 引 当 金		5,000		15,000				20,000
建物減価償却累計額		300,000		30,000				330,000
備品減価償却累計額		100,000		50,000				150,000
資 本 金		1,500,000						1,500,000
繰越利益剰余金		226,000						226,000
売　　　上		2,500,000				2,500,000		
受 取 手 数 料		64,000		6,000		70,000		
仕　　　入	1,560,000		300,000	360,000	1,500,000			
給　　　料	515,000		15,000		530,000			
水 道 光 熱 費	122,000				122,000			
租 税 公 課	60,000			5,000	55,000			
	5,095,000	5,095,000						
雑　　　損			3,000		3,000			
貸倒引当金繰入			15,000		15,000			
減 価 償 却 費			80,000		80,000			
貯 蔵 品			5,000				5,000	
未 収 手 数 料			6,000				6,000	
未 払 給 料				15,000				15,000
当期純(**利益**)					265,000			265,000
			854,000	854,000	2,570,000	2,570,000	2,836,000	2,836,000

用語チェック！
「**精算表**」とは、残高試算表と損益計算書と貸借対照表を1つの表にまとめたものよね。

解説

この出題パターンの攻略法

精算表の解法手順

資産→貸借対照表の借方　　**収益**→損益計算書の貸方
負債・資本→貸借対照表の貸方　　**費用**→損益計算書の借方
上記のようにもっていく。

精算表

手順		勘定科目	試算表 借方	試算表 貸方	修正記入 借方	修正記入 貸方	損益計算書 借方	損益計算書 貸方	貸借対照表 借方	貸借対照表 貸方
手順1	資産	現　　　金	12,500			500			12,000	
		当 座 預 金	60,000						60,000	
		受 取 手 形	20,000						20,000	
		売 掛 金	80,000						80,000	
		繰 越 商 品	20,000		36,000	20,000			36,000	
		備　　　品	5,000						5,000	
		建　　　物	60,000						60,000	
	負債・資本	支 払 手 形		18,000						18,000
		買 掛 金		68,500						68,500
		借 入 金		15,000						15,000
		貸倒引当金		1,000		3,000				4,000
		備品減価償却累計額		2,700		450				3,150
		建物減価償却累計額		8,100		2,700				10,800
		資 本 金		150,000						150,000
	収益	売　　　上		200,000				200,000		
		受 取 利 息		1,200				1,200		
	費用	仕　　　入	150,000		20,000	36,000	134,000			
		給　　　料	55,000				55,000			
		支 払 利 息	2,000				2,000			
			464,500	464,500						
		雑　　　損			500		500			
		貸倒引当金繰入			3,000		3,000			
		減 価 償 却 費			3,150		3,150			
		当期純（**利益**）					3,550			3,550
					62,650	62,650	201,200	201,200	273,000	273,000

手順2	損益計算書の収益の合計から費用の合計を差し引いて、当期純利益を計算する。
手順3	当期純利益を損益計算書の借方に書いて、損益計算書の借方と貸方の合計を一致させる。
手順4	貸借対照表の貸方に、損益計算書で計算した当期純利益をもっていく。
手順5	貸借対照表の借方と貸方の合計を一致させることにより完成。

ここに注意！

精算表の問題の最後は、「**当期純利益**」であることが多く、本試験で何度も出されているので、しっかりと確認するようにしましょう。

決算整理事項等を仕訳すると以下の通りです。

1.	雑	損	3,000	現		金	3,000
2.	買	掛 金	70,000	普 通 預 金			70,000
3.	貸倒引当金繰入		15,000	貸 倒 引 当 金			15,000

（受取手形￥150,000＋売掛金￥350,000）×4％－貸倒引当金￥5,000＝
￥15,000

4.	仕	入	300,000	繰 越 商 品			300,000
	繰 越 商 品		360,000	仕		入	360,000

期首商品棚卸高￥300,000は、繰越商品勘定の残高試算表欄に記載され
ています。

5.	減 価 償 却 費		80,000	建物減価償却累計額		30,000
				備品減価償却累計額		50,000

建物減価償却費：（建物￥1,000,000－残存価額￥100,000）÷耐用年数
30年＝￥30,000
備品減価償却費：備品￥500,000÷耐用年数10年＝￥50,000

6.	貯 蔵 品		5,000	租 税 公 課		5,000
7.	未 収 手 数 料		6,000	受 取 手 数 料		6,000
8.	給	料	15,000	未 払 給 料		15,000

10の決算整理仕訳

❶現金過不足の処理、❷売上原価の計算、❸貸倒引当金の設定、❹減価償却費の計上、❺収益・費用の未収・未払・前受・前払、❻仮払金・仮受金の処理、❼当座借越の振替、❽貯蔵品の棚卸、❾消費税の処理、❿法人税等の計上

問題 60　精算表

問　題 ⇒ P58　答案用紙 ⇒ P192　テキスト STEP57、58

解答

精 算 表

勘定科目	残高試算表 借方	残高試算表 貸方	修正記入 借方	修正記入 貸方	損益計算書 借方	損益計算書 貸方	貸借対照表 借方	貸借対照表 貸方
現　　　金	267,000						267,000	
当 座 預 金		124,000	124,000					
普 通 預 金	743,000		132,000				875,000	
売 　掛　 金	682,000			132,000			550,000	
仮払消費税	250,000			250,000				
繰 越 商 品	250,000		220,000	250,000			220,000	
備 　　　品	600,000						600,000	
買 　掛　 金		440,000						440,000
仮受消費税		375,000	375,000					
貸倒引当金		4,000		12,500				16,500
備品減価償却累計額		150,000		75,000				225,000
資 　本　 金		1,000,000						1,000,000
繰越利益剰余金		451,000						451,000
売 　　　上		3,750,000				3,750,000		
仕 　　　入	2,500,000		250,000	220,000	2,530,000			
給 　　　料	480,000				480,000			
支 払 家 賃	260,000			20,000	240,000			
通 　信　 費	190,000				190,000			
保 　険　 料	72,000			18,000	54,000			
	6,294,000	6,294,000						
当 座 借 越				124,000				124,000
貸倒引当金繰入			12,500		12,500			
減価償却費			75,000		75,000			
未払消費税				125,000				125,000
（前払）家賃			20,000				20,000	
（前払）保険料			18,000				18,000	
当期純（利益）					168,500			168,500
			1,226,500	1,226,500	3,750,000	3,750,000	2,550,000	2,550,000

ここに注意！

未収収益と前払費用は「**資産**」、未払費用と前受収益は「**負債**」です。ですからこれら「**経過勘定項目**」は必ず貸借対照表に計上します。

この問題は、残高試算表の金額に決算整理仕訳を加減算して**精算表**を作成するタイプです。

精算表の解法手順

手順❶　**決算整理仕訳**を行う。

手順❷　決算整理仕訳を**修正記入欄**に転記する。

手順❸　修正記入欄の金額を加減算しつつ、資産の勘定は**貸借対照表の借方**、負債・資本の勘定は**貸借対照表の貸方**、収益の勘定は**損益計算書の貸方**、費用の勘定は**損益計算書の借方**にもっていく。

手順❹　損益計算書の収益の合計から費用の合計を差し引いて、**当期純利益**を計算する。

手順❺　当期純利益を**損益計算書の借方**に書いて、損益計算書の借方と貸方の合計を**一致**させる。

手順❻　貸借対照表の貸方に、損益計算書で計算した**当期純利益**をもっていく。

手順❼　貸借対照表の借方と貸方の合計を**一致**させることにより、完成。

決算整理事項等を仕訳すると以下の通りです。

1.	普 通 預 金	132,000	売 掛 金	132,000
2.	当 座 預 金	124,000	当 座 借 越	124,000
3.	貸倒引当金繰入	12,500	貸 倒 引 当 金	12,500

（売掛金¥682,000−¥132,000）×3%−貸倒引当金¥4,000＝¥12,500

4.	仕 入	250,000	繰 越 商 品	250,000
	繰 越 商 品	220,000	仕 入	220,000
5.	減 価 償 却 費	75,000	備品減価償却累計額	75,000

備品¥600,000÷耐用年数8年＝¥75,000

6.	仮 受 消 費 税	375,000	仮 払 消 費 税	250,000
			未 払 消 費 税	125,000
7.	前 払 家 賃	20,000	支 払 家 賃	20,000

支払家賃¥260,000÷13か月＝¥20,000

8.	前 払 保 険 料	18,000	保 険 料	18,000

　この場合、問題文より1年分の保険料の支払額がいくらなのかわからないので、精算表に記載されている保険料¥72,000より計算します。ただし、問題文に「毎年8月1日に1年分を支払っている」となっているので、前期末にも前払を計上し、その結果、当期首に再振替仕訳を行っているので、その分を考慮して計算します。

「未収・未払」とはすでに発生しているが、まだ計上されていない費用や収益を増加させることで、「前受・前払」とはまだ発生していないが、すでに計上されている費用や収益を減少させることね。

当期

| X4 8/1 | X5 4/1 | X5 8/1 | X6 3/31 4か月 7/31 | X6 |

前期より　　　　決算日　￥18,000

1年分の保険料の支払い　1年分の保険料の支払い

4か月　　　+　　12か月　=　16か月

1か月分の保険料：保険料￥72,000÷16か月＝￥4,500
保険料の前払分：￥4,500×4か月＝￥18,000

ここに注意！

「費用・収益の未収・未払・前受・前払」は、精算表の問題の中で1問だけでなく複数問出題されるので、配点の比重が大きいです。ですから、必ず問題が解けるようにしておきましょう。

問題 61 精算表

解答

精算表

勘定科目	残高試算表 借方	残高試算表 貸方	修正記入 借方	修正記入 貸方	損益計算書 借方	損益計算書 貸方	貸借対照表 借方	貸借対照表 貸方
現 金	98,000						98,000	
現金過不足		4,000	4,000					
普 通 預 金	423,000		3,000				426,000	
受 取 手 形	100,000						100,000	
売 掛 金	250,000			50,000			200,000	
仮 払 金	30,000			30,000				
繰 越 商 品	200,000		240,000	200,000			240,000	
建 物	1,680,000						1,680,000	
備 品	300,000						300,000	
支 払 手 形		80,000						80,000
買 掛 金		150,000						150,000
前 受 金		85,000	50,000					35,000
貸倒引当金		2,000		4,000				6,000
建物減価償却累計額		540,000		72,000				612,000
備品減価償却累計額		120,000		60,000				180,000
資 本 金		1,800,000						1,800,000
繰越利益剰余金		290,000						290,000
売 上		2,020,000				2,020,000		
受取手数料		65,000	12,000	5,000		58,000		
仕 入	1,220,000		200,000	240,000	1,180,000			
給 料	555,000				555,000			
旅費交通費	83,000		27,000		110,000			
通 信 費	42,000		3,000	1,000	44,000			
保 険 料	150,000			60,000	90,000			
租 税 公 課	25,000			4,000	21,000			
	5,156,000	5,156,000						
雑 (益)				2,000		2,000		
貸倒引当金繰入			4,000		4,000			
減価償却費			132,000		132,000			
(貯蔵品)			5,000				5,000	
(前払) 保険料			60,000				60,000	
(前受) 手数料				12,000				12,000
当期純(損失)						56,000	56,000	
			740,000	740,000	2,136,000	2,136,000	3,165,000	3,165,000

用語チェック！
「**当期純損失**」とは、収益よりも費用が大きくなった場合のことよね。一般でいうところの赤字ってことね。

解説

決算整理事項等を仕訳すると以下の通りです。

1. 通　信　費　　3,000　　受取手数料　　5,000
　　現金過不足　　4,000　　雑　　　益　　2,000

2. 旅費交通費　27,000　　仮　払　金　　30,000
　　普 通 預 金　　3,000

3. 前　受　金　50,000　　売　掛　金　　50,000

4. 貸倒引当金繰入　4,000　　貸 倒 引 当 金　4,000
　　売掛金の期末残高は、残高試算表￥250,000－上記3.￥50,000＝
　　￥200,000となります。
　　(受取手形￥100,000＋売掛金￥200,000)×2％－貸倒引当金￥2,000＝
　　￥4,000

5. 仕　　　入　200,000　　繰 越 商 品　200,000
　　繰 越 商 品　240,000　　仕　　　入　240,000

6. 減 価 償 却 費　132,000　　建物減価償却累計額　72,000
　　　　　　　　　　　　　　　　備品減価償却累計額　60,000
　　建物減価償却費：下記より￥12,000＋￥60,000＝￥72,000
　　　新建物：当期に購入した建物は、購入(10月1日)から決算日(3月31
　　　　　　　日)までの6か月分の減価償却費を計算します。
　　　　　　　￥480,000÷耐用年数20年×6か月/12か月＝￥12,000
　　　旧建物：(建物￥1,680,000－上記￥480,000)÷耐用年数20年＝
　　　　　　　￥60,000
　　備品減価償却費：備品￥300,000÷耐用年数5年＝￥60,000

7. 貯　蔵　品　　5,000　　租 税 公 課　　4,000
　　　　　　　　　　　　　　通　信　費　　1,000

8. 前払保険料　60,000　　保　険　料　　60,000
　　保険料￥90,000のうち、決算日以降の前払(4月1日から11月30日
　　までの8か月分)について、保険料という費用を減らし、前払保険料とい
　　う資産を増やします。

　　　　　　　　　━━━ 当 期 ━━━
　　　　X1　　　　　　X1　　X2　　前払　X2
　　　　4／1　　　　 12／1　3／31　8か月 11／30
　　　　├─────────┼───┼──────┤
　　　　　　　　　　　　　　決算日　￥60,000
　　　　　　　　　　1年分の保険料の支払い

　　　保険料の前払分：￥90,000×8か月/12か月＝￥60,000

9. 受取手数料　12,000　　前受手数料　　12,000

解答

精 算 表

勘 定 科 目	残高試算表 借方	残高試算表 貸方	修 正 記 入 借方	修 正 記 入 貸方	損益計算書 借方	損益計算書 貸方	貸借対照表 借方	貸借対照表 貸方
現　　　　金	78,000		6,000	1,000			83,000	
当 座 預 金	1,480,000						1,480,000	
売　掛　金	515,000			65,000			450,000	
仮　払　金	40,000			40,000				
繰 越 商 品	280,000		300,000	280,000			300,000	
貸　付　金	600,000						600,000	
備　　　品	900,000						900,000	
買　掛　金		320,000						320,000
社会保険料預り金		25,000						25,000
仮　受　金		65,000	65,000					
貸倒引当金		3,000		6,000				9,000
備品減価償却累計額		300,000		150,000				450,000
資　本　金		2,000,000						2,000,000
繰越利益剰余金		543,000						543,000
売　　　上		5,370,000	30,000			5,340,000		
受取手数料		187,000	30,000			157,000		
仕　　　入	3,170,000			3,170,000				
給　　　料	838,000				838,000			
旅費交通費	142,000		34,000		176,000			
支 払 家 賃	520,000			40,000	480,000			
法定福利費	250,000		25,000		275,000			
	8,813,000	8,813,000						
雑　　（損）			1,000		1,000			
（前 受 金）				30,000				30,000
売 上 原 価			280,000	300,000	3,150,000			
			3,170,000					
貸倒引当金繰入			6,000		6,000			
減価償却費			150,000		150,000			
（前払）家賃			40,000				40,000	
受 取 利 息				3,000		3,000		
（未収）利息			3,000				3,000	
（前受）手数料				30,000				30,000
未払法定福利費				25,000				25,000
当期純（利益）					424,000			424,000
			4,140,000	4,140,000	5,500,000	5,500,000	3,856,000	3,856,000

ここに注意！ 「修正記入欄」は、決算整理仕訳を記入するための欄です。修正記入欄の借方と貸方の合計金額は、必ず一致します。

解説　未処理事項および決算整理事項を仕訳すると以下の通りです。

[未処理事項]

1. 旅　費　交　通　費　　34,000　　　仮　　払　　金　　40,000
   現　　　　　金　　　6,000
   雑　　　　損　　　1,000　　　現　　　　　金　　　1,000

   　まず、仮払金の精算を行います。仮払金¥40,000のうち残金が¥6,000あったので、旅費交通費が¥34,000発生します。この残金は現金で受け取ったので現金が¥6,000増加します。
   　この結果、現金の帳簿残高は¥78,000＋¥6,000＝¥84,000となります。しかし、現金の実際有高は¥83,000しかないため、差額の¥1,000が雑損と判明します。

2. 仮　　受　　金　　65,000　　　売　　掛　　金　　65,000

3. 売　　　　　上　　30,000　　　前　　受　　金　　30,000

   　得意先から受け取った商品の内金は、前受金という負債の増加として処理します。それを誤って売上として処理していたので、売上という収益を減らして前受金を計上します。

[決算整理事項]

1. 貸倒引当金繰入　　6,000　　　貸倒引当金　　6,000
   （売掛金¥515,000－未処理事項2.¥65,000）×2％－貸倒引当金¥3,000
   ＝¥6,000

2. 売　上　原　価　　280,000　　　繰　越　商　品　　280,000
   売　上　原　価　3,170,000　　　仕　　　入　　3,170,000
   繰　越　商　品　　300,000　　　売　上　原　価　　300,000

   　売上原価を「売上原価」の行で計算する場合は、繰越商品の¥280,000と仕入の¥3,170,000を売上原価勘定へ振り替えます。これで売上原価勘定の借方に期首商品＋当期商品仕入高が記入されます。その後期末商品¥300,000を売上原価から引くために、貸方に売上原価を計上するとともに、その分だけ繰越商品という資産を増やします。

3. 減　価　償　却　費　　150,000　　　備品減価償却累計額　　150,000
   備品¥900,000÷耐用年数6年＝¥150,000

4. 前　払　家　賃　　40,000　　　支　払　家　賃　　40,000

5. 未　収　利　息　　3,000　　　受　取　利　息　　3,000

   　貸付日2月1日から決算日3月31日までの2か月分の利息が未収なので、2か月分の利息について、受取利息という収益を計上するとともに、未収利息という資産を増やします。
   　2か月分の利息（未収分）：貸付金¥600,000×年利率3％×2か月/12か月＝¥3,000

6. 受　取　手　数　料　　30,000　　　前　受　手　数　料　　30,000

   　受取手数料¥90,000のうち、決算日以降の前受分（4月1日から7月31日までの4か月分）について、受取手数料という収益を減らし、前受手数料という負債を増やします。

ここに注意！　「試算表」や「精算表」の問題で貸借合計が合わない場合を考慮して、まだ解いていない問題があれば、そちらを優先しましょう。

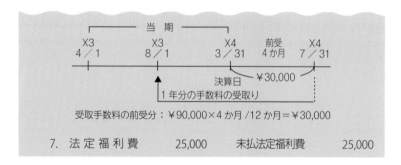

受取手数料の前受分：¥90,000×4か月/12か月＝¥30,000

7.	法定福利費	25,000	未払法定福利費	25,000

ここに注意！

精算表の「**当期純利益**」を計算する際に、電卓のメモリー機能を上手く使いこなせば、計算途中の金額をメモ書きすることなく計算できます。

問題 63 決算整理後残高試算表

問　題 ⇒ P61
答案用紙 ⇒ P195
テキスト STEP57

決算整理後残高試算表

借 方	勘 定 科 目	貸 方
189,000	現　　　　　　金	
1,230,000	普　通　預　金	
500,000	売　　掛　　金	
425,000	繰　越　商　品	
100,000	（ **前　払** ）保　険　料	
1,800,000	建　　　　　　物	
750,000	備　　　　　　品	
2,000,000	土　　　　　　地	
	買　　掛　　金	350,000
	前　　受　　金	94,000
	前　受　家　賃	60,000
	貸　倒　引　当　金	15,000
	建 物 減 価 償 却 累 計 額	960,000
	備 品 減 価 償 却 累 計 額	450,000
	資　　本　　金	4,000,000
	繰 越 利 益 剰 余 金	625,000
	売　　　　　　上	7,940,000
	受　取　家　賃	60,000
5,147,000	仕　　　　　　入	
1,860,000	給　　　　　　料	
81,000	通　　信　　費	
103,000	旅　費　交　通　費	
150,000	保　　険　　料	
9,000	貸 倒 引 当 金 繰 入	
210,000	減　価　償　却　費	
14,554,000		14,554,000

用語チェック!
　「残高試算表」 とは、各勘定の残高のみを集計した試算表よね。各勘定の借方か
貸方かのどちらにしか記入が行われない点が特徴だったわね。

この出題パターンの攻略法

決算整理後残高試算表の解法手順

手順1	会計期間を確認する。
手順2	決算整理仕訳を行う。
手順3	決算整理仕訳を決算整理前残高試算表に加減算して決算整理後の残高をもとめ、答案用紙に記入する。
手順4	決算整理前残高試算表にない勘定科目は、決算整理仕訳の金額をそのまま答案用紙に記入する。
手順5	答案用紙の借方合計と貸方合計をそれぞれ計算し、合計金額の一致を確認して完成。

(2) 決算整理事項等の仕訳を(1)決算整理前残高試算表に加減算して、決算整理後の残高試算表を作成します。仕訳を示すと以下の通りです。

1. 買　掛　金　　　70,000　　普　通　預　金　　　70,000

2. 旅 費 交 通 費　　46,000　　仮　　払　　金　　　60,000
   普　通　預　金　　14,000

3. 前　受　金　　　50,000　　売　掛　金　　　50,000
   　上記より、売掛金の期末残高は￥550,000－￥50,000＝￥500,000となります。

4. 貸倒引当金繰入　　9,000　　貸 倒 引 当 金　　　9,000
   貸倒引当金：売掛金￥500,000×3%＝￥15,000
   貸倒引当金繰入：￥15,000－貸倒引当金￥6,000＝￥9,000

5. 仕　　　　　入　　452,000　　繰 越 商 品　　452,000
   繰 越 商 品　　425,000　　仕　　　　　入　　425,000
   　仕 入 勘 定 の 残 高 は ￥5,120,000 ＋ ￥452,000 － ￥425,000 ＝
   ￥5,147,000となり、繰越商品勘定の残高は期末商品の￥425,000となります。

6. 減 価 償 却 費　　210,000　　建物減価償却累計額　　60,000
   　　　　　　　　　　　　　　　備品減価償却累計額　　150,000
   建物￥1,800,000÷耐用年数30年＝￥60,000
   備品￥750,000÷耐用年数5年＝￥150,000

7. 前払保険料　　100,000　　保　険　料　　100,000

保険料￥150,000のうち、決算日以降の前払分（4月1日から11月30日までの8か月分）について、保険料という費用を減らし、前払保険料という資産を増やします。

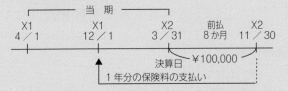

保険料の前払分：￥150,000×8か月/12か月＝￥100,000

8. 受　取　家　賃　　60,000　　前　受　家　賃　　60,000

受取家賃￥120,000のうち、決算日以降の前受分（4月分の1か月分）について、受取家賃という収益を減らし、前受家賃という負債を増やします。

1か月分の家賃：￥120,000÷2か月＝￥60,000

ここに注意! 仕訳を書く際は、勘定科目や金額はきれいにそろえて書くようにしましょう。バラバラ書いてしまうと、桁間違いや「転記ミス」につながる恐れがあります。

問題 64 決算整理後残高試算表

問題 →P62
答案用紙 →P196
テキスト STEP57

解答 問1

決 算 整 理 後 残 高 試 算 表
X8年3月31日

借方	勘定科目	貸方
328,000	現　　　　　金	
3,790,000	当　座　預　金	
470,000	受　取　手　形	
630,000	売　　掛　　金	
700,000	繰　越　商　品	
20,000	貯　　蔵　　品	
85,000	（ 前　払 ）家　賃	
2,400,000	備　　　　　品	
	支　払　手　形	250,000
	電 子 記 録 債 務	210,000
	買　　掛　　金	380,000
	借　　入　　金	1,000,000
	（ 未　払 ）利　息	40,000
	未 払 法 人 税 等	170,000
	貸 倒 引 当 金	44,000
	備品減価償却累計額	1,200,000
	資　　本　　金	4,000,000
	繰 越 利 益 剰 余 金	649,000
	売　　　　　上	12,800,000
7,450,000	仕　　　　　入	
2,580,000	給　　　　　料	
1,020,000	支　払　家　賃	
346,000	水 道 光 熱 費	
136,000	租 税 公 課	
28,000	貸 倒 引 当 金 繰 入	
400,000	減 価 償 却 費	
40,000	支 払 利 息	
320,000	法 人 税 等	
20,743,000		20,743,000

問2　¥（　　480,000　　）

ここに注意!

受取手形や売掛金は決算整理で金額が動くことが多いので、「**貸倒引当金**」の計算では必ず答案用紙に計上した受取手形や売掛金にもとづいて計算します。

98 解答・解説

解説

問1　（2）決算整理事項等の仕訳を（1）決算整理前残高試算表に加減算して、決算整理後の残高試算表を作成します。仕訳を示すと以下の通りです。

1. 当 座 預 金　80,000　　受 取 手 形　80,000
   上記より、受取手形の期末残高は￥550,000－￥80,000＝￥470,000となります。

2. 買 　 掛 　 金　60,000　　電子記録債務　60,000

3. 売 　 　 上　50,000　　売 　 掛 　 金　50,000
   上記より、売掛金の期末残高は￥680,000－￥50,000＝￥630,000となります。

4. 貸倒引当金繰入　28,000　　貸 倒 引 当 金　28,000
   貸倒引当金：（受取手形￥470,000＋売掛金￥630,000）×4％＝￥44,000
   貸倒引当金繰入：￥44,000－貸倒引当金￥16,000＝￥28,000

5. 仕 　 　 入　650,000　　繰 越 商 品　650,000
   繰 越 商 品　700,000　　仕 　 　 入　700,000
   期末商品棚卸高は、￥670,000に上記3.の返品分の原価￥30,000を加算して￥700,000となります。この結果、仕入勘定の残高は￥7,500,000＋￥650,000－￥700,000＝￥7,450,000となり、繰越商品勘定の残高は期末商品の￥700,000となります。

6. 減 価 償 却 費　400,000　　備品減価償却累計額　400,000
   備品￥2,400,000÷耐用年数6年＝￥400,000

7. 貯 　 蔵 　 品　20,000　　租 税 公 課　20,000

8. 前 払 家 賃　85,000　　支 払 家 賃　85,000
   1か月分の家賃（前払分）：支払家賃￥1,105,000÷13か月＝￥85,000

9. 支 払 利 息　40,000　　未 払 利 息　40,000
   借入6月1日から決算日3月31日までの10か月分の利息について、支払利息という費用を計上するとともに、未払利息という負債を増やします。
   10か月分の利息（未払分）：借入金￥1,000,000×年利率4.8％×10か月/12か月＝￥40,000

10. 法 人 税 等　320,000　　仮払法人税等　150,000
    　　　　　　　　　　　　未払法人税等　170,000

問2　当期純利益は、問1で作成した決算整理後残高試算表のうち収益と費用を抜き出して、その差額で計算します。

ここに注意！
「**仮払法人税等**」は、決算整理前残高試算表に載っています。「**未払法人税等**」は法人税等から仮払法人税等を差し引いてもとめます。

解答・解説 | 99

損 益 計 算 書

売 上 原 価	7,450,000	売 上	12,800,000
給 料	2,580,000		
支 払 家 賃	1,020,000		
水 道 光 熱 費	346,000		
租 税 公 課	136,000		
貸 倒 引 当 金 繰 入	28,000		
減 価 償 却 費	400,000		
支 払 利 息	40,000		
法 人 税 等	320,000		
当 期 純 利 益	480,000		
	12,800,000		12,800,000

ここに注意！

「**当期純利益**」は、収益から費用を控除して計算します。

問題 65 決算整理後残高試算表

問　題 ➡ P64
答案用紙 ➡ P197
テキスト STEP57

解答

問1

決算整理後残高試算表

借方	勘定科目	貸方
798,000	現　　　　　金	
1,830,000	普　通　預　金	
2,250,000	売　　掛　　金	
640,000	繰　越　商　品	
100,000	（ **前　払** ）家　賃	
1,500,000	貸　　付　　金	
2,400,000	備　　　　　品	
4,000,000	土　　　　　地	
	買　　掛　　金	1,545,000
	未　　払　　金	4,000
	（ **未　払** ）消費税	620,000
	未　払　法　人　税　等	130,000
	（ **前　受** ）利　息	20,000
	貸　倒　引　当　金	45,000
	借　　入　　金	500,000
	備品減価償却累計額	900,000
	資　　本　　金	8,000,000
	繰　越　利　益　剰　余　金	1,234,000
	売　　　　　上	15,480,000
	受　取　利　息	40,000
	（ **償却債権取立益** ）	30,000
9,300,000	仕　　　　　入	
58,000	発　　送　　費	
1,200,000	支　払　家　賃	
130,000	租　税　公　課	
25,000	貸　倒　引　当　金　繰　入	
300,000	減　価　償　却　費	
3,737,000	そ　の　他　の　費　用	
280,000	法　人　税　等	
28,548,000		28,548,000

問2　¥（　　520,000　　）

 ここに注意！
前期以前に貸倒れ処理した債権の一部または全部を回収できた場合は、「**償却債権取立益**」勘定で処理します。

問1　決算整理事項等の仕訳を示すと以下の通りです。

1.	仮　受　金	30,000	償却債権取立益	30,000
2.	発　送　費	4,000	未　払　金	4,000
3.	貸倒引当金繰入	25,000	貸 倒 引 当 金	25,000

貸倒引当金：売掛金￥2,250,000×2%＝￥45,000
貸倒引当金繰入：￥45,000－貸倒引当金￥20,000＝￥25,000

4.	仕　　　　入	660,000	繰 越 商 品	660,000
	繰 越 商 品	640,000	仕　　　　入	640,000

仕入勘定の残高は￥9,280,000＋￥660,000－￥640,000＝￥9,300,000
となり、繰越商品勘定の残高は期末商品の￥640,000となります。

5.	減 価 償 却 費	300,000	備品減価償却累計額	300,000

備品￥2,400,000÷耐用年数8年＝￥300,000

6.	仮 受 消 費 税	1,548,000	仮 払 消 費 税	928,000
			未 払 消 費 税	620,000
7.	受 取 利 息	20,000	前 受 利 息	20,000

受取利息￥60,000のうち、決算日以降の前受分（4月1日から7月31日
までの4か月分）について、受取利息という収益を減らし、前受利息とい
う負債を増やします。

```
                当 期
      ┌──────────────────┐
     X1        X1        X2      前受    X2
     4／1      8／1      3／31    4か月   7／31
    ─┼─────────┼─────────┼──────────────┼──
                                │  ￥20,000
                            決算日
            ↑
            │
        1年分の利息の受取り
```

利息の前受分：貸付金￥1,500,000×4%×4か月/12か月＝￥20,000

8.	前 払 家 賃	100,000	仮　払　金	100,000
9.	法 人 税 等	280,000	仮払法人税等	150,000
			未払法人税等	130,000

問2　決算整理後残高試算表のうち収益と費用を抜き出して、その差額で当期
純利益を計算します。

　　　収益合計：売上￥15,480,000＋受取利息￥40,000＋償却債権取立益
　　　　　　　￥30,000＝￥15,550,000

　　　費用合計：仕入￥9,300,000＋発送費￥58,000＋支払家賃￥1,200,000
　　　　　　　＋租税公課￥130,000＋貸倒引当金繰入￥25,000＋減価償却
　　　　　　　費￥300,000＋その他の費用￥3,737,000＋法人税等
　　　　　　　￥280,000＝￥15,030,000

　　　当期純利益：収益合計￥15,550,000－費用合計￥15,030,000＝￥520,000

66 決算整理後残高試算表

問 題 ⇒P65
答案用紙 ⇒P198
テキスト STEP57

解答 問1

決算整理後残高試算表

借方	勘定科目	貸方
381,000	現　　　　　金	
3,158,000	普　通　預　金	
1,350,000	売　　掛　　金	
768,000	繰　越　商　品	
120,000	前　払　保　険　料	
7,200,000	建　　　　　物	
1,600,000	備　　　　　品	
5,500,000	土　　　　　地	
	買　　掛　　金	1,214,000
	当　座　借　越	363,000
	借　　入　　金	4,800,000
	（　未　払　）利　息	30,000
	貸　倒　引　当　金	13,500
	建物減価償却累計額	1,980,000
	備品減価償却累計額	310,000
	資　　本　　金	7,500,000
	繰越利益剰余金	2,642,500
	売　　　　　上	15,520,000
10,110,000	仕　　　　　入	
2,880,000	給　　　　　料	
120,300	通　　信　　費	
287,500	旅　費　交　通　費	
480,000	保　　険　　料	
7,000	貸倒引当金繰入	
290,000	減　価　償　却　費	
120,000	支　払　利　息	
1,200	雑　　（　損　）	
34,373,000		34,373,000

問2　¥（　　5,220,000　　）

用語チェック!　「**帳簿価額**」とは、取得原価から減価償却累計額を差し引いた金額のこと。

解説

問1　決算整理事項等の仕訳を示すと以下の通りです。

1. | 普 通 預 金 | 220,000 | 売　掛　金 | 220,000 |

　　上記より、売掛金の期末残高は￥1,570,000－￥220,000＝￥1,350,000
となります。

2. | 備　　　　品 | 600,000 | 仮　払　金 | 600,000 |

3. | 旅 費 交 通 費 | 8,400 | 現 金 過 不 足 | 9,600 |
   | 雑　　　　損 | 1,200 | | |

4. | 当 座 預 金 | 363,000 | 当 座 借 越 | 363,000 |

5. | 貸倒引当金繰入 | 7,000 | 貸 倒 引 当 金 | 7,000 |

　　貸倒引当金：売掛金￥1,350,000×1％＝￥13,500
　　貸倒引当金繰入：￥13,500－貸倒引当金￥6,500＝￥7,000

6. | 仕　　　　入 | 847,000 | 繰 越 商 品 | 847,000 |
   | 繰 越 商 品 | 768,000 | 仕　　　　入 | 768,000 |

　　仕 入 勘 定 の 残 高 は ￥10,031,000 ＋ ￥847,000 － ￥768,000 ＝
￥10,110,000となり、繰越商品勘定の残高は期末商品の￥768,000とな
ります。

7. | 減 価 償 却 費 | 290,000 | 建物減価償却累計額 | 180,000 |
   | | | 備品減価償却累計額 | 110,000 |

　　建物減価償却費：建物￥7,200,000÷耐用年数40年＝￥180,000
　　備品減価償却費：下記より￥10,000＋￥100,000＝￥110,000
　　　新備品：当期に取得した備品は、取得（2月1日）から決算日（3月31日）
　　　　　　　までの2か月分の減価償却費を計算します。
　　　　　　　￥600,000÷耐用年数10年×2か月/12か月＝￥10,000
　　　旧備品：備品￥1,000,000÷耐用年数10年＝￥100,000

8. | 支 払 利 息 | 30,000 | 未 払 利 息 | 30,000 |

　　借入日11月1日から決算日3月31日までの5か月分の利息の未払いな
ので、支払利息という費用を計上するとともに、未払利息という負債を増
やします。

```
         ┌─────── 当　期 ───────┐
         X5          X5  未払い  X6              X6
         4／1        11／1  5か月 3／31          10／31
         ├───────────┼──────────┼───────────────┤
                  借入日 ￥30,000 決算日          返済日
                          └────────┐
                                   1年分の利息の支払い
```

　　利息の未払分：借入金￥1,800,000×4％×5か月/12か月＝￥30,000

9. | 前 払 保 険 料 | 120,000 | 保　険　料 | 120,000 |

問2　決算整理後の建物の帳簿価額は、決算整理後残高試算表の建物
￥7,200,000から建物減価償却累計額￥1,980,000を差し引いて計算します。

建物の帳簿価額：￥7,200,000－￥1,980,000＝￥5,220,000

問題 67 **決算整理後残高試算表**

問　題 ➡P66
答案用紙 ➡P199
テキストSTEP57

解答

問1

決算整理後残高試算表
X4年3月31日

借　方	勘　定　科　目	貸　方
84,000	現　　　　　　　金	
955,000	普　通　預　金	
300,000	売　　掛　　金	
250,000	繰　越　商　品	
25,000	前　払　保　険　料	
1,500,000	建　　　　　　　物	
630,000	備　　　　　　　品	
1,000,000	土　　　　　　　地	
	買　　掛　　金	260,000
	借　　入　　金	122,000
	未　払　法　人　税　等	85,000
	前　受　手　数　料	10,000
	貸　倒　引　当　金	9,000
	建　物　減　価　償　却　累　計　額	550,000
	備　品　減　価　償　却　累　計　額	235,000
	資　　本　　金	2,500,000
	繰　越　利　益　剰　余　金	623,000
	売　　　　　　　上	3,880,000
	受　取　手　数　料	120,000
2,320,000	仕　　　　　　　入	
925,000	給　　　　　　　料	
53,200	旅　費　交　通　費	
60,000	保　　険　　料	
6,000	貸　倒　引　当　金　繰　入	
135,000	減　価　償　却　費	
800	雑　　（　**損**　）	
150,000	法人税、住民税及び事業税	
8,394,000		8,394,000

問2　¥（　　　350,000　　　）

ここに注意！

「収益＞費用」の場合は「**当期純利益**」となり、「収益＜費用」の場合は「**当期純損失**」になります。

解説　問1　決算整理事項等の仕訳を示すと以下の通りです。

1. 旅費交通費　　1,200　　現　　　　金　　2,000
   雑　　　損　　　800

2. 当 座 預 金　122,000　　借 入 金　122,000

3. 普 通 預 金　 75,000　　売 掛 金　 75,000
   　　上記より、売掛金の期末残高は¥375,000－¥75,000＝¥300,000と
   なります。

4. 貸倒引当金繰入　　6,000　　貸 倒 引 当 金　　6,000
   貸倒引当金：売掛金¥300,000×3％＝¥9,000
   貸倒引当金繰入：¥9,000－貸倒引当金¥3,000＝¥6,000

5. 仕　　　　　入　200,000　　繰 越 商 品　200,000
   繰 越 商 品　250,000　　仕　　　　　入　250,000
   　　仕 入 勘 定 の 残 高 は ¥2,370,000＋¥200,000－¥250,000＝
   ¥2,320,000となり、繰越商品勘定の残高は期末商品の¥250,000となり
   ます。

6. 減 価 償 却 費　135,000　　建物減価償却累計額　 50,000
   　　　　　　　　　　　　　　　備品減価償却累計額　 85,000
   建物減価償却費：建物¥1,500,000÷耐用年数30年＝¥50,000
   備品減価償却費：下記より¥10,000＋¥75,000＝¥85,000
   　新備品：当期に取得した備品は、取得（12月1日）から決算日（3月31
   　　　　　日）までの4か月分の減価償却費を計算します。
   　　　　　¥180,000÷耐用年数6年×4か月/12か月＝¥10,000
   　旧備品：（備品¥630,000－上記¥180,000）÷耐用年数6年＝¥75,000

7. 受 取 手 数 料　 10,000　　前 受 手 数 料　 10,000

8. 前 払 保 険 料　 25,000　　保 　険　 料　 25,000
   　　保険料¥60,000のうち、決算日以降の前払分（4月1日から8月31日ま
   での5か月分）について、保険料という費用を減らし、前払保険料という
   資産を増やします。

   ┌──── 当　期 ────┐
   X3　　　　X3　　　　X4　　　前払　　X4
   4／1　　　9／1　　　3／31　　5か月　 8／31
   ├────────┼────────┤╌╌╌╌╌╌╌╌┤
   　　　　　　　　　　　　　¥25,000
   　　　　　　　　　　決算日
   　　　　↑
   　　1年分の保険料の支払い

   　　保険料の前払分：¥60,000×5か月/12か月＝¥25,000

9. 法人税,住民税及び事業税　150,000　　仮払法人税等　 65,000
   　　　　　　　　　　　　　　　　　　　　未払法人税等　 85,000

ここに注意！　決算整理で現金の帳簿有高と実際有高が違っていたら現金過不足は用いずに直接
「雑損」または「損益」とします。

問2

収益合計：売上￥3,880,000＋受取手数料￥120,000＝￥4,000,000

費用合計：仕入￥2,320,000＋給料￥925,000＋旅費交通費￥53,200＋
保険料￥60,000＋貸倒引当金繰入￥6,000＋減価償却費
￥135,000＋雑損￥800＋法人税、住民税及び事業税
￥150,000＝￥3,650,000

当期純利益：収益合計￥4,000,000－費用合計￥3,650,000＝￥350,000

問　題 ➡P67
答案用紙 ➡P200
テキストSTEP57、59

問題 68　財務諸表

解答

貸 借 対 照 表
X8年3月31日　　　　　　　　　　　　　　　　　　（単位：円）

現　　　　金		（　361,000）	買　掛　金		（　440,000）
普 通 預 金		（1,156,000）	借　入　金		（　800,000）
売　掛　金	（550,000）		（**未 払**）消費税		（　330,000）
貸倒引当金	（△22,000）	（　528,000）	未 払 費 用		（　9,000）
商　　　品		（　350,000）	資　本　金		（3,000,000）
（**前 払**）費 用		（　80,000）	繰越利益剰余金		（1,121,000）
備　　　品	（1,500,000）				
減価償却累計額	（△875,000）	（　625,000）			
土　　　地		（2,600,000）			
		（5,700,000）			（5,700,000）

損 益 計 算 書
X7年4月1日からX8年3月31日まで　　　　　　　　　　（単位：円）

売 上 原 価	（4,450,000）	売　上　高	（7,800,000）
給　　　料	（1,780,000）		
貸倒引当金繰入	（12,000）		
減 価 償 却 費	（250,000）		
支 払 家 賃	（480,000）		
水 道 光 熱 費	（126,000）		
通　信　費	（214,000）		
保　険　料	（60,000）		
雑　（**損**）	（1,000）		
支 払 利 息	（27,000）		
当期純（**利益**）	（400,000）		
	（7,800,000）		（7,800,000）

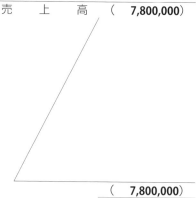

用語チェック！　「貸借対照表」は、借方に資産がきて、貸方に負債と資本を記入するんだったよね。

解説 この出題パターンの攻略法

決算整理仕訳を含む貸借対照表、損益計算書作成問題の解法手順

手順❶　**決算整理仕訳**を行う。

手順❷　決算整理仕訳を**決算整理前の勘定残高**に加減算して、決算整理後の金額にする。

手順❸　**収益・費用**を損益計算書にもっていき、貸借差額で**当期純利益**（損失）を計算する。

手順❹　**資産・負債**および**資本金**を貸借対照表にもっていく。

手順❺　決算整理前の繰越利益剰余金に、損益計算書で計算した当期純利益（損失）を加減算して、**期末の繰越利益剰余金**を計算する。

手順❻　期末の繰越利益剰余金を貸借対照表にもっていき、**貸借を一致**させ完成。

貸借対照表
X2年3月31日 （単位：円）

現　　　金		（147,400）	買　掛　金	負債──	（ 54,000）
売　掛　金	（ 80,000）		借　入　金	（手順❹）	（100,000）
（貸倒引当金）	（ 2,400）	（ 77,600）	未払法人税等		（ 5,000）
商　　　品		（ 65,000）	未　払　費　用	資本金	（ 3,000）
未　収　収　益		（ 10,000）	資　　本　　金	（手順❹）	（500,000）
建　　　物	（400,000）		繰越利益剰余金		（ 38,000）
減価償却累計額	（ 60,000）	（340,000）			
備　　　品	（100,000）	─資産		期末の繰越利益剰余金	
減価償却累計額	（ 40,000）	（ 60,000） （手順❹）		（手順❻）	
		（700,000）			（700,000）

損益計算書
X1年4月1日からX2年3月31日 （単位：円）

売 上 原 価	（192,000）	売　　上　　高	（325,000）
給　　　料	（ 70,000）	受 取 手 数 料	（ 25,000）
貸倒引当金繰入	（ 1,000）	─費用	収益
減 価 償 却 費	（ 32,000）	（手順❸）	（手順❸）
水 道 光 熱 費	（ 25,000）		
支 払 利 息	（ 5,000）		
法 人 税 等	（ 10,000）		
（当期純利益）	（ 15,000）	収益−費用	
	（350,000）	（手順❸）	（350,000）

用語チェック！　「**決算整理仕訳**」とは、毎期の利益の計算を正しく行うために、決算で特別に行う仕訳のことだったよね。

決算整理前残高試算表に決算整理事項等の仕訳を加減算して、資産に該当する勘定は貸借対照表の借方にもっていき、負債と資本に該当する勘定は貸借対照表の貸方にもっていきます。また、収益に該当する勘定は損益計算書の貸方に、費用に該当する勘定は損益計算書の借方にもっていきます。

その際、表示に関して注意すべき事項が4つあります。

① 貸倒引当金は受取手形や売掛金から控除する形式で、同様に減価償却累計額は建物や備品から控除する形式で記載します。

② 仕入勘定は、損益計算書上は売上原価とします。

③ 繰越商品勘定は、貸借対照表上は商品とします。

④ 前払家賃、前払保険料などの同種の経過勘定項目は、貸借対照表上は前払費用などの科目にまとめて表示します。

決算整理事項等の仕訳を示すと以下の通りです。

1. 通 信 費	4,000	現 金	5,000
雑 損	1,000		
2. 普 通 預 金	9,000	売 掛 金	9,000

上記より、売掛金の期末残高は￥559,000－￥9,000＝￥550,000となります。

3. 水 道 光 熱 費	10,000	普 通 預 金	10,000
4. 貸倒引当金繰入	12,000	貸 倒 引 当 金	12,000

貸倒引当金：売掛金￥550,000×4％＝￥22,000
貸倒引当金繰入：￥22,000－貸倒引当金￥10,000＝￥12,000

5. 仕 入	300,000	繰 越 商 品	300,000
繰 越 商 品	350,000	仕 入	350,000

仕入勘定の残高は￥4,500,000＋￥300,000－￥350,000＝￥4,450,000となり、これを損益計算書の売上原価へ記入します。貸借対照表の商品には、期末商品￥350,000を記入します。

6. 減 価 償 却 費	250,000	備品減価償却累計額	250,000

備品￥1,500,000÷耐用年数6年＝￥250,000

7. 仮 受 消 費 税	780,000	仮 払 消 費 税	450,000
		未 払 消 費 税	330,000

用語チェック！

「経過勘定項目」とは、費用・収益の未収・未払・前払・前受を行った際の相手勘定科目のことで、未収収益、未払費用、前受収益、前払費用の4つがあったよね。

8. 支 払 利 息　　　　9,000　　　未 払 利 息　　　　9,000

利払日12月31日から決算日3月31日までの3か月分の利息が未払いなので、支払利息という費用を計上するとともに、未払利息（未払費用）という負債を増やします。

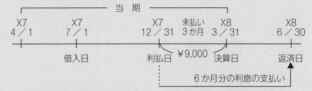

利息の未払分：借入金¥800,000×4.5%×3か月/12か月＝¥9,000

9. 前 払 家 賃　　　　80,000　　　支 払 家 賃　　　　80,000

支払家賃¥240,000のうち、決算日以降の前払分（4月1日から5月31日までの2か月分）について、支払家賃という費用を減らし、前払家賃（前払費用）という資産を増やします。

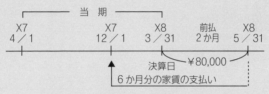

家賃の前払分：¥240,000×2か月/6か月＝¥80,000

　貸借対照表の繰越利益剰余金には、決算整理前の残高¥721,000に損益計算書でもとめた当期純利益¥400,000を加算して¥1,121,000を記載します。

用語チェック!

「**繰越利益剰余金**」とは、利益の蓄積部分で、利益が出た場合には、繰越利益剰余金に振り替えることになるのよね。

解答

貸　借　対　照　表
X2年3月31日
(単位：円)

現　　　　金		（　246,400）	買　掛　金		（　470,000）
普 通 預 金		（1,270,000）	（未払）消費税		（　300,000）
売　掛　金	（　600,000）		未払法人税等		（　150,000）
貸倒引当金	（△ 12,000）	588,000	（未払）費用		（　　8,000）
商　　　　品		（　300,000）	借　入　金		（1,200,000）
（前払）費用		（　 12,000）	預　り　金		（　 15,000）
建　　　　物	（2,000,000）		資　本　金		（4,000,000）
減価償却累計額	（△480,000）	（1,520,000）	繰越利益剰余金		（　973,401）
備　　　　品	（　500,000）				
減価償却累計額	（△319,999）	（　180,001）			
土　　　　地		（3,000,000）			
		（7,116,401）			（7,116,401）

損　益　計　算　書
X1年4月1日からX2年3月31日まで
(単位：円)

売 上 原 価	（5,540,000）	売　上　高		（8,500,000）
給　　　料	（1,750,000）			
法 定 福 利 費	（　168,000）			
支 払 手 数 料	（　 50,400）			
租 税 公 課	（　120,000）			
貸倒引当金繰入	（　 10,000）			
減 価 償 却 費	（　140,000）			
支 払 利 息	（　 24,000）			
その他費用	197,600			
法 人 税 等	（　150,000）			
当期純（利益）	（　350,000）			
	（8,500,000）			（8,500,000）

ここに注意！
「**当期純利益**」は、費用の下（左側）に、「**当期純損失**」は収益の下（右側）に記載します。

解説　決算整理事項等の仕訳を示すと以下の通りです。

1.　仮　受　金　　　59,600　　　売　掛　金　　　60,000
　　支 払 手 数 料　　　400
　　　　上記より、売掛金の期末残高は￥660,000－￥60,000＝￥600,000と
　　なります。

2.　貸倒引当金繰入　　 10,000　　 貸 倒 引 当 金　　 10,000
　　貸倒引当金：売掛金￥600,000×2%＝￥12,000
　　貸倒引当金繰入：￥12,000－貸倒引当金￥2,000＝￥10,000

3.　仕　　　　　　入　　340,000　　　繰 越 商 品　　340,000
　　繰 越 商 品　　300,000　　　仕　　　　　　入　　300,000
　　　　仕 入 勘 定 の 残 高 は ￥5,500,000 ＋ ￥340,000 － ￥300,000 ＝
　　￥5,540,000となり、これを損益計算書の売上原価へ記入します。貸借対
　　照表の商品には、期末商品￥300,000を記入します。

4.　減 価 償 却 費　　140,000　　　建物減価償却累計額　　 80,000
　　　　　　　　　　　　　　　　　　備品減価償却累計額　　 60,000
　　建物￥2,000,000÷耐用年数25年＝￥80,000
　　備品￥300,000÷耐用年数5年＝￥60,000
　　　　なお、備品￥500,000のうち￥200,000はすでに減価償却を終了してい
　　るため、当期は残りの備品￥300,000分についてのみ減価償却費を計上し
　　ます。

5.　仮 受 消 費 税　　850,000　　　仮 払 消 費 税　　550,000
　　　　　　　　　　　　　　　　　　未 払 消 費 税　　300,000

6.　法 定 福 利 費　　　8,000　　　未払法定福利費　　　8,000
　　　　社会保険料の会社負担分は、法定福利費という費用の勘定で処理します。
　　貸方の未払法定福利費は、未払費用という名称で貸借対照表の負債に計上
　　します。

7.　前 払 利 息　　　12,000　　　支 払 利 息　　　12,000
　　　　支払利息のうち、決算日以降の前払分（4月1日から7月31日までの4
　　か月分）について、支払利息という費用を減らし、前払利息（前払費用）
　　という資産を増やします。

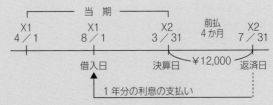

　　利息の前払分：借入金￥1,200,000×3%×4か月/12か月＝￥12,000

8.　法 人 税 等　　150,000　　　未払法人税等　　150,000

　　貸借対照表の繰越利益剰余金は、決算整理前の残高￥623,401に損益計算
書でもとめた当期純利益￥350,000を加算して￥973,401を記載します。

問題 70 財務諸表

問　題 ➡P69
答案用紙 ➡P202
テキストSTEP57、59

解答

貸 借 対 照 表
X2年3月31日　　　　　　　　　　　　　　　　　　(単位：円)

現　　　　　金		(156,000)	支 払 手 形		(280,000)
当 座 預 金		(920,000)	買 　掛 　金		(320,000)
受 取 手 形	(420,000)		借 　入 　金		(300,000)
貸倒引当金	(△8,400)	(411,600)	未払法人税等		(70,000)
売 　掛 　金	(380,000)		未 払 費 用		(5,000)
貸倒引当金	(△7,600)	(372,400)	資 　本 　金		(2,000,000)
商　　　　　品		(180,000)	繰越利益剰余金		(525,000)
貯 　蔵 　品		(25,000)			
前 払 費 用		(70,000)			
備　　　　　品	(520,000)				
減価償却累計額	(△155,000)	(365,000)			
土　　　　　地		(1,000,000)			
		(3,500,000)			(3,500,000)

損 益 計 算 書
X1年4月1日からX2年3月31日まで　　　　　　　　　(単位：円)

売 上 原 価	(2,180,000)	売 　上 　高		(3,590,000)
給 　　　料	(650,000)	受 取 手 数 料		(60,000)
貸倒引当金繰入	(12,000)			
減 価 償 却 費	(55,000)			
支 払 家 賃	(240,000)			
保 　険 　料	(20,000)			
租 税 公 課	(115,000)			
支 払 利 息	(5,000)			
雑 （ 損 ）	(9,000)			
法 人 税 等	(120,000)			
当 期 純（利益）	(244,000)			
	(3,650,000)			(3,650,000)

用語チェック！

「法人税等」とは、会社が納付する法人税、住民税、事業税の合計のことよね。
損益計算書上は、当期純利益の前に記載するのよね。

解説 決算整理事項等の仕訳を示すと以下の通りです。

1. 雑　　　　損　　9,000　　現　　　　金　　9,000

2. 仮　受　金　　46,000　　売　掛　金　　46,000

3. 貸倒引当金繰入　12,000　　貸倒引当金　　12,000
　　受取手形の貸倒引当金：受取手形￥420,000×2％＝￥8,400
　　売掛金の貸倒引当金：（売掛金￥426,000－￥46,000）×2％＝￥7,600
　　貸倒引当金繰入：（￥8,400＋￥7,600）－貸倒引当金￥4,000＝￥12,000

4. 仕　　　　入　　200,000　　繰　越　商　品　　200,000
　　繰　越　商　品　180,000　　仕　　　　入　　180,000
　　　仕入勘定の残高は、￥2,160,000＋￥200,000－￥180,000＝
　　￥2,180,000となり、これを損益計算書の売上原価へ記入します。また、
　　貸借対照表の商品には、期末商品￥180,000を記入します。

5. 減　価　償　却　費　55,000　　備品減価償却累計額　55,000
　　　備品￥520,000のうち、当期の12月1日に取得した￥120,000は、取
　　得日から決算日までの4か月分の減価償却費を計上し、残りの￥400,000
　　（￥520,000－￥120,000）は、1年分計上します。
　　　新備品：￥120,000÷耐用年数8年×4か月/12か月＝￥5,000
　　　旧備品：￥400,000÷耐用年数8年＝￥50,000

6. 貯　蔵　品　　25,000　　租　税　公　課　　25,000

7. 前　払　家　賃　60,000　　支　払　家　賃　　60,000
　　　前払家賃￥60,000は、下記の前払保険料￥10,000と合算させて前払費
　　用￥70,000として、貸借対照表に計上します。

8. 前　払　保　険　料　10,000　　保　険　料　　10,000
　　　保険料￥30,000のうち、決算日以降の前払分（4月1日から7月31日ま
　　での4か月分）について、保険料という費用を減らし、前払保険料という
　　資産を増やします。

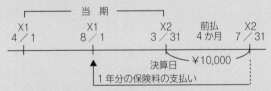

　　　保険料の前払分：￥30,000×4か月/12か月＝￥10,000

9. 支　払　利　息　5,000　　未　払　利　息　　5,000
　　　借入日11月1日から決算日3月31日までの5か月分の利息について、支
　　払利息という費用を計上するとともに、未払利息という負債を増やします。
　　未払利息は、未払費用として貸借対照表に計上します。
　　　5か月分の利息（未払分）：借入金￥300,000×年利率4％×5か月/12
　　か月＝￥5,000

ここに注意！ 「売上原価」は、期首商品（決算整理前の繰越商品勘定）に当期仕入（決算整理前
の仕入勘定）を加算し、そこから期末商品（問題文に記載）を控除して計算します。

10. 法 人 税 等	120,000	仮払法人税等	50,000
		未払法人税等	70,000

仮払法人税等¥50,000は、決算整理前残高試算表に記載されています。
法人税等から仮払法人税等を差し引いて、未払法人税等をもとめます。

貸借対照表の繰越利益剰余金は、決算整理前の残高¥281,000に損益計算書でもとめた当期純利益¥244,000を加算して¥525,000と記載します。

問題 71 財務諸表

問　題 ➡P70
答案用紙 ➡P203
テキストSTEP57、59

貸 借 対 照 表
X4年3月31日 （単位：円）

現　　　　金		（ 125,000）	買　　掛　　金	（ 330,000）
当 座 預 金		（ 770,000）	社会保険料預り金	（ 15,000）
売 掛 金	（ 550,000）		借　　入　　金	（ 120,000）
（貸倒引当金）	（ △22,000）	（ 528,000）	未 払 消 費 税	（ 215,000）
商　　　　品		（ 260,000）	未 払 法 人 税 等	（ 120,000）
貸　付　金		（ 500,000）	未 払 費 用	（ 15,000）
未 収 収 益		（ 6,000）	（ 前 受 金 ）	（ 40,000）
建　　　　物	（1,500,000）		前 受 収 益	（ 14,000）
減価償却累計額	（△500,000）	（1,000,000）	資　　本　　金	（2,000,000）
備　　　　品	（ 600,000）		繰越利益剰余金	（ 740,000）
減価償却累計額	（△180,000）	（ 420,000）		
		（3,609,000）		（3,609,000）

損 益 計 算 書
X3年4月1日からX4年3月31日まで （単位：円）

売 上 原 価	（3,200,000）	売　　上　　高	（5,600,000）
給　　　　料	（1,320,000）	受 取 手 数 料	（ 74,000）
貸倒引当金繰入	（ 20,000）	（ 受 取 利 息 ）	（ 6,000）
減 価 償 却 費	（ 110,000）		
水 道 光 熱 費	（ 270,000）		
通　　信　　費	（ 39,000）		
法 定 福 利 費	（ 180,000）		
雑 （ 損 ）	（ 1,000）		
法 人 税 等	（ 220,000）		
当 期 純 （利益）	（ 320,000）		
	（5,680,000）		（5,680,000）

用語チェック！
「財務諸表」は、簿記の3級では損益計算書と貸借対照表のことだよ。決算書と呼ぶこともあるんだって。

解説

決算整理事項等の仕訳を示すと以下の通りです。

	借方	金額	貸方	金額
1.	通 信 費	2,000	現 金 過 不 足	3,000
	雑 損	1,000		
2.	当座預金B銀行	120,000	借 入 金	120,000
3.	売 上	40,000	前 受 金	40,000
4.	貸倒引当金繰入	20,000	貸 倒 引 当 金	20,000

売掛金の貸倒引当金：売掛金¥550,000×4％＝¥22,000
貸倒引当金繰入：¥22,000－貸倒引当金¥2,000＝¥20,000

5.	仕 入	280,000	繰 越 商 品	280,000
	繰 越 商 品	260,000	仕 入	260,000

仕入勘定の残高は、¥3,180,000＋¥280,000－¥260,000＝¥3,200,000となり、これを損益計算書の売上原価へ記入します。また、貸借対照表の商品には、期末商品¥260,000を記入します。

6.	減 価 償 却 費	110,000	建物減価償却累計額	50,000
			備品減価償却累計額	60,000

建物減価償却費：¥1,500,000÷耐用年数30年＝¥50,000
備品減価償却費：¥600,000÷耐用年数10年＝¥60,000

7.	仮 受 消 費 税	560,000	仮 払 消 費 税	345,000
			未 払 消 費 税	215,000
8.	未 収 利 息	6,000	受 取 利 息	6,000

貸付日12月1日から決算日3月31日までの4か月分の利息について、受取利息という収益を計上するとともに、未収利息という資産を増やします。未収利息は、未収収益として貸借対照表に計上します。
4か月分の利息（未収分）：貸付金¥500,000×年利率3.6％×4か月/12か月＝¥6,000

9.	受 取 手 数 料	14,000	前 受 手 数 料	14,000

前受手数料は、前受収益として貸借対照表に計上します。

10.	法 定 福 利 費	15,000	未払法定福利費	15,000

未払法定福利費は、未払費用として貸借対照表に計上します。

11.	法 人 税 等	220,000	仮払法人税等	100,000
			未払法人税等	120,000

貸借対照表の繰越利益剰余金は、決算整理前の残高¥420,000に損益計算書でもとめた当期純利益¥320,000を加算して¥740,000と記載します。

ここに注意！

「**繰越利益剰余金**」は、決算整理前の金額に損益計算書で計算した当期純利益ないしは当期純損失を加減算することで計算できます。

問題 72　財務諸表

 解答

貸借対照表
X6年3月31日　　　　　　　　　　　　（単位：円）

現　　　金		（ 270,000）	支 払 手 形	（ 250,000）
当 座 預 金		（1,850,000）	買 掛 金	（ 350,000）
受 取 手 形	（ 300,000）		借 入 金	（1,000,000）
貸倒引当金	（ 9,000）	291,000	未払法人税等	（ 70,000）
売 掛 金	（ 400,000）		未 払 費 用	（ 4,000）
貸倒引当金	（ 12,000）	388,000	資 本 金	（2,000,000）
商　　　品		（ 450,000）	利益準備金	（ 50,000）
（貯 蔵 品）		（ 15,000）	（繰越利益剰余金）	（ 379,000）
前 払 費 用		（ 39,000）		
備　　　品	（1,200,000）			
減価償却累計額	（ 400,000）	800,000		
		（4,103,000）		（4,103,000）

損益計算書
X5年4月1日からX6年3月31日まで　　　　　　（単位：円）

売 上 原 価	（4,750,000）	売 上 高	（7,500,000）
給　　　料	（1,200,000）	受 取 手 数 料	（ 40,000）
（貸倒引当金繰入）	（ 11,000）		
減 価 償 却 費	（ 200,000）		
支 払 家 賃	（ 600,000）		
水 道 光 熱 費	（ 270,000）		
保 険 料	（ 141,000）		
通 信 費	（ 35,000）		
支 払 利 息	（ 24,000）		
雑 （ 損 ）	（ 10,000）		
法 人 税 等	（ 120,000）		
当 期 純 （利益）	（ 179,000）		
	（7,540,000）		（7,540,000）

 解説

　繰越利益剰余金の各自推定は、問題に記載されている繰越利益剰余金勘定の残高¥200,000（貸方の前期繰越¥310,000から借方の¥10,000と¥100,000を差し引いた額）です。この結果、**現金の各自推定は、貸方残高の各勘定（負債、資本、収益および評価勘定）の合計¥11,600,000から、現金以外の借方残高の勘定（資産と費用）の合計¥11,300,000を差し引いて¥300,000と計算します。**（1）の各勘定残高を通常の残高試算表の形式であらわすと以下

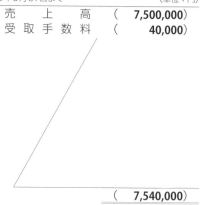

のようになります。

残 高 試 算 表
X6年3月31日

借　　方	金　額	貸　　方	金　額
現　　　　　金	300,000	貸 倒 引 当 金	10,000
当 座 預 金	1,750,000	備品減価償却累計額	200,000
受 取 手 形	300,000	支 払 手 形	250,000
売 掛 金	500,000	買 掛 金	350,000
仮払法人税等	50,000	借 入 金	1,000,000
繰 越 商 品	400,000	資 本 金	2,000,000
備　　　　　品	1,200,000	利 益 準 備 金	50,000
仕　　　　　入	4,800,000	繰越利益剰余金	200,000
給　　　　　料	1,200,000	売　　　　　上	7,500,000
支 払 家 賃	600,000	受 取 手 数 料	40,000
水 道 光 熱 費	250,000		
保 険 料	180,000		
通 信 費	50,000		
支 払 利 息	20,000		
	11,600,000		11,600,000

※問題の並び通りに記載

(2) 決算整理事項等の仕訳を示すと以下の通りです。

1. 水 道 光 熱 費　20,000　　現　　金　30,000
　　雑　　損　10,000
　　現金勘定の残高¥300,000に対して、実際有高が¥270,000だったので、現金を¥30,000減らします。このうち¥20,000は水道光熱費の記入漏れと判明したので、差額の¥10,000が雑損になります。

2. 当 座 預 金　100,000　　売 掛 金　100,000

3. 貸倒引当金繰入　11,000　　貸 倒 引 当 金　11,000
　　受取手形の貸倒引当金：受取手形¥300,000×3%=¥9,000
　　売掛金の貸倒引当金：（売掛金¥500,000−¥100,000）×3%=¥12,000
　　貸倒引当金繰入：（¥9,000+¥12,000）−貸倒引当金¥10,000=¥11,000

4. 仕　　　　　入　400,000　　繰 越 商 品　400,000
　　繰 越 商 品　450,000　　仕　　　　　入　450,000
　　仕入勘定の残高は¥4,800,000+¥400,000−¥450,000=¥4,750,000となり、これを損益計算書の売上原価へ記入します。また、貸借対照表の商品には、期末商品¥450,000を記入します。

5. 減 価 償 却 費　200,000　　備品減価償却累計額　200,000
　　備品¥1,200,000÷耐用年数6年=¥200,000

6. 貯 蔵 品　15,000　　通 信 費　15,000

ここに注意！　「**繰越利益剰余金**」は当期純利益の発生により増加し、配当や利益準備金の積立によって減少します。

7. 前払保険料　　　39,000　　　保　険　料　　　39,000

保険料￥156,000のうち、決算日以降の前払分（4月1日から6月30日までの3か月分）について、保険料という費用を減らし、前払保険料という資産を増やします。前払保険料は、前払費用として貸借対照表に計上します。

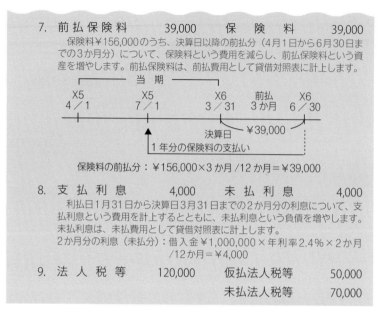

保険料の前払分：￥156,000×3か月/12か月＝￥39,000

8. 支　払　利　息　　　4,000　　　未　払　利　息　　　4,000

利払日1月31日から決算日3月31日までの2か月分の利息について、支払利息という費用を計上するとともに、未払利息という負債を増やします。未払利息は、未払費用として貸借対照表に計上します。
2か月分の利息（未払分）：借入金￥1,000,000×年利率2.4%×2か月
/12か月＝￥4,000

9. 法　人　税　等　　　120,000　　　仮払法人税等　　　50,000
　　　　　　　　　　　　　　　　　　　未払法人税等　　　70,000

　貸借対照表の繰越利益剰余金は、決算整理前の残高￥200,000に損益計算書でもとめた当期純利益￥179,000を加算して**￥379,000**と記載します。

模擬試験

解答・解説

解答・解説

実力チェック！本試験型問題！

100点満点で採点しましょう。合格力はついたかな？

これまでしっかりとテキストを読み、この問題集を解いてきたのであれば、合格点をとれるようになるはずです。簿記3級合格まであともう少しです！

第1問　仕訳

	借　方		貸　方	
	記　号	金　額	記　号	金　額
1	イ（クレジット売掛金） オ（支払手数料）	192,000 8,000	エ（売上）	200,000
2	エ（土地）	230,000	ア（現金）	230,000
3	オ（租税公課）	400,000	ア（当座預金）	400,000
4	オ（広告宣伝費） エ（支払手数料）	85,000 400	イ（普通預金）	85,400
5	イ（普通預金）	500	オ（受取利息）	500
6	エ（手形貸付金）	500,000	ア（当座預金） オ（受取利息）	497,000 3,000
7	オ（仕入）	700,000	ウ（買掛金）	700,000
8	カ（繰越利益剰余金）	110,000	ウ（未払配当金） オ（利益準備金）	100,000 10,000
9	ウ（備品）	500,000	イ（仮払金） オ（未払金）	200,000 300,000
10	ウ（貸倒引当金） オ（貸倒損失）	50,000 30,000	ア（売掛金）	80,000
11	オ（仕入）	500,000	イ（前払金） エ（買掛金） ア（現金）	400,000 80,000 20,000

12	エ（備品減価償却累計額）	400,000	ウ（備品）	500,000
	ア（現金）	60,000		
	カ（固定資産売却損）	40,000		
13	エ（受取利息）	20,000	ア（未収利息）	20,000
14	エ（買掛金）	350,000	ウ（電子記録債務）	350,000
15	オ（未払消費税）	440,000	イ（普通預金）	440,000

（配点）仕訳1問につき各3点とする。合計45点。

解説

1. 商品¥200,000を販売したので、**売上**が¥200,000発生します。このうち、¥200,000×4％＝¥8,000は**支払手数料**という費用が発生し、差額の¥192,000は**クレジット売掛金**という資産が増加します。

2. 土地の整地費用は付随費用となるため、土地の取得原価とします。そのため、**土地**という資産が¥230,000増加し、**現金**が同額減少します。

3. 建物および土地の固定資産税は、租税公課勘定（費用）を用います。**租税公課**が¥400,000発生し、その代金は当座預金口座から振り込んだので、**当座預金**という資産が同額減少します。

4. **広告宣伝費**という費用が¥85,000発生し、**支払手数料**という費用が¥400発生したので、これらを借方に計上します。これらの代金は普通預金口座から支払ったので、**普通預金**という資産が¥85,400減少します。

5. 普通預金口座に利息¥500が入金されたので、**普通預金**が¥500増加し、**受取利息**という収益が同額増加します。

6. 広島商店に¥500,000を貸し付け、同額の約束手形を受け取ったので、**手形貸付金**という資産が¥500,000増加します。その際、差し引かれた利息¥3,000は、**受取利息**という収益となり、残額の¥497,000を当座預金口座から振り込んだので、**当座預金**という資産が¥497,000減少します。

7. 販売用の中古車は商品なので、**仕入**という費用が¥700,000発生します。代金はまだこの段階では支払っていなので、**買掛金**という負債が同額増加します。商品仕入れの際の代金の未払いは、買掛金勘定を使用します。

8. 株主配当金¥100,000は**未払配当金**という負債の増加となり、利益準備金の積立て¥10,000は**利益準備金**という資本の増加となります。この合計の

¥110,000だけ、**繰越利益剰余金**という資本が減少します。

9. 備品を購入したので、**備品**という資産が¥500,000増加します。このうち¥200,000は先月に支払った際に仮払金として処理していたので、**仮払金**という資産が¥200,000減少し、残額は月末に支払うこととしたので、**未払金**という負債が増加します。商品以外の代金の未払いは、未払金勘定を使用します。

10. **売掛金**という資産が¥80,000減少し、貸倒引当金の残高が¥50,000あるので、**貸倒引当金**を¥50,000借方に計上して取り崩します。差額の¥30,000は、**貸倒損失**という費用を計上します。

11. 商品¥480,000を受け取ったので、仕入の増加となりますが、当社負担の運賃¥20,000を現金で支払ったので、これも仕入に加えます。したがって、借方の**仕入**は¥500,000となります。また、手付金として支払っていた¥400,000は**前払金**という資産の減少となり、差額の¥80,000は**買掛金**を計上します。さらに当社負担の運賃¥20,000を現金で支払ったので、**現金**が¥20,000減少します。

12. 備品を売却したので、**備品**という資産が¥500,000減少し、備品のマイナスをあらわす**備品減価償却累計額**が¥400,000減少します。この結果、売却時点の備品の価値は、備品の取得原価¥500,000から減価償却累計額¥400,000を差し引いた¥100,000となり、これを¥60,000で売却したので、差額の¥40,000が**固定資産売却損**となります。なお、売却代金¥60,000は現金で受け取ったので、**現金**の増加となります。

13. 前期の決算において未収利息¥20,000を計上した際、「（借方）未収利息¥20,000、（貸方）受取利息¥20,000」としています。期首に行う再振替仕訳では、この逆の仕訳を行います。したがって、借方は**受取利息**¥20,000となり、貸方に**未収利息**¥20,000とします。

14. 買掛金について電子記録債務の発生記録を行ったので、**買掛金**という負債が¥350,000減少し、**電子記録債務**という負債が¥350,000増加します。

15. 納付書には、支払金額¥440,000、「確定申告」に○がついているため、決算日に計上していた未払消費税¥440,000の納付と判明します。**未払消費税**という負債が¥440,000減少し、代金は普通預金口座から振り込んだので、**普通預金**という資産が同額減少します。

正しい内容:

第2問　商品有高帳・費用の未払

解答

(1)

問1

商品有高帳
M 商品
（移動平均法）

X1年		摘　要	受　入			払　出			残　高		
			数量	単価	金額	数量	単価	金額	数量	単価	金額
7	1	前月繰越	80	3,500	280,000				80	3,500	280,000
	10	売　上				50	3,500	175,000	30	3,500	105,000
	20	仕　入	120	3,450	414,000				150	3,460	519,000
	25	売　上				100	3,460	346,000	50	3,460	173,000
	31	次月繰越				50	3,460	173,000			
			200		694,000	200		694,000			

問2

売　上　高	売　上　原　価	売　上　総　利　益
￥　　730,000	￥　　521,000	￥　　209,000

問3

買掛金勘定の残高	￥　　678,000

(2)

支　払　利　息

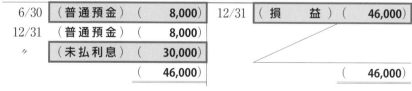

6/30	（普通預金）（ 8,000）	12/31	（損　　益）（ 46,000）
12/31	（普通預金）（ 8,000）		
〃	（未払利息）（ 30,000）		
	（ 46,000）		（ 46,000）

未　払　利　息

12/31	（次期繰越）（ 30,000）	12/31	（支払利息）（ 30,000）

（配点）(1) 問1は[　　　]1つにつき各2点、問2および問3は各1点とする。
　　　　(2) [　　　]1つにつき各2点とする。合計20点。

(1)

問1 移動平均法で商品有高帳を作成します。ただし、**払出欄の単価には、売価ではなく残高欄における仕入原価の金額を用います**。また、受入欄に記入する商品の金額は、仕入諸掛（引取費用）を含めて計上するため、20日の金額は120個×@¥3,400＋¥6,000＝¥414,000です。その結果、単価の金額は¥414,000÷120個＝@¥3,450となります。さらに残高欄の単価は、合計金額¥519,000（¥105,000＋¥414,000）を合計数量150個（30個＋120個）で割って、@¥3,460ともとめます。

問2 売上高は問題文より計算し、売上原価は商品有高帳の払出欄より計算します。

売 上 高：10日	50個×@¥5,000 ＝	¥250,000
25日	100個×@¥4,800 ＝	<u>¥480,000</u>
	合計	¥730,000
売 上 原 価：10日	50個×@¥3,500 ＝	¥175,000
25日	100個×@¥3,460 ＝	<u>¥346,000</u>
	合計	¥521,000

売上総利益：売上高¥730,000 － 売上原価¥521,000 ＝ ¥209,000

問3 買掛金の残高は、1日の前月繰越¥620,000に20日の仕入で増加した¥408,000（120個×@¥3,400）を加算し、31日に支払った¥350,000を控除して¥678,000ともとめます。

なお、20日の仕訳を示すと次の通りです。

20日 仕 入	414,000	買 掛 金	408,000
		現 金	6,000

(2)

1月1日の借入について、タイムテーブルと仕訳を示すと、次の通りです。

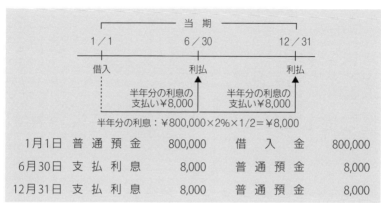

この仕訳で、借方に計上した支払利息¥8,000について、支払利息勘定の借方に転記します。金額の前には、相手勘定科目である貸方の普通預金を記入します。

10月1日の借入について、タイムテーブルと仕訳を示すと、次の通りです。

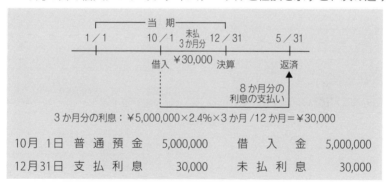

この仕訳で、借方に計上した支払利息¥30,000について、支払利息勘定の借方に転記します。金額の前には、相手勘定科目である貸方の未払利息を記入します。また、貸方に計上した未払利息¥30,000については、未払利息勘定の貸方に転記します。金額の前には借方の支払利息を記入します。

最後に、**支払利息は費用の勘定なので、支払利息勘定の残高を損益勘定に振り替えて締め切ります**。また、未払利息は負債の勘定なので、未払利息勘定の

残高を次期繰越で締め切ります。

第3問 精算表

解答

精 算 表

勘定科目	残高試算表 借方	残高試算表 貸方	修正記入 借方	修正記入 貸方	損益計算書 借方	損益計算書 貸方	貸借対照表 借方	貸借対照表 貸方
現　　　金	242,000						242,000	
現金過不足	55,000			55,000				
当座預金	1,223,000						1,223,000	
受取手形	330,000						330,000	
売掛金	320,000		150,000				470,000	
仮払金	240,000			240,000				
繰越商品	380,000		350,000	380,000			350,000	
貸付金	300,000						300,000	
建　　　物	1,000,000						1,000,000	
備　　　品	400,000		240,000				640,000	
土　　　地	280,000						280,000	
支払手形		200,000						200,000
買掛金		560,000	280,000					280,000
仮受金		40,000	40,000					
貸倒引当金		8,000		16,000				24,000
建物減価償却累計額		300,000		30,000				330,000
備品減価償却累計額		100,000		55,000				155,000
資本金		2,000,000						2,000,000
繰越利益剰余金		892,000						892,000
売　　　上		5,250,000		150,000		5,400,000		
仕　　　入	3,220,000		380,000	350,000	3,250,000			
給　　　料	960,000		20,000		980,000			
通信費	73,000				73,000			
保険料	222,000			60,000	162,000			
租税公課	105,000			30,000	75,000			
	9,350,000	9,350,000						
（未払金）				280,000				280,000
雑　（損）			15,000		15,000			
貸倒引当金繰入			16,000		16,000			
減価償却費			85,000		85,000			
貯蔵品			30,000				30,000	
（前払）保険料			60,000				60,000	
（未収）利息			5,000				5,000	
受取利息				5,000		5,000		
（未払）給料				20,000				20,000
当期純（利益）					749,000			749,000
			1,671,000	1,671,000	5,405,000	5,405,000	4,930,000	4,930,000

（配点） 1つにつき各5点とする。合計35点。

[決算日に判明した事項]および[決算整理事項]を仕訳すると以下の通りです。

[決算日に判明した事項]

1. 売　掛　金　150,000　　売　　　上　　150,000
   この結果、売掛金の期末残高は、¥320,000＋¥150,000＝¥470,000となります。

2. 備　　　品　240,000　　仮　払　金　240,000
   この備品は、2月1日に取得してから決算日の3月31日まで、2か月しか使用していないため、決算整理事項4.で計上する減価償却費は、2か月分のみ計上します。

3. 買　掛　金　280,000　　未　払　金　280,000
   土地を購入し、その代金をまだ払っていない場合には「未払金」勘定を用います。それを誤って「買掛金」として処理していたので、買掛金を減らして未払金という負債を計上します。

[決算整理事項]

1. 仮　受　金　40,000　　現金過不足　55,000
   雑　　　損　15,000

2. 貸倒引当金繰入　16,000　　貸倒引当金　16,000
   （受取手形¥330,000＋売掛金¥470,000）×3％－貸倒引当金¥8,000＝¥16,000

3. 仕　　　入　380,000　　繰　越　商　品　380,000
   繰　越　商　品　350,000　　仕　　　入　350,000

4. 減　価　償　却　費　85,000　　建物減価償却累計額　30,000
   　　　　　　　　　　　　　　　　備品減価償却累計額　55,000
   建物減価償却費：（建物¥1,000,000－残存価額¥100,000）÷30年＝¥30,000
   備品減価償却費：下記より、¥50,000＋¥5,000＝¥55,000
   　　　　　　　残高試算表の備品¥400,000÷8年＝¥50,000
   　　　　　　　決算日に判明した備品¥240,000÷8年×2か月/12か月＝¥5,000

5. 貯　蔵　品　30,000　　租　税　公　課　30,000

6. 前払保険料　60,000　　保　険　料　60,000
   保険料¥180,000のうち、決算日以降の前払分（4月1日から7月31日までの4か月分）について、保険料という費用を減らし、前払保険料という資産を増やします。

模
擬
試
験

解答・解説

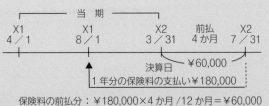

保険料の前払分：¥180,000×4か月/12か月＝¥60,000

7. 未 収 利 息　　　5,000　　受 取 利 息　　　5,000

貸付日6月1日から決算日3月31日までの10か月分の利息について、受取利息という収益を計上するとともに、未収利息という資産を増やします。
10か月分の利息（未収分）：貸付金¥300,000×年利率2％×10か月/12か月＝¥5,000

8. 給　　　　料　　　20,000　　未 払 給 料　　　20,000

解答・解説

問　題 ⇒ P79〜84　答案用紙 ⇒ P209〜212　**第2回**

第1問対策

第2問対策

第3問対策

模擬試験

解答・解説

実力チェック！ ✏本試験型問題！

100点満点で採点しましょう。合格力はついたかな？

2回目の模擬試験も実力を試すのに最適な問題となっています。間違った問題は復習しましょう

第1問　仕訳

※答え合わせがしやすいように勘定科目名を入れていますが、実際は記号のみを記します。

		借　方		貸　方	
		記　号	金　額	記　号	金　額
1		イ（普通預金）	6,000,000	ウ（資本金）	6,000,000
2		エ（前受金） イ（売掛金） カ（発送費）	60,000 240,000 8,000	オ（売上） ア（現金）	300,000 8,000
3		カ（支払地代）	35,000	ア（現金）	35,000
4		エ（借入金） カ（支払利息）	5,000,000 24,000	イ（当座預金）	5,024,000
5		カ（修繕費）	320,000	オ（未払金）	320,000
6		オ（仕入） イ（仮払消費税）	240,000 24,000	ア（買掛金）	264,000
7		ウ（社会保険料預り金） エ（法定福利費）	70,000 70,000	ア（普通預金）	140,000
8		イ（当座預金）	140,000	ア（現金）	140,000
9		イ（当座預金）	400,000	オ（電子記録債権）	400,000
10		カ（旅費交通費）	100,000	イ（仮払金） エ（未払金）	70,000 30,000
11		オ（未払金）	250,000	イ（当座預金）	250,000
12		ウ（建物） エ（土地）	2,040,000 5,100,000	イ（普通預金）	7,140,000

13	ア（普通預金）	150,000	エ（受取商品券）	150,000
14	エ（租税公課） オ（通信費）	5,000 1,500	ア（現金）	6,500
15	オ（旅費交通費）	41,000	ウ（未払金）	41,000

（配点）仕訳1問につき各3点とする。合計45点。

1. 株式を発行したので、**資本金**という資本が￥6,000,000増加します。この代金は普通預金口座に預け入れたので、**普通預金**という資産が同額増加します。

2. 商品を発送したので、**売上**が￥300,000発生します。このうち￥60,000は手付金と相殺したので、**前受金**が￥60,000減少し、残額は掛けとしたので、**売掛金**が￥240,000増加します。また、当社負担の送料￥8,000を現金で支払ったので、**発送費**という費用が￥8,000発生し、**現金**が同額減少します。

3. 土地の賃借料￥35,000は、**支払地代**という費用となります。したがって、借方に支払地代￥35,000を計上し、代金は現金で支払ったので、貸方は**現金**￥35,000とします。

4. 借入金を返済したので、**借入金**という負債が￥5,000,000減少します。その際、利息も一緒に支払ったので、**支払利息**という費用が￥24,000（￥5,000,000×1.46%×120日/365日）発生します。この元利合計を当座預金口座から返済したため、**当座預金**という資産が￥5,024,000減少します。

5. 建物の修繕を行ったので、**修繕費**という費用が￥320,000発生し、代金は来月末に支払うため、**未払金**という負債が同額増加します。

6. 商品を仕入れたので、**仕入**を本体価格の￥240,000計上します。また、消費税も一緒に支払ったので、**仮払消費税**という資産が￥24,000（￥240,000×10%）増加します。これを含めて掛けとしたので、**買掛金**という負債が￥264,000増加します。

7. 従業員にかかる健康保険料のうち従業員負担分￥70,000は、**社会保険料預り金**という負債の減少となり、会社負担分である残額の￥70,000（￥140,000－￥70,000）は、**法定福利費**という費用の発生となります。ま

た、¥140,000を普通預金口座から納付したので、**普通預金**という資産が¥140,000減少します。

8. 得意先より受け取っていた小切手や送金小切手は、現金という資産の増加として処理します。これらを当座預金口座に預け入れたので、**現金**が¥140,000（¥100,000＋¥40,000）減少し、**当座預金**が同額増加します。

9. 電子記録債権¥400,000が決済され、同額が当座預金口座へ振り込まれたので、**当座預金**という資産が¥400,000増加し、**電子記録債権**という資産が同額減少します。

10. 旅費の精算を行ったので、**旅費交通費**という費用を¥100,000（¥70,000＋¥30,000）計上します。このうち¥70,000は仮払いしていたため、**仮払金**という資産が¥70,000減少し、不足額¥30,000は未払金として計上したため、**未払金**という負債が¥30,000増加します。

11. 前月に購入し、使用を開始しているレジスター（備品）の代金¥250,000は、備品購入時に「（借方）備品¥250,000 （貸方）未払金¥250,000」という仕訳を行っていたことになります。したがって、未払金を当座預金口座から支払ったことになるため、**未払金**という負債が¥250,000減少し、**当座預金**が同額減少します。

12. 建物や土地を購入した際に発生した売買手数料は付随費用となるため、建物や土地の取得原価に含めます。建物の売買手数料は¥2,000,000×2％＝¥40,000となり、土地の売買手数料は¥5,000,000×2％＝¥100,000となります。したがって、**建物**が¥2,040,000、**土地**が¥5,100,000増加し、この合計金額を普通預金口座から振り込んだので、**普通預金**が¥7,140,000減少します。

13. 商品券の代金が普通預金口座へ振り込まれたので、**普通預金**が¥150,000増加し、**受取商品券**という資産が同額減少します。

14. 収入印紙は租税公課勘定、郵便切手は通信費勘定という費用の勘定を用います。よって、**租税公課**¥5,000と**通信費**¥1,500を借方に計上し、代金は現金で支払ったので、**現金**¥6,500を貸方に計上します。

15. 旅費交通費等報告書の合計金額¥41,000を費用として処理するため、借方に**旅費交通費**¥41,000を計上します。その代金は月末に従業員に支払うこととしたので、貸方は**未払金**¥41,000を計上します。

第2問 **減価償却・伝票**

 解答 (1)

（ア）	（イ）	（ウ）	（エ）	（オ）
前期繰越	現　　金	次期繰越	減価償却費	減価償却費
（a）	（b）	（c）	（d）	（e）
¥ 250,000	¥ 120,000	¥ 50,000	¥ 70,000	¥ 120,000

(2)

①	40,000	②	売掛金	③	60,000	④	売上	⑤	60,000
⑥	40,000	⑦	売掛金	⑧	100,000	⑨	売上	⑩	100,000

（配点）（1）1問につき各1点とする。（2）1問につき各1点とする。合計20点。

解説 **(1)**

仕訳を示すと次の通りです。

X1年1月1日 備　　　　　品	250,000	当 座 預 金	250,000

仕訳で借方に計上した備品¥250,000を備品勘定の借方に転記します。金額の前には相手勘定科目の当座預金を記入します。

12月31日 減 価 償 却 費	50,000	備品減価償却累計額	50,000

仕訳で貸方に計上した備品減価償却累計額¥50,000を備品減価償却累計額勘定の貸方に転記します。金額の前には相手勘定科目の減価償却費を記入します。

X2年5月1日 備　　　　　品	120,000	現　　　　　金	120,000

仕訳で借方に計上した備品¥120,000を備品勘定の借方に転記し、金額の前には相手勘定科目の現金を記入します。

12月31日 減 価 償 却 費	70,000	備品減価償却累計額	70,000

　仕訳で貸方に計上した備品減価償却累計額￥70,000を備品減価償却累計額勘定の貸方に転記し、金額の前には相手勘定科目の減価償却費を記入します。

　備品Aの減価償却費は、期首に取得しているので、X1年、X2年ともに1年分を計上します。

　　　備品Aの減価償却費：￥250,000÷5年＝￥50,000

　備品Bの減価償却費は、取得日の5月1日から決算日の12月31日まで8か月分を計上します。

　　　備品Bの減価償却費：￥120,000÷4年×8か月/12か月＝￥20,000

　したがって、X1年の減価償却費は備品Aの￥50,000のみ計上し、X2年の減価償却費は備品A￥50,000＋備品B￥20,000＝￥70,000を計上します。

また、備品勘定と備品減価償却累計額勘定の締切は、貸借対照表項目なので、次期繰越・前期繰越で締め切ります。

　備品勘定と備品減価償却累計額勘定を示すと、以下の通りです。

備　　品

X1／ 1／ 1	当 座 預 金	250,000	X1／12／31	次 期 繰 越	(250,000)
X2／ 1／ 1	（前期繰越）	(250,000)	X2／12／31	（次期繰越）	(370,000)
5／ 1	（ 現 金 ）	(120,000)			
		(370,000)			(370,000)
X3／ 1／ 1	（前期繰越）	(370,000)			

備品減価償却累計額

X1／12／31	（次期繰越）	(50,000)	X1／12／31	（減価償却費）	(50,000)
X2／12／31	（次期繰越）	(120,000)	X2／ 1／ 1	（前期繰越）	(50,000)
			12／31	（減価償却費）	(70,000)
		(120,000)			(120,000)
			X3／ 1／ 1	（前期繰越）	(120,000)

(2)

　このような伝票の問題では、まず、本来あるべき仕訳を行います。

現　　　金	40,000	売　　　上	100,000
売　掛　金	60,000		

次に、伝票の内容を仕訳します。

（A）から考えていくと、入金伝票、振替伝票の仕訳は、次のようになります。

〈入金伝票〉

現　　　金	40,000	売　　　上	40,000

　入金伝票の金額が判明していませんが、振替伝票では現金勘定を用いないということを考えると、**本来あるべき仕訳の借方の現金をすべて入金伝票で起票することになるので、金額は¥40,000となります。**

〈振替伝票〉

売　掛　金	60,000	売　　　上	60,000

　本来あるべき仕訳と入金伝票の仕訳を比較することで、振替伝票の仕訳を導き出すことができます。

　この結果、（A）は**取引を分解する方法**だったことがわかります。

　（B）の入金伝票、振替伝票の仕訳は、次のようになります。

〈入金伝票〉

現　　　金	40,000	売　掛　金	40,000

　入金伝票の金額が判明していませんが、上記と同じ理由で金額は¥40,000だとわかります。

〈振替伝票〉

売　掛　金	100,000	売　　　上	100,000

本来あるべき仕訳と入金伝票の仕訳を比較することで、振替伝票の仕訳を導き出すことができます。

この結果、（B）は**取引を擬制する方法**だったことがわかります。

第3問　財務諸表

 解答

貸 借 対 照 表
X4年3月31日　　　　　　　　　（単位：円）

現　　　金		（223,000）	支 払 手 形	（180,000）
普 通 預 金		（654,000）	買 掛 金	（330,000）
受 取 手 形	（360,000）		社会保険料預り金	（12,000）
売 掛 金	（490,000）		借 入 金	（86,000）
（貸倒引当金）	（△17,000）	（833,000）	（未 払 金）	（4,000）
商　　　品		（330,000）	未 払 費 用	（12,000）
（未収入金）		（50,000）	未払法人税等	（100,000）
備　　　品	（600,000）		前 受 収 益	（30,000）
減価償却累計額	（△240,000）	（360,000）	資 本 金	（2,000,000）
土　　　地		（1,200,000）	繰越利益剰余金	（896,000）
		（3,650,000）		（3,650,000）

損 益 計 算 書
X3年4月1日からX4年3月31日まで　　　　　（単位：円）

売 上 原 価	（3,575,000）	売 上 高	（5,702,000）
給　　　料	（1,015,000）	受取手数料	（194,000）
支 払 家 賃	（420,000）		
水 道 光 熱 費	（86,000）		
旅 費 交 通 費	（48,000）		
法 定 福 利 費	（142,000）		
貸倒引当金繰入	（10,000）		
減 価 償 却 費	（150,000）		
雑 　（損）	（2,000）		
固定資産（売却損）	（28,000）		
法 人 税 等	（180,000）		
当期純（利益）	（240,000）		
	（5,896,000）		（5,896,000）

（配点）□ 1つにつき各4点、□ 1つにつき各3点とする。合計35点。

(2) 決算整理事項等の仕訳を示すと以下の通りです。

1.	雑　　　損	2,000	現　　　金	2,000

現金の実際有高は、紙幣・硬貨￥195,000＋他社振出しの小切手￥28,000 ＝￥223,000です。帳簿有高￥225,000との差額￥2,000を雑損として計 上します。なお、得意先振出しの約束手形は、現金ではなく受取手形です。

2.	当 座 預 金	86,000	借　入　金	86,000
3.	旅 費 交 通 費	4,000	未　払　金	4,000
4.	備品減価償却累計額	72,000	備　　　品	180,000
	減 価 償 却 費	30,000		
	未 収 入 金	50,000		
	固定資産売却損	28,000		

備品のタイムテーブルと減価償却累計額および減価償却費の計算は、以 下の通りです。

```
                                  ┌──── 当　期 ────┐
           ×1          ×2         ×3  10か月  ×4    ×4
           4／1        3／31       3／31  使用 1／31  3／31
         ├──────────┼──────────┼───────┼──────┼───┤
           購入         決算         決算      売却    決算
```

1 年分の減価償却費：￥180,000÷5 年＝￥36,000
備品減価償却累計額：￥36,000×2 年＝￥72,000
10 か月分の減価償却費：￥36,000×10 か月／12 か月＝￥30,000

この結果、備品の期末残高は、￥780,000－￥180,000＝￥600,000と なり、下記7.の減価償却は、この期末残高の分について行います。

5.	貸倒引当金繰入	10,000	貸 倒 引 当 金	10,000

貸倒引当金：(受取手形￥360,000＋売掛金￥490,000)×2%＝￥17,000
貸倒引当金繰入：￥17,000－貸倒引当金￥7,000＝￥10,000

6.	仕　　　入	360,000	繰 越 商 品	360,000
	繰 越 商 品	330,000	仕　　　入	330,000

　仕入勘定の残高は、￥3,545,000＋￥360,000－￥330,000＝ ￥3,575,000となり、これを損益計算書の売上原価へ記入します。また、 貸借対照表の商品には、期末商品￥330,000を記入します。

7.	減 価 償 却 費	120,000	備品減価償却累計額	120,000

備品の期末残高(上記4.より)￥600,000÷耐用年数5年＝￥120,000
貸借対照表の減価償却累計額：￥192,000－上記4.￥72,000＋￥120,000 ＝￥240,000

損益計算書の減価償却費：上記4.￥30,000＋￥120,000＝￥150,000

8.	受 取 手 数 料	30,000	前 受 手 数 料	30,000

　前受手数料は、前受収益として貸借対照表に計上します。

9.	法 定 福 利 費	12,000	未払法定福利費	12,000

　未払法定福利費は、未払費用として貸借対照表に計上します。

10.	法 人 税 等	180,000	仮払法人税等	80,000
			未払法人税等	100,000

解答・解説

実力チェック！ 本試験型問題！

100点満点で採点しましょう。合格力はついたかな？

3回目の模擬試験も実力を試すのに最適な問題となっています。間違った問題は復習しましょう

第1問 仕訳

※答え合わせがしやすいように勘定科目名を入れていますが、実際は記号のみを記します。

	借　方		貸　方	
	記　号	金　額	記　号	金　額
1	カ（手形借入金）	2,000,000	ア（当座預金）	2,000,000
2	オ（支払家賃） イ（差入保証金） カ（支払手数料）	100,000 200,000 100,000	ア（現金）	400,000
3	オ（売上）	50,000	ア（現金）	50,000
4	イ（現金過不足）	1,400	ア（現金）	1,400
5	ウ（前払金）	50,000	ア（現金）	50,000
6	ウ（普通預金B銀行） カ（支払手数料）	200,000 300	イ（普通預金A銀行）	200,300
7	エ（給料）	500,000	イ（所得税預り金） ウ（社会保険料預り金） ア（普通預金）	20,000 60,000 420,000
8	オ（旅費交通費） カ（消耗品費）	18,500 4,000	ウ（未払金）	22,500
9	ア（現金） ウ（受取商品券）	13,000 20,000	カ（売上） オ（仮受消費税）	30,000 3,000
10	イ（当座預金）	240,000	ウ（売掛金）	240,000
11	ア（現金）	60,000	オ（償却債権取立益）	60,000
12	エ（売上）	3,750,000	カ（損益）	3,750,000

13	エ（建物） オ（修繕費）	4,000,000 1,000,000	イ（当座預金）	5,000,000
14	オ（仕入）	800,000	ウ（支払手形）	800,000
15	イ（備品）	1,860,000	エ（未払金）	1,860,000

（配点）仕訳1問につき各3点とする。合計45点。

1. 手形を振り出して借り入れた場合は、手形借入金勘定で処理します。その返済期日をむかえ、当座預金口座から引き落とされたので、**手形借入金**という負債が¥2,000,000減少し、**当座預金**が同額減少します。

2. 1か月分の家賃は支払家賃¥100,000、敷金（家賃2か月分）は差入保証金¥200,000、仲介手数料（家賃1か月分）は支払手数料¥100,000となります。**支払家賃**と**支払手数料**は費用、**差入保証金**は資産の勘定です。これらをすべて借方に計上し、代金は現金で支払ったので、**現金**が合計で¥400,000減少します。

3. 売上¥50,000の返品を受けたので、**売上**が¥50,000減少します。そして、同額の現金を返金したので、**現金**が¥50,000減少します。

4. 金庫の中の紙幣¥80,000、硬貨¥1,400および得意先振出しの小切手¥10,000が現金となります。この合計金額¥91,400が現金の実際有高であり、現金出納帳の残高は¥92,800なので、¥1,400だけ実際の現金有高の方が少ないことになります。よって、現金出納帳の金額を実際の現金の金額に修正させるため、**現金**を¥1,400減少させ、借方には**現金過不足**を同額計上します。

5. 商品を購入する契約を締結し、手付金として現金¥50,000を支払ったので、**前払金**という資産が¥50,000増加し、**現金**が同額減少します。

6. 管理のため、口座ごとに勘定を設定している場合は、普通預金A銀行勘定や普通預金B銀行勘定という資産の勘定を使用します。**普通預金B銀行**が¥200,000増加し、**支払手数料**が¥300発生したので、これらを借方に計上します。また、この合計の¥200,300だけ、**普通預金A銀行**が減少します。

7. **給料**という費用を支給総額の¥500,000計上します。支給の際に控除した所得税の源泉徴収額¥20,000は**所得税預り金**という負債の増加となり、健

康保険・厚生年金保険料￥60,000は**社会保険料預り金**という負債の増加となります。最後に、￥500,000－￥20,000－￥60,000＝￥420,000を普通預金口座から支払ったので、**普通預金**が￥420,000減少します。

8. 従業員が立て替えた諸経費のうち、電車代とタクシー代の合計は**旅費交通費**として￥18,500（￥12,000＋￥6,500）を計上し、書籍代は**消耗品費**￥4,000を計上します。この合計額は未払金として計上したので、**未払金**という負債が￥22,500増加します。

9. 商品￥30,000を売上げたので、**売上**が￥30,000発生します。また、消費税￥3,000を受け取ったので、**仮受消費税**という負債が￥3,000増加します。この合計金額￥33,000のうち、￥13,000は他社振出しの小切手で受け取ったので、**現金**という資産が￥13,000増加し、残額は共通商品券を受け取ったので、**受取商品券**という資産が￥20,000増加します。

10. 売掛金を回収したので、**売掛金**が￥240,000減少します。また、自己振出小切手の受取りは、以前減少させていた当座預金を元に戻すために、当座預金の増加として処理します。そのため、**当座預金**という資産が￥240,000増加します。

11. 前期に貸倒れとして処理した売掛金を回収することができたので、**償却債権取立益**という収益が￥60,000発生します。また、代金は現金で回収したので、**現金**が￥60,000増加します。

12. 売上勘定の貸方残高￥3,750,000を損益勘定に振り替えたので、借方に**売上**￥3,750,000を計上し、貸方に**損益**￥3,750,000を計上します。

13. 建物の改良・修繕のうち資本的支出は建物の取得原価として処理し、収益的支出は修繕費という費用の勘定を用いて処理します。したがって、借方に**建物**￥4,000,000と**修繕費**￥1,0000,000を計上し、代金￥5,000,000は小切手を振り出して支払ったので、**当座預金**が￥5,000,000減少します。

14. 商品￥800,000を仕入れたので、**仕入**が￥800,000発生し、代金として同額の約束手形を振り出したので、**支払手形**という負債が同額増加します。

15. オフィスのデスクセットを購入したので、**備品**という資産が増加します。その際、発生した配送料や据付費は、備品の付随費用となるので、これも備品の取得原価に含めます。したがって、備品が￥1,860,000増加し、代金は後日支払うこととしたので、**未払金**という負債が同額増加します。

第2問 **買掛金・理論**

(1)

（A）	（B）	（C）	（D）	（E）
現金	普通預金	次月繰越	仕入	前月繰越
①	②	③	④	⑤
37,000	280,000	660,000	50,000	113,000

(2)

①	②	③	④	⑤	⑥
エ	キ	サ	セ	ス	カ

（配点）(1)1問につき各1点とする。(2)①〜③、⑥は各2点、④⑤は各1点とする。合計20点。

 (1)

　買掛金元帳は、買掛金勘定の内訳（明細）を明らかにするために用いる補助簿です。したがって、以下のような関係となります。

買掛金勘定 ＝ 京都商事 ＋ 奈良商事

　また、買掛金勘定には、仕訳の相手勘定科目が記入されます。例えば返品の仕訳を行うと

　　　　　（借）買　掛　金　×××　　　　（貸）仕　　　入　×××

となり、**買掛金勘定の借方に仕訳の金額と相手勘定科目の「仕入」が転記**されることになります。

　問題の買掛金勘定と買掛金元帳を示すと、次のようになります。

<u>総 勘 定 元 帳</u>
買 掛 金

5/12	仕 入	(37,000)	5/ 1	前月繰越	265,000
15	(現 金)	(280,000)	(10)	(仕 入)	335,000
(23)	仕 入	(50,000)	20	(仕 入)	(660,000)
25	(普通預金)	650,000			
31	(次月繰越)	243,000			
		(1,260,000)			(1,260,000)

<u>買 掛 金 元 帳</u>
京 都 商 事

5/23	返 品	(50,000)	5/ 1	(前月繰越)	(170,000)
25	普通預金払い	(650,000)	20	仕 入 れ	660,000
31	(次月繰越)	130,000			
		830,000			830,000

奈 良 商 事

5/12	(返 品)	(37,000)	5/ 1	(前月繰越)	95,000
15	現金払い	280,000	10	仕 入 れ	(335,000)
31	(次月繰越)	(113,000)			
		430,000			430,000

(2)

1. 現金出納帳とは、現金の増減の明細を記録する**補助記入帳**です。帳簿には、主要簿と補助簿があり、主要簿には仕訳を記入する仕訳帳と、勘定を集めた総勘定元帳があります。これ以外に、会社の必要に応じて作成される帳簿を補助簿といい、現金出納帳や当座預金出納帳、受取手形記入帳などの**補助記入帳**と、買掛金元帳や売掛金元帳のような補助元帳にわかれます。

2. 貸倒引当金は、受取手形勘定や売掛金勘定のマイナスをあらわす**評価**勘定です。**評価**勘定とは、何かのマイナスを意味する勘定のことです。貸倒引当金の他には、建物や備品のマイナスをあらわす減価償却累計額などもあります。

3. 仕入先元帳は、仕入先ごとの**買掛金**の増減を記録する補助簿です。仕入先元帳のことを**買掛金**元帳ともいいます。なお、仕入勘定の明細を記録する補助簿は、仕入帳といいます。

4. 建物の機能の回復や維持のために行った場合の修繕は、収益的支出となるので**修繕費**勘定を用います。一方、修繕によってその機能が向上し価値が増加した場合は、資本的支出となるので**建物**勘定を用います。
5. 商品有高帳の払出欄の単価欄には、商品の売価ではなく商品の**原価**が記入されます。つまり、商品有高帳は、いくらで売ったのかを記入するのではなく、いくらの商品が払い出されたのかを記入します。**原価**を記入しないと在庫金額がわからなくなってしまうからです。

 第3問 決算整理後残高試算表

問1

決 算 整 理 後 残 高 試 算 表

借 方	勘 定 科 目	貸 方
72,000	現　　　　　金	
589,000	当 座 預 金	
200,000	受 取 手 形	
300,000	売 掛 金	
150,000	繰 越 商 品	
4,000	貯 蔵 品	
30,000	（ 前 払 ） 保 険 料	
1,000,000	建　　　　　物	
840,000	備　　　　　品	
	支 払 手 形	150,000
	買 掛 金	200,000
	未 払 給 料	20,000
	貸 倒 引 当 金	15,000
	建物減価償却累計額	216,000
	備品減価償却累計額	250,000
	資 本 金	2,000,000
	繰 越 利 益 剰 余 金	157,000
	売 上	2,150,000
1,220,000	仕 入	
550,000	給 料	
45,000	保 険 料	
20,000	租 税 公 課	
12,000	貸 倒 引 当 金 繰 入	
126,000	減 価 償 却 費	
5,158,000		5,158,000

問2　¥（　　**177,000**　　）

（配点）**問1**は ☐ 1つにつき各3点、**問2**は2点とする。合計35点。

 問1　決算整理事項等の仕訳を示すと以下の通りです。

1. 当 座 預 金	50,000	受 取 手 形	50,000

上記より、受取手形の期末残高は¥250,000－¥50,000＝¥200,000となります。

2. 売 掛 金	80,000	売 上	80,000

上記より、売掛金の期末残高は¥220,000＋¥80,000＝¥300,000となります。

3. 備 品	360,000	仮 払 金	360,000

4. 貸倒引当金繰入	12,000	貸 倒 引 当 金	12,000

貸倒引当金：(受取手形¥200,000＋売掛金¥300,000)×3%＝¥15,000
貸倒引当金繰入：¥15,000－貸倒引当金¥3,000＝¥12,000

5. 仕 入	120,000	繰 越 商 品	120,000
繰 越 商 品	150,000	仕 入	150,000

仕入勘定の残高は¥1,250,000＋¥120,000－¥150,000＝¥1,220,000となり、繰越商品勘定の残高は期末商品の¥150,000となります。

6. 減 価 償 却 費	126,000	建物減価償却累計額	36,000
		備品減価償却累計額	90,000

建物減価償却費：建物¥1,000,000×0.9÷耐用年数25年＝¥36,000
備品減価償却費：下記より¥10,000＋¥80,000＝¥90,000
　新備品：当期に取得した備品は、取得（2月1日）から決算日（3月31日）までの2か月分の減価償却費を計算します。
　　　　　¥360,000÷耐用年数6年×2か月/12か月＝¥10,000
　旧備品：備品¥480,000÷耐用年数6年＝¥80,000

7. 貯 蔵 品	4,000	租 税 公 課	4,000

8. 前払保険料	30,000	保 険 料	30,000

保険料¥45,000のうち、決算日以降の前払分（4月1日から11月30日までの8か月分）について、保険料という費用を減らし、前払保険料という資産を増やします。

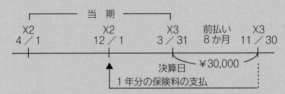

保険料の前払分：¥45,000×8か月/12か月＝¥30,000

9. 給 料	20,000	未 払 給 料	20,000

問2

収益合計：売上￥2,150,000

費用合計：仕入￥1,220,000＋給料￥550,000＋保険料￥45,000＋租税公課
￥20,000＋貸倒引当金繰入￥12,000＋減価償却費￥126,000＝
￥1,973,000

当期純利益：収益合計￥2,150,000－費用合計￥1,973,000＝￥177,000

第1～3問対策

模擬試験

答案用紙

問　題 ➡ P13
解答・解説 ➡ P2

本書内の問題と解答・解説の
対応ページを示します

答案用紙の無料ダウンロードができます！
本書の答案用紙を無料で何回でもダウンロードできます。繰り返し解きたい
時にご活用いただけます。本冊の P96 をご覧ください。

第**1**問 対策 答案用紙

第**1**問 対策 **問題**

問題 1 現金過不足

問　題 ➡P13
解答・解説➡P2

	仕		訳	
	借方科目	金額	貸方科目	金額
(1)				
(2)				
(3)				
(4)				
(5)				

問　題 ➡P14
解答・解説➡P3

問題2　当座預金

	仕		訳	
	借 方 科 目	金 額	貸 方 科 目	金 額
(1)				
(2)				
(3)				
(4)				
(5)				

	仕		訳	
	借 方 科 目	金 額	貸 方 科 目	金 額
(1)				
(2)				
(3)				

問題
4

仕入取引

問　題 ➡P15
解答・解説➡P6

	仕　　　　　訳			
	借 方 科 目	金 額	貸 方 科 目	金 額
(1)				
(2)				
(3)				
(4)				
(5)				

	仕　　　　　訳			
	借 方 科 目	金 額	貸 方 科 目	金 額
(1)				
(2)				
(3)				
(4)				
(5)				
(6)				

問題 6 仕入諸掛や発送費

問 題 ➡P17
解答・解説➡P8

	仕 訳			
	借 方 科 目	金 額	貸 方 科 目	金 額
(1)				
(2)				
(3)				
(4)				

	仕		訳	
	借 方 科 目	金 額	貸 方 科 目	金 額
(1)				
(2)				
(3)				
(4)				
(5)				
(6)				

約束手形

問　題 ➡P19
解答・解説 ➡P12

	仕　　　　　訳			
	借 方 科 目	金 額	貸 方 科 目	金 額
(1)				
(2)				
(3)				
(4)				

	仕		訳	
	借 方 科 目	金 額	貸 方 科 目	金 額
(1)				
(2)				
(3)				
(4)				

問題 10 電子記録債権・電子記録債務

問　題 ➡P20
解答・解説 ➡P14

	仕　　　訳			
	借 方 科 目	金 額	貸 方 科 目	金 額
(1)				
(2)				
(3)				
(4)				

	仕		訳	
	借 方 科 目	金 額	貸 方 科 目	金 額
(1)				
(2)				
(3)				
(4)				
(5)				

問　題 ➡P22
解答・解説 ➡P16

問題 12 有形固定資産の売却

	仕　　　　　訳			
	借 方 科 目	金 額	貸 方 科 目	金 額
(1)				
(2)				
(3)				
(4)				

問　題 ➡ P22
解答・解説 ➡ P18

	仕		訳	
	借 方 科 目	金 額	貸 方 科 目	金 額
(1)				
(2)				
(3)				
(4)				

問題14 貸付金と借入金

問　題 ➡P23　解答・解説➡P19

	仕		訳	
	借方科目	金額	貸方科目	金額
(1)				
(2)				
(3)				
(4)				

問題 15 未収入金と未払金

問　題 ➡ P24
解答・解説 ➡ P20

	仕　訳			
	借 方 科 目	金 額	貸 方 科 目	金 額
(1)				
(2)				
(3)				
(4)				

問題 16 前払金と前受金

問 題 ➡P24
解答・解説 ➡P21

	仕 訳			
	借 方 科 目	金 額	貸 方 科 目	金 額
(1)				
(2)				
(3)				
(4)				

	仕　　　　訳			
	借 方 科 目	金　額	貸 方 科 目	金　額
(1)				
(2)				
(3)				
(4)				

問題 18	仮払金と仮受金	問題 ➡P26 解答・解説➡P23

	仕 訳			
	借 方 科 目	金 額	貸 方 科 目	金 額
(1)				
(2)				
(3)				
(4)				

	仕 訳			
	借方科目	金額	貸方科目	金額
(1)				
(2)				
(3)				
(4)				

資本金と利益剰余金

問　題 ➡P27
解答・解説 ➡P25

	仕　訳			
	借 方 科 目	金 額	貸 方 科 目	金 額
(1)				
(2)				
(3)				
(4)				

	仕		訳	
	借 方 科 目	金 額	貸 方 科 目	金 額
(1)				
(2)				
(3)				
(4)				

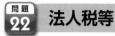

	仕		訳	
	借 方 科 目	金 額	貸 方 科 目	金 額
(1)				
(2)				
(3)				
(4)				

問題 ➡P28
解答・解説➡P27

問　題 ➡P29
解答・解説 ➡P28

	仕　　　　　訳			
	借 方 科 目	金　額	貸 方 科 目	金　額
(1)				
(2)				
(3)				
(4)				

問題 24 費用の支払い

問　題 ➡ P30
解答・解説 ➡ P29

	仕　　　　　　訳			
	借 方 科 目	金 額	貸 方 科 目	金 額
(1)				
(2)				
(3)				
(4)				

第2問 対策 答案用紙

問題 25 理論

問 題 ➡P34
解答・解説 ➡P32

ア	
イ	
ウ	
エ	
オ	

問題 26 理論

問 題 ➡P34
解答・解説 ➡P33

ア	イ	ウ	エ	オ	カ

問題 27 理論

問 題 ➡P35
解答・解説 ➡P34

ア	イ	ウ	エ	オ

カ	キ	ク	ケ	コ

問題 28 当座預金出納帳

問　題 ➡P36
解答・解説 ➡P35

	仕　　訳			
	借 方 科 目	金 額	貸 方 科 目	金 額
4月3日				
15日				
25日				
29日				

当 座 預 金 出 納 帳

○年		摘　要	預入	引出	借/貸	残 高
4	1	前月繰越				

当座預金出納帳

問　題 ➡ P36
解答・解説 ➡ P36

当 座 預 金 出 納 帳

○年		摘　　　要	預入	引出	借/貸	残　高
6	1	前　月　繰　越				
		（省　　略）				

普通預金（複数口座の管理）

問　題 ➡ P37
解答・解説 ➡ P37

普通預金ツル銀行

4/ 1　前　月　繰　越　250,000	4/20 [　　　　　　　]　260,000
15　売　　掛　　金　（　　　）	30　買　　掛　　金　150,000
25 [　　　　　　]　（　　　）	〃 [　　　　　] 　（　　　）
（　　　）	（　　　）

普通預金カメ銀行

4/ 1 [　　　　　] 　（　　　）	4/10 [　　　　　] 　（　　　）
5　売　　　　　上　（　　　）	25　普通預金ツル銀行　200,000
15　売　　掛　　金　220,000	30 [　　　　　] 　（　　　）
	〃　次　月　繰　越　（　　　）
（　　　）	（　　　）

問題 31 現金過不足

問　題 ➡ P37
解答・解説 ➡ P38

	仕　　訳			
	借 方 科 目	金 額	貸 方 科 目	金 額
(1)				
(2)				
(3)				

問題 32 小口現金出納帳

問　題 ➡ P38
解答・解説 ➡ P40

小 口 現 金 出 納 帳

受 入	○年		摘　　　要	支払	内　　　訳			
					消耗品費	交 通 費	通 信 費	雑　　費
18,000	12	10	前 週 繰 越					
52,000		〃	本 日 補 給					
			合　　　計					
			次 週 繰 越					
	12	17	前 週 繰 越					
		〃	本 日 補 給					

仕　　入

総 仕 入 高 ( )		仕 入 戻 し 高 ( )	
12／31 ( ) ( )		12／31 ( ) ( )	
		〃 ( ) ( )	
( )		( )	

売　　上

売 上 戻 り 高 ( )		総 売 上 高 ( )	
12／31 ( ) ( )			
( )		( )	

繰 越 商 品

1／ 1 前 期 繰 越 ( )		12／31 ( ) ( )	
12／31 ( ) ( )		〃 ( ) ( )	
( )		( )	
1／ 1 前 期 繰 越 ( )			

損　　益

12／31 ( ) ( )		12／31 ( ) ( )	

問題 34 売上原価の算定

問　題 ➡ P39
解答・解説 ➡ P42

(1)

	仕		訳	
	借 方 科 目	金 額	貸 方 科 目	金 額
①				
②				
③				
④				

(2)

¥

問題 35 商品有高帳 （先入先出法）

問　題 ➡ P39
解答・解説 ➡ P44

商 品 有 高 帳
計 算 機

(先入先出法)

○年		摘 要	受 入			払 出			残 高		
			数量	単価	金額	数量	単価	金額	数量	単価	金額
6	1	前月繰越	40	2,900	116,000				40	2,900	116,000

商品有高帳（移動平均法）

問　題 ➡P40
解答・解説 ➡P46

商 品 有 高 帳
ブラウス

（移動平均法）

○年		摘 要	受 入			払 出			残 高		
			数量	単価	金額	数量	単価	金額	数量	単価	金額
9	1	前月繰越	40	6,000	240,000				40	6,000	240,000

売上総利益の計算

売　上　高	（　　　　　）
売　上　原　価	（　　　　　）
売　上　総　利　益	（　　　　　）

問題 37 商品有高帳（先入先出法）

問　題 ➡P40
解答・解説➡P47

商 品 有 高 帳
電　卓

（先入先出法）

○年		摘　要	受入			払　出			残　高		
			数量	単価	金額	数量	単価	金額	数量	単価	金額
5	1	前月繰越	40	4,000	160,000				40	4,000	160,000

売上原価の計算

月初商品棚卸高　（　　　）
当月商品仕入高　（　　　）
　合　　計　　（　　　）
月末商品棚卸高　（　　　）
売　上　原　価　（　　　）

売上総利益の計算

売　　上　　高　（　　　）
売　上　原　価　（　　　）
売　上　総　利　益　（　　　）

問題 38 売掛金元帳

問　題 ➡P41
解答・解説➡P49

売 掛 金 元 帳
オウム商店

○年		摘　要	借　方	貸　方	借または貸	残　高
10	1	前月繰越				

問　題 ➡P41
解答・解説 ➡P51

問題 39　買掛金元帳

買 掛 金 元 帳
カラス商店

○年		摘 要	借 方	貸 方	借または貸	残 高
11	1	前月繰越				

問　題 ➡P42
解答・解説 ➡P53

問題 40　売掛金元帳

①	②	③	④	⑤	⑥

⑦	⑧	⑨	⑩	⑪	⑫

問題 **41** 買掛金元帳

問　題 ➡P42
解答・解説 ➡P54

(1)

買 掛 金 元 帳
ウサギ商店

○年		摘　要	借　方	貸　方	借または貸	残　高
6	1	前月繰越				
7	1	前月繰越				

(2)

買 掛 金 明 細 表

	6月1日時点の残高	6月30日時点の残高
ウサギ商店	￥　　145,000	￥
パンダ商店	￥　　　84,000	￥
キリン商店	￥　　　　　―	￥
合　計	￥　　229,000	￥

受取手形記入帳

問　題➡P43
解答・解説➡P56

取引日		仕		訳	
		借方科目	金　額	貸方科目	金　額
1	7				
//	11				
2	7				
3	11				

支払手形記入帳

問　題➡P44
解答・解説➡P57

帳簿の名称　：　[　　　　　　　]

取引日		仕		訳	
		借方科目	金　額	貸方科目	金　額
5	5				
//	15				
6	5				

問題 44 補助簿の選択

問　題 ➡P44
解答・解説 ➡P58

帳簿 日付	現　金 出納帳	当座預金 出納帳	商　品 有高帳	売掛金元帳 (得意先元帳)	買掛金元帳 (仕入先元帳)	仕 入 帳	売 上 帳	受取手形 記入帳	支払手形 記入帳
8									
12									
14									
21									
27									

問題 45 補助簿の選択

問　題 ➡P45
解答・解説 ➡P60

帳簿 日付	現　金 出納帳	当座預金 出納帳	商　品 有高帳	売掛金 元　帳	買掛金 元　帳	受取手形 記入帳	支払手形 記入帳	仕入帳	売上帳	固定資産 台　帳
5										
10										
15										
20										
25										
30										

問題 46 補助簿からの仕訳

問　題 ➡P45
解答・解説➡P62

取引日		仕		訳	
月	日	借方科目	金額	貸方科目	金額
5	4				
	12				
	18				
	25				

問題 47 証ひょう

問　題 ➡P47
解答・解説➡P63

		仕		訳	
		借方科目	金額	貸方科目	金額
(1)					
(2)					
(3)					
(4)					

問題 48 減価償却

問題 ➡ P48
解答・解説 ➡ P65

仕		訳	
借方科目	金額	貸方科目	金額

備 品

4／1　当 座 預 金　100,000

減 価 償 却 費

備品減価償却累計額

帳簿価額　￥

問題 49 固定資産台帳

問題 ➡ P48
解答・解説 ➡ P67

備 品

日付		摘　要	借　方	日付		摘　要	貸　方
X3	4	1	前 期 繰 越		X4	3	31	次 期 繰 越	
	7	1	当 座 預 金						

備品減価償却累計額

日付		摘　要	借　方	日付		摘　要	貸　方
X4	3	31	次 期 繰 越		X3	4	1	前 期 繰 越	
					X4	3	31		

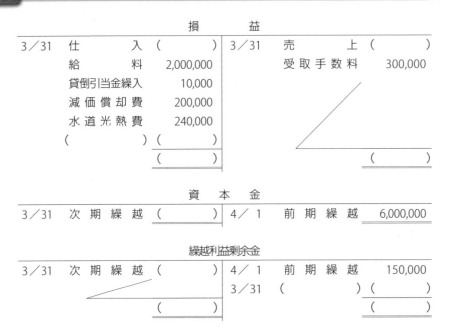

損　　益

3／31	仕　　　　入	（　　　　）	3／31	売　　　　上	（　　　　）
	給　　　料	2,000,000		受取手数料	300,000
	貸倒引当金繰入	10,000			
	減価償却費	200,000			
	水道光熱費	240,000			
	（　　　　）	（　　　　）			（　　　　）
		（　　　　）			

資　本　金

3／31	次期繰越	（　　　　）	4／1	前期繰越	6,000,000

繰越利益剰余金

3／31	次期繰越	（　　　　）	4／1	前期繰越	150,000
			3／31	（　　　　）	（　　　　）
		（　　　　）			（　　　　）

貯　蔵　品

1／1	前期繰越	32,300	1／1	諸　　口	32,300
12／31	（　　　　）	（　　　　）	12／31	次期繰越	（　　　　）
		（　　　　）			（　　　　）

租　税　公　課

1／1	（　　　　）	（　　　　）	12／31	貯蔵品	（　　　　）
（　　）	現　　金	（　　　　）	12／31	（　　　　）	（　　　　）
（　　）	現　　金	（　　　　）			
		（　　　　）			（　　　　）

問題52 未収・未払と前受・前払

問　題➡P50
解答・解説➡P72

（イ）	（ロ）	（ハ）	（ニ）	（ホ）
(a)	(b)	(c)	(d)	(e)

問題53 未収・未払と前受・前払

問　題➡P51
解答・解説➡P73

支　払　地　代

X4年	摘　　要	仕丁	借　　方	X4年	摘　　要	仕丁	貸　　方
		省略				省略	

前　払　地　代

X4年	摘　　要	仕丁	借　　方	X4年	摘　　要	仕丁	貸　　方
		省略				省略	

伝票（伝票からの仕訳）

問　題 ➡P51
解答・解説➡P75

	仕		訳	
	借 方 科 目	金 額	貸 方 科 目	金 額
(1)				
(2)				
(3)				

伝票（伝票作成）

問　題 ➡P52
解答・解説➡P76

(1)

振 替 伝 票

借 方 科 目	金 額	貸 方 科 目	金 額

(2)

振 替 伝 票

借 方 科 目	金 額	貸 方 科 目	金 額

問題 ➡P52
解答・解説 ➡P77

問題56 伝票（伝票への起票）

(1)

出　金　伝　票	
科　目	金　額

振　替　伝　票			
借方科目	金　額	貸方科目	金　額

(2)

入　金　伝　票	
科　目	金　額

出　金　伝　票	
科　目	金　額

問題 ➡P53
解答・解説 ➡P79

問題57 伝票（仕訳日計表）

仕　訳　日　計　表
〇年6月1日

借方	元丁	勘定科目	元丁	貸方
	省略	現　　　　　金	省略	
		当　座　預　金		
		受　取　手　形		
		売　　掛　　金		
		備　　　　　品		
		買　　掛　　金		
		未　　払　　金		
		売　　　　　上		
		仕　　　　　入		
		営　　業　　費		

総 勘 定 元 帳

現　金

○年		摘　要	仕丁	借　方	貸　方	借／貸	残　高
6	1	前　月　繰　越	（省略）	174,000		借	174,000

買　掛　金

○年		摘　要	仕丁	借　方	貸　方	借／貸	残　高
6	1	前　月　繰　越	（省略）		250,000	貸	250,000

問題 58 訂正仕訳 　　問　題 ➡P54　解答・解説➡P81

	仕　　　　　　　訳			
	借 方 科 目	金　額	貸 方 科 目	金　額
(1)				
(2)				
(3)				

第3問 対策　答案用紙

第3問 対策　問題

問題 59　精算表

問　題 ➡ P58
解答・解説 ➡ P84

精 算 表

勘定科目	残高試算表 借方	残高試算表 貸方	修正記入 借方	修正記入 貸方	損益計算書 借方	損益計算書 貸方	貸借対照表 借方	貸借対照表 貸方
現　　　金	98,000							
普 通 預 金	440,000							
受 取 手 形	150,000							
売 　掛　 金	350,000							
繰 越 商 品	300,000							
建　　　物	1,000,000							
備　　　品	500,000							
支 払 手 形		100,000						
買 　掛　 金		300,000						
貸倒引当金		5,000						
建物減価償却累計額		300,000						
備品減価償却累計額		100,000						
資 　本　 金		1,500,000						
繰越利益剰余金		226,000						
売　　　上		2,500,000						
受取手数料		64,000						
仕　　　入	1,560,000							
給　　　料	515,000							
水 道 光 熱 費	122,000							
租 税 公 課	60,000							
	5,095,000	5,095,000						
雑　　　損								
貸倒引当金繰入								
減 価 償 却 費								
貯 　蔵　 品								
未 収 手 数 料								
未 払 給 料								
当期純（　　）								

精　算　表

勘定科目	残高試算表		修正記入		損益計算書		貸借対照表	
	借　方	貸　方	借　方	貸　方	借　方	貸　方	借　方	貸　方
現　　　　金	267,000							
当 座 預 金		124,000						
普 通 預 金	743,000							
売　掛　金	682,000							
仮払消費税	250,000							
繰 越 商 品	250,000							
備　　　　品	600,000							
買　掛　金		440,000						
仮受消費税		375,000						
貸倒引当金		4,000						
備品減価償却累計額		150,000						
資　本　金		1,000,000						
繰越利益剰余金		451,000						
売　　　　上		3,750,000						
仕　　　　入	2,500,000							
給　　　料	480,000							
支 払 家 賃	260,000							
通　信　費	190,000							
保　険　料	72,000							
	6,294,000	6,294,000						
当 座 借 越								
貸倒引当金繰入								
減価償却費								
未払消費税								
（　　）家賃								
（　　）保険料								
当期純（　　）								

問題 61 精算表

問　題 ➡P59
解答・解説➡P90

精　算　表

勘 定 科 目	残高試算表		修 正 記 入		損益計算書		貸借対照表	
	借 方	貸 方	借 方	貸 方	借 方	貸 方	借 方	貸 方
現　　　　金	98,000							
現 金 過 不 足		4,000						
普 通 預 金	423,000							
受 取 手 形	100,000							
売 　掛 　金	250,000							
仮 　払 　金	30,000							
繰 越 商 品	200,000							
建　　　　物	1,680,000							
備　　　　品	300,000							
支 払 手 形		80,000						
買 　掛 　金		150,000						
前 　受 　金		85,000						
貸 倒 引 当 金		2,000						
建物減価償却累計額		540,000						
備品減価償却累計額		120,000						
資 　本 　金		1,800,000						
繰越利益剰余金		290,000						
売　　　　上		2,020,000						
受 取 手 数 料		65,000						
仕 　　　入	1,220,000							
給 　　　料	555,000							
旅 費 交 通 費	83,000							
通 　信 　費	42,000							
保 　険 　料	150,000							
租 税 公 課	25,000							
	5,156,000	5,156,000						
雑　　（　　）								
貸倒引当金繰入								
減 価 償 却 費								
（　　　　　）								
（　　）保険料								
（　　）手数料								
当期純（　　）								

精　算　表

勘定科目	残高試算表 借方	残高試算表 貸方	修正記入 借方	修正記入 貸方	損益計算書 借方	損益計算書 貸方	貸借対照表 借方	貸借対照表 貸方
現　　　金	78,000							
当 座 預 金	1,480,000							
売 掛 金	515,000							
仮 払 金	40,000							
繰 越 商 品	280,000							
貸 付 金	600,000							
備　　　品	900,000							
買 掛 金		320,000						
社会保険料預り金		25,000						
仮 受 金		65,000						
貸倒引当金		3,000						
備品減価償却累計額		300,000						
資 本 金		2,000,000						
繰越利益剰余金		543,000						
売　　　上		5,370,000						
受 取 手 数 料		187,000						
仕　　　入	3,170,000							
給　　　料	838,000							
旅 費 交 通 費	142,000							
支 払 家 賃	520,000							
法 定 福 利 費	250,000							
	8,813,000	8,813,000						
雑 （　）								
（　　　）								
売 上 原 価								
貸倒引当金繰入								
減 価 償 却 費								
（　）家賃								
受 取 利 息								
（　）利息								
（　）手数料								
未払法定福利費								
当期純（　）								

問　題 ➡P61
解答·解説➡P95

問題 63 決算整理後残高試算表

決算整理後残高試算表

借方	勘定科目	貸方
	現　　　　　　　金	
	普　通　預　金	
	売　　掛　　金	
	繰　越　商　品	
	（　　　　）保　険　料	
	建　　　　　物	
	備　　　　　品	
	土　　　　　地	
	買　　掛　　金	
	前　　受　　金	
	前　受　家　賃	
	貸　倒　引　当　金	
	建物減価償却累計額	
	備品減価償却累計額	
	資　　本　　金	
	繰　越　利　益　剰　余　金	
	売　　　　　上	
	受　取　家　賃	
	仕　　　　　入	
	給　　　　　料	
	通　　信　　費	
	旅　費　交　通　費	
	保　　険　　料	
	貸　倒　引　当　金　繰　入	
	減　価　償　却　費	

64 決算整理後残高試算表

問題 →P62 解答・解説→P98

問1

決算整理後残高試算表
X8年3月31日

借方	勘定科目	貸方
	現　　　　　金	
	当　座　預　金	
	受　取　手　形	
	売　　掛　　金	
	繰　越　商　品	
	貯　　蔵　　品	
	（　　　）家　賃	
	備　　　　　品	
	支　払　手　形	
	電　子　記　録　債　務	
	買　　掛　　金	
	借　　入　　金	
	（　　　）利　息	
	未　払　法　人　税　等	
	貸　倒　引　当　金	
	備品減価償却累計額	
	資　　本　　金	
	繰　越　利　益　剰　余　金	
	売　　　　　上	
	仕　　　　　入	
	給　　　　　料	
	支　払　家　賃	
	水　道　光　熱　費	
	租　税　公　課	
	貸　倒　引　当　金　繰　入	
	減　価　償　却　費	
	支　払　利　息	
	法　人　税　等	

問2　¥（　　　　　　　　　）

196　答案用紙

決算整理後残高試算表

問 題 ➡P64
解答・解説➡P101

問1

決算整理後残高試算表

借方	勘定科目	貸方
	現　　　　　　　金	
	普 通 預 金	
	売 掛 金	
	繰 越 商 品	
	（　　　）家 賃	
	貸 付 金	
	備　　　　　　　品	
	土　　　　　　　地	
	買 掛 金	
	未 払 金	
	（　　　）消 費 税	
	未 払 法 人 税 等	
	（　　　）利 息	
	貸 倒 引 当 金	
	借 入 金	
	備 品 減 価 償 却 累 計 額	
	資 本 金	
	繰 越 利 益 剰 余 金	
	売　　　　　　　上	
	受 取 利 息	
	（　　　　　　　）	
	仕　　　　　　　入	
	発 送 費	
	支 払 家 賃	
	租 税 公 課	
	貸 倒 引 当 金 繰 入	
	減 価 償 却 費	
	そ の 他 の 費 用	
	法 人 税 等	

問2　¥（　　　　　　　　　）

問1

決算整理後残高試算表

借方	勘定科目	貸方
	現　　　　　　　金	
	普　通　預　金	
	売　　掛　　金	
	繰　越　商　品	
	前　払　保　険　料	
	建　　　　　物	
	備　　　　　品	
	土　　　　　地	
	買　　掛　　金	
	当　座　借　越	
	借　　入　　金	
	（　　　　）利　息	
	貸　倒　引　当　金	
	建物減価償却累計額	
	備品減価償却累計額	
	資　　本　　金	
	繰　越　利　益　剰　余　金	
	売　　　　　上	
	仕　　　　　入	
	給　　　　　料	
	通　　信　　費	
	旅　費　交　通　費	
	保　　険　　料	
	貸　倒　引　当　金　繰　入	
	減　価　償　却　費	
	支　払　利　息	
	雑　　（　　　　）	

問2　¥（　　　　　　　　　　）

問題 67 決算整理後残高試算表

問　題 ➡ P66
解答・解説 ➡ P105

問1

決算整理後残高試算表
X4年3月31日

借方	勘定科目	貸方
	現　　　　　　金	
	普　通　預　金	
	売　　掛　　金	
	繰　越　商　品	
	前　払　保　険　料	
	建　　　　　物	
	備　　　　　品	
	土　　　　　地	
	買　　掛　　金	
	借　　入　　金	
	未　払　法　人　税　等	
	前　受　手　数　料	
	貸　倒　引　当　金	
	建物減価償却累計額	
	備品減価償却累計額	
	資　　本　　金	
	繰　越　利　益　剰　余　金	
	売　　　　　上	
	受　取　手　数　料	
	仕　　　　　入	
	給　　　　　料	
	旅　費　交　通　費	
	保　　険　　料	
	貸　倒　引　当　金　繰　入	
	減　価　償　却　費	
	雑　　（　　　　）	
	法人税、住民税及び事業税	

問2　¥（　　　　　　　　　　）

問　題 ➡P67
解答・解説 ➡P108

貸 借 対 照 表

X8年3月31日　　　　　　　　　　　　　（単位：円）

現　　　　　金		（　　　　）	買　掛　金		（　　　　）
普　通　預　金		（　　　　）	借　入　金		（　　　　）
売　掛　金	（　　　）		（　　）消費税		（　　　　）
貸倒引当金	（△　　　）	（　　　　）	未　払　費　用		（　　　　）
商　　　　　品		（　　　　）	資　本　金		（　　　　）
（　　）費用		（　　　　）	繰越利益剰余金		（　　　　）
備　　　　　品	（　　　）				
減価償却累計額	（△　　　）	（　　　　）			
土　　　　　地		（　　　　）			
		（　　　　）			（　　　　）

損 益 計 算 書

X7年4月1日からX8年3月31日まで　　　　　　（単位：円）

売　上　原　価	（　　　　）	売　　上　　高	（　　　　）
給　　　　料	（　　　　）		
貸倒引当金繰入	（　　　　）		
減　価　償　却　費	（　　　　）		
支　払　家　賃	（　　　　）		
水　道　光　熱　費	（　　　　）		
通　　信　　費	（　　　　）		
保　　険　　料	（　　　　）		
雑　　（　　　）	（　　　　）		
支　払　利　息	（　　　　）		
当　期　純（　　）	（　　　　）		
	（　　　　）		（　　　　）

問題 **69** 財務諸表

問　題 ➡ P68
解答・解説 ➡ P112

貸 借 対 照 表
X2年3月31日　　　　　　　　　　　　　　（単位：円）

現　　　　金		（　　　　）	買　掛　金	（　　　　）
普 通 預 金		（　　　　）	（　　）消費税	（　　　　）
売　掛　金	（　　　）		未払法人税等	（　　　　）
貸倒引当金	（△　　　）	（　　　　）	（　　）費用	（　　　　）
商　　　　品		（　　　　）	借　入　金	（　　　　）
（　　）費用		（　　　　）	預　り　金	（　　　　）
建　　　　物	（　　　）		資　本　金	（　　　　）
減価償却累計額	（△　　　）	（　　　　）	繰越利益剰余金	（　　　　）
備　　　　品	（　　　）			
減価償却累計額	（△　　　）	（　　　　）		
土　　　　地		（　　　　）		
		（　　　　）		（　　　　）

損 益 計 算 書
X1年4月1日からX2年3月31日まで　　　　　　　（単位：円）

売 上 原 価	（　　　　）	売　上　高	（　　　　）
給　　　料	（　　　　）		
法 定 福 利 費	（　　　　）		
支 払 手 数 料	（　　　　）		
租 税 公 課	（　　　　）		
貸倒引当金繰入	（　　　　）		
減 価 償 却 費	（　　　　）		
支 払 利 息	（　　　　）		
その他費用	197,600		
法 人 税 等	（　　　　）		
当 期 純（　　）	（　　　　）		
	（　　　　）		（　　　　）

貸 借 対 照 表

X2年3月31日

(単位：円)

現　　　金		（　　）	支 払 手 形		（　　）	
当 座 預 金		（　　）	買 　 掛 　 金		（　　）	
受 取 手 形	（　　）		借 　 入 　 金		（　　）	
貸倒引当金	（△　　）	（　　）	未払法人税等		（　　）	
売 　 掛 　 金	（　　）		未 払 費 用		（　　）	
貸倒引当金	（△　　）	（　　）	資 　 本 　 金		（　　）	
商 　 　 　 品		（　　）	繰越利益剰余金		（　　）	
貯 　 蔵 　 品		（　　）				
前 払 費 用		（　　）				
備 　 　 　 品	（　　）					
減価償却累計額	（△　　）	（　　）				
土 　 　 　 地		（　　）				
		（　　）			（　　）	

損 益 計 算 書

X1年4月1日からX2年3月31日まで

(単位：円)

売 上 原 価	（　　）	売 　 上 　 高	（　　）	
給 　 　 料	（　　）	受 取 手 数 料	（　　）	
貸倒引当金繰入	（　　）			
減 価 償 却 費	（　　）			
支 払 家 賃	（　　）			
保 　 険 　 料	（　　）			
租 税 公 課	（　　）			
支 払 利 息	（　　）			
雑 （　　）	（　　）			
法 人 税 等	（　　）			
当 期 純（　　）	（　　）			
	（　　）		（　　）	

問題 71 財務諸表

問　題 ➡ P70
解答・解説 ➡ P116

貸 借 対 照 表

X4年3月31日　　　　　　　　　（単位：円）

現　　　　　金		（　　　）	買　掛　　金		（　　　）
当 座 預 金		（　　　）	社会保険料預り金		（　　　）
売　掛　　金	（　　　）		借　入　　金		（　　　）
（　　　　）	（△　　　）	（　　　）	未 払 消 費 税		（　　　）
商　　　　品		（　　　）	未払法人税等		（　　　）
貸　付　　金		（　　　）	未 払 費 用		（　　　）
未 収 収 益		（　　　）	（　　　　　）		（　　　）
建　　　　物	（　　　）		前 受 収 益		（　　　）
減価償却累計額	（△　　　）	（　　　）	資　本　　金		（　　　）
備　　　　品	（　　　）		繰越利益剰余金		（　　　）
減価償却累計額	（△　　　）	（　　　）			
		（　　　）			（　　　）

損 益 計 算 書

X3年4月1日からX4年3月31日まで　　　　　　　　　（単位：円）

売 上 原 価	（　　　）	売　　上　　高		（　　　）
給　　　　料	（　　　）	受 取 手 数 料		（　　　）
貸倒引当金繰入	（　　　）	（　　　　　）		（　　　）
減 価 償 却 費	（　　　）			
水 道 光 熱 費	（　　　）			
通　信　　費	（　　　）			
法 定 福 利 費	（　　　）			
雑　（　　　）	（　　　）			
法 人 税 等	（　　　）			
当 期 純（　　）	（　　　）			
	（　　　）			（　　　）

貸 借 対 照 表

X6年3月31日　　　　　　　　　　　　　　（単位：円）

現　　　金		（　　　）	支 払 手 形		（　　　）
当 座 預 金		（　　　）	買 　 掛 　 金		（　　　）
受 取 手 形	（　　　）		借 　 入 　 金		（　　　）
貸倒引当金	（　　　）	（　　　）	未払法人税等		（　　　）
売 　 掛 　 金	（　　　）		未 払 費 用		（　　　）
貸倒引当金	（　　　）	（　　　）	資 　 本 　 金		（　　　）
商 　 　 　 品		（　　　）	利 益 準 備 金		（　　　）
（　　　　　）		（　　　）	（　　　　　）		（　　　）
前 払 費 用		（　　　）			
備 　 　 　 品	（　　　）				
減価償却累計額	（　　　）	（　　　）			
		（　　　）			（　　　）

損 益 計 算 書

X5年4月1日からX6年3月31日まで　　　　　　（単位：円）

売 上 原 価	（　　　）	売 　 上 　 高	（　　　）
給 　 　 　 料	（　　　）	受 取 手 数 料	（　　　）
（　　　　　）	（　　　）		
減 価 償 却 費	（　　　）		
支 払 家 賃	（　　　）		
水 道 光 熱 費	（　　　）		
保 　 険 　 料	（　　　）		
通 　 信 　 費	（　　　）		
支 払 利 息	（　　　）		
雑 　 （　　　）	（　　　）		
法 人 税 等	（　　　）		
当 期 純 （　　　）	（　　　）		
	（　　　）		（　　　）

実力チェック! 本試験型問題!

答案用紙　問題 ➡P74〜78　解答・解説 ➡P122〜130　第1回

得点 /100　合格点 70点　制限時間 60分

第1問 (45点)

/45

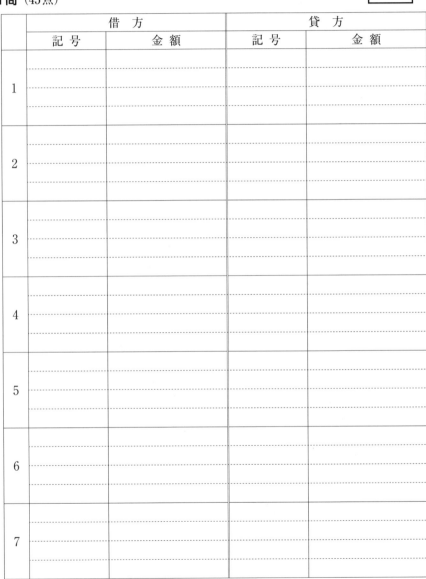

8			
9			
10			
11			
12			
13			
14			
15			

第2問（20点）

(1)
問1

商 品 有 高 帳
M 商 品

（移動平均法）

X1年		摘 要	受 入			払 出			残 高		
			数量	単価	金額	数量	単価	金額	数量	単価	金額
7	1	前月繰越									
	31	次月繰越									

問2

売 上 高	売上原価	売上総利益
¥	¥	¥

問3

買掛金勘定の残高	¥

(2)

支 払 利 息

6/30	(	)	(	)	12/31	(	)	(	)
12/31	(	)	(	)					
〃	(	)	(	)					
	(	)					(	)	

未 払 利 息

12/31	(	)	(	)	12/31	(	)	(	)

第3問（35点）

精　算　表

勘定科目	残高試算表		修正記入		損益計算書		貸借対照表	
	借　方	貸　方	借　方	貸　方	借　方	貸　方	借　方	貸　方
現　　　　金	242,000							
現金過不足	55,000							
当 座 預 金	1,223,000							
受 取 手 形	330,000							
売 　掛　 金	320,000							
仮 　払　 金	240,000							
繰 越 商 品	380,000							
貸 　付　 金	300,000							
建　　　　物	1,000,000							
備　　　　品	400,000							
土　　　　地	280,000							
支 払 手 形		200,000						
買 　掛　 金		560,000						
仮 　受　 金		40,000						
貸 倒 引 当 金		8,000						
建物減価償却累計額		300,000						
備品減価償却累計額		100,000						
資 　本　 金		2,000,000						
繰越利益剰余金		892,000						
売 　　　上		5,250,000						
仕 　　　入	3,220,000							
給 　　　料	960,000							
通 　信　 費	73,000							
保 　険　 料	222,000							
租 税 公 課	105,000							
	9,350,000	9,350,000						
（　　　　）								
雑　　（　　）								
貸倒引当金繰入								
減 価 償 却 費								
貯 　蔵　 品								
（　　）保険料								
（　　　）利息								
受 取 利 息								
（　　　）給料								
当 期 純（　）								

答案用紙　問題 ➡P79～84　解答・解説 ➡P131～138　**第2回**

実力チェック！✎本試験型問題！

得点	合格点	70点
／100	制限時間	60分

第1問対策

第2問対策

第3問対策

模擬試験

第1問 （45点）

／45

	借　方		貸　方	
	記　号	金　額	記　号	金　額
1				
2				
3				
4				
5				
6				
7				

8			
9			
10			
11			
12			
13			
14			
15			

答案用紙

第2問（20点）

(1)

（ア）	（イ）	（ウ）	（エ）	（オ）
(a)	(b)	(c)	(d)	(e)
¥	¥	¥	¥	¥

(2)

①		②		③		④		⑤	
⑥		⑦		⑧		⑨		⑩	

第3問（35点）

貸 借 対 照 表

X4年3月31日　　　　　　　　（単位：円）

現　　　金		（　　　）	支 払 手 形		（　　　）
普 通 預 金		（　　　）	買 掛 金		（　　　）
受 取 手 形	（　　　）		社会保険料預り金		（　　　）
売 掛 金	（　　　）		借 入 金		（　　　）
（　　　）	（△　　　）	（　　　）	（　　　）		（　　　）
商　　品		（　　　）	未 払 費 用		（　　　）
（　　　）		（　　　）	未払法人税等		（　　　）
備　　品	（　　　）		前 受 収 益		（　　　）
減価償却累計額	（△　　　）	（　　　）	資 本 金		（　　　）
土　　地		（　　　）	繰越利益剰余金		（　　　）
		（　　　）			（　　　）

損 益 計 算 書

X3年4月1日からX4年3月31日まで　　　　　　　（単位：円）

売 上 原 価	（　　　）	売 上 高	（　　　）
給　　料	（　　　）	受取手数料	（　　　）
支 払 家 賃	（　　　）		
水 道 光 熱 費	（　　　）		
旅 費 交 通 費	（　　　）		
法 定 福 利 費	（　　　）		
貸倒引当金繰入	（　　　）		
減 価 償 却 費	（　　　）		
雑 （　　）	（　　　）		
固定資産（　）	（　　　）		
法 人 税 等	（　　　）		
当期純（　）	（　　　）		
	（　　　）		（　　　）

答案用紙 問題 ➡ P85～91　　解答・解説 ➡ P139～146　　**第3回**

実力チェック！ ✏本試験型問題！

得点	/100	合格点	70点
		制限時間	60分

第1問（45点）

	借　方		貸　方	
	記　号	金　額	記　号	金　額
1				
2				
3				
4				
5				
6				
7				

8			
9			
10			
11			
12			
13			
14			
15			

第2問（20点）

/20

(1)

（A）	（B）	（C）	（D）	（E）
①	②	③	④	⑤

(2)

①	②	③	④	⑤	⑥

模擬試験

第3問（35点）

問1

決 算 整 理 後 残 高 試 算 表

借　　方	勘　定　科　目	貸　　方
	現　　　　　　　金	
	当　座　預　金	
	受　取　手　形	
	売　　掛　　金	
	繰　越　商　品	
	貯　　蔵　　品	
	（　　）保　険　料	
	建　　　　　　　物	
	備　　　　　　　品	
	支　払　手　形	
	買　　掛　　金	
	未　払　給　料	
	貸　倒　引　当　金	
	建物減価償却累計額	
	備品減価償却累計額	
	資　　本　　金	
	繰越利益剰余金	
	売　　　　　　　上	
	仕　　　　　　　入	
	給　　　　　　　料	
	保　　険　　料	
	租　税　公　課	
	貸倒引当金繰入	
	減　価　償　却　費	

問2　￥（　　　　　　　）

別冊 解答・解説
答案用紙

矢印の方向に引くと取り外せます。